Die Mitte der Stadt

Piazza San Marco, Venedig: Zeichnung von Saul Steinberg, 1951.

Michael Webb

DIE MITTE DER STADT

Städtische Plätze von der Antike bis heute

Aus dem Englischen von
Christa Broermann und Helmut Dierlamm

Campus Verlag
Frankfurt/New York

Die englische Originalausgabe »City Squares« erschien 1990
bei Thames and Hudson, London.

Umschlaggestaltung: Atelier Warminski, Büdingen
Umschlagabbildung: Piazza Navona, Rom
Satz: Büro Dr. Ulrich Mihr, Tübingen
Druck und Bindung: Toppan, Singapur
Printed in Singapur
ISBN 3-593-34347-9

Inhalt

Danksagung

The City Square ist zu einem Teil durch ein Stipendium der Graham Foundation for Advanced Studies in the Fine Arts möglich gemacht worden.

Viele Freunde, alte und neu gewonnene, haben während der Arbeit an dem Buch ihre Kenntnisse beigesteuert und mir Gastfreundschaft gewährt, aber für alle Unzulänglichkeiten ist allein der Autor verantwortlich. Am meisten verdanke ich den Bibliothekaren und Bibliothekarinnen der University of California in Los Angeles, besonders Anne Hartmere und Bonnie Beduhn von der Architecture and Urban Planning Library, sowie dem Getty Center for the History of Art and Humanities. Mildred Friedman, Richard Koshalek, Jon Jerde und Richard Wurman gehörten zu den ersten, die dieses Projekt befürworteten. Ich danke Donald Richie für seine klugen Auskünfte über Japan, Eduard Maynes für seine Informationen über Barcelona und Jean Feray für seine geistreichen Hinweise auf die königlichen Plätze in Frankreich. In Berlin zeigte mir Marianna Feuwagen ihre Lieblingsplätze, ebenso Georg Schmid in Wien und Rolf Müller in München. Jiri Hruza offenbarte mir sein reichhaltiges, von tiefer Liebe zu seiner Stadt geprägtes Wissen über Prag und stellte außerdem Abbildungen zur Verfügung. Sehr dankbar bin ich auch Carl Schmidt für seine gründliche Durchsicht des Buches und Wendy Luers für ihre Anleitungen. In Mailand gewährte mir Benedetta Barzini ebenso herzliche Gastfreundschaft wie fruchtbare Streitgespräche, und Verena Zollikofer in Nürnberg stand ihr darin nicht nach. In ganz Europa waren die Mitarbeiter von Bibliotheken und Museen stets hilfsbereit, aber besonders erwähnen muß ich Celina Fox vom London Museum und Emiliana Ricci vom Museo di Roma sowie Magarida Duque Viera in den Archiven von Lissabon. Ulrich Zollikofer in Zürich und Piotr Mikucki in Warschau nahmen etliche Mühen auf sich, um Illustrationen zu besorgen, und Oswald Drobinc vom Kodak-Labor in Wien war mir weit über den üblichen Rahmen hinaus behilflich. In Mexiko City stellte mir Carol Miller ihr Haus zur Verfügung; Milou de Reiset und Cristina Lans wußten stets guten Rat. Für ihre Hilfe und Ideen danke ich außerdem Carter Brown in Washington, D.C., Robert Weinberg, Kenneth Brecher und Nancy Robins in Boston, Renato Danese, Stephen Davies, Karen Alschuler und Jeanne Giordano in New York sowie Steven Bingler in New Orleans. Patrick Macrory, Katrin Adam, Betsey Brown und Adolfo Nodal danke ich für ihre vielen Gefälligkeiten. In Los Angeles verhalf mir Diane Favro auf die Sprünge, und in Italien standen mir Rudy und Francesca Bianchi bei, wenn es darum ging, irgendwelche Hindernisse aus dem Weg zu räumen. Arnold Schwartzman, Fritz Neumeyer, Fernando Juarez und Frank Dimster antworteten geduldig auf meine Fragen, Ellen Curtis und Stefanie Pierantoni übersetzten Briefe und fremdsprachige Texte. Das Buch hätte nicht erscheinen können ohne das fachmännische Können und die begeisterte Unterstützung von Stanley Baron, Jamie Camplin und ihren Kollegen bei Thames und Hudson.

MICHAEL WEBB
Los Angeles, Februar 1990

Vorwort

Dieses Buch untersucht in Text und Bild, wie Menschen die Plätze in ihren Städten gestalteten und nutzten. Von Tausenden interessanter Beispiele in der ganzen Welt habe ich hundert ausgewählt, um sie ausführlich zu beschreiben – aufgrund ihrer Schönheit, ihrer Geschichte oder ihrer Vitalität. Etwa 150 weitere Anlagen werden beiläufig erwähnt. Auch von einigen aufschlußreichen Fehlschlägen ist die Rede. Es handelt sich um eine Zusammenstellung berühmter und unbekannter, großer und kleiner, stiller und belebter Plätze überwiegend in Europa sowie in Nord- und Südamerika. Im ersten Kapitel versuche ich, die Grundzüge von Plätzen herauszuarbeiten, ihre Vielfalt aufzuzeigen und die Ursprünge in der Antike zu veranschaulichen. Das letzte Kapitel widmet sich der Frage, welche Art von Plätzen das Leben in den heutigen Städten bereichern kann. Dazwischen wird die geschichtliche Entwicklung des Platzes als mittelalterlicher Markt, Schmuckstück der Herrscher, Paradefläche, Wohngeviert und Fußgängerzone chronologisch aufgezeigt.

Im Jahr 1989 war er Schauplatz von Revolutionen: In Beijing, Warschau, Budapest, Leipzig, Prag, Sofia und zuletzt in Bukarest verloren die Menschen ihre Angst und versammelten sich gegen diktatorische Regime. Auf den Plätzen dieser Metropolen fanden Kämpfe um Demokratie statt, die von der ganzen Welt verfolgt werden konnten.

Plätze sind einander ähnlich wie Mitglieder einer Familie, und ebenso hat jeder seine charakteristische Gestalt und Persönlichkeit. Gerade deshalb ist es auch so lohnend, sie aufzusuchen, und zugleich so schwierig, sie anzulegen. Alte, ausgereifte Plätze erinnern uns an ein Zeitalter, in dem gute Entwürfe intuitiv entstanden und sich ein großer Teil des öffentlichen Lebens unter freiem Himmel abspielte. Wir können die Vergangenheit nicht zurückholen, aber wir können aus ihr lernen. Ein alter Platz, der ein organischer Teil seiner Stadt ist, erfüllt die Anforderungen von heute in der Regel besser als eine neue, von einem Stadtplaner eigens entworfene Anlage. Städte lernen allmählich, die bereits bestehenden Plätze zu bewahren, zu verbessern und jetzigen Bedürfnissen anzupassen, anstatt neue einzurichten. Die Menschen sind immer gerne zusammengekommen, und mein Überblick zeigt die Vielfalt der Möglichkeiten auf, diesen Wunsch zu erfüllen.

Der Bremer Marktplatz in einem Stich aus dem Jahre 1653. Das Rathaus (rechts) und die übergroße Rolandstatue blieben bei der Bombardierung im Zweiten Weltkrieg unbeschädigt. Die übrigen Gebäude wurden rekonstruiert.

1

Thema mit Variationen

Gelungene Plätze sind Mikrokosmen städtischen Lebens. Sie bieten Anregung und Entspannung; hier finden Märkte und öffentliche Veranstaltungen statt, man trifft Freunde und läßt die Welt an sich vorüberziehen. Bei ihrer Gestaltung spielten von jeher die Erfordernisse des öffentlichen Lebens ebenso eine Rolle wie die Launen von Herrschern, die Beschaffenheit des Geländes und die Moden der Architektur. Manche Plätze entwickelten sich organisch im Laufe der Zeit, andere wurden als Ganzes auf dem Reißbrett entworfen und dienten als Machtsymbol oder als Grundstein einer neuen Entwicklung. Eine kleine Stadt hat vielleicht nur einen einzigen Platz, der zugleich Verkehrsknotenpunkt und das Herzstück ihrer Eigenheiten ist. Große Städte warten mit Plätzen jeder Art und Größe für alle möglichen Zwecke auf und machen damit deutlich, wie vielfältig die Möglichkeiten sind, Raum einzugrenzen und zu gestalten. Es gibt Plätze, die aus bescheidenen Anfängen zu Ruhm und Ansehen emporgewachsen sind, und andere, die als großartige Anlagen begannen und bald ihren Glanz verloren.

Wir sehen uns hier die große Familie der europäischen Plätze an von ihren Ursprüngen im antiken Griechenland und Rom über ihre Wiedergeburt in den Handelsstädten des Mittelalters bis hin zu ihrer Übernahme durch die Neue Welt. Wir widmen uns ihrem wechselhaften Schicksal im Laufe der letzten sieben Jahrhunderte – von Madrid bis Moskau, von Boston bis Buenos Aires.

Im Grunde genommen ist ein städtischer Platz so einfach wie eine Kinderzeichnung: ein Raum im Freien mit Wänden, die ihn eingrenzen, Türen zum Ein- und Austreten und dem Himmel als Decke. Die Wände können gerade oder gebogen sein, hoch oder niedrig, geschlossen oder durchbrochen. Ein Platz muß nicht unbedingt von einer Mauer umgeben sein. Bäume oder eine niedrige Einfassung können ihn ebenso kenntlich machen wie ein Brunnen oder ein Denkmal als Blickfang in der Mitte. Die Zugänge können durch Arkaden verdeckt sein oder eine offene Achse bilden; der Boden mag gepflastert oder begrünt sein, die Fläche frei oder von Bäumen beschattet. In Größe, Form und Funktion gibt es unendliche Variationsmöglichkeiten.

In Europa und Amerika wird schon jede größere Lücke in der Bebauung vom Verkehrsknotenpunkt bis zum Park ein Platz genannt oder *square, piazza, plaza, praça.* Aber wie in der Musik das ursprüngliche Thema selbst in der kunstvollsten Fuge erkennbar bleibt, kann man die wesentlichen Merkmale des Platzes bei aller Vielfalt seiner Erscheinung klar definieren: Er ist allgemein zugänglich und für öffentliche Aktivitäten verfügbar, worin er sich von dem Hof eines Schlosses oder Klosters unterscheidet.

Der Platz als öffentlicher Salon, dessen Decke der Himmel ist: spätmittelalterlicher Marktplatz von Budweis in der Tschechoslowakei.

Natur im Herzen der Großstadt: New Square, ein abgeschiedener Winkel mit Anwaltskanzleien. Gebaut 1685-1697 und heute Teil von Lincoln's Inn, London.

Pracht und Nüchternheit: Ein stürmischer Tag auf dem Domplatz in Orvieto und georgianische Haustüren auf dem Fitzwilliam Square in Dublin.

In Mexiko findet alles auf der Plaza statt: Puppentheater im Jardin de la Union in Guanajuato.

Der Platz als Vergnügungsort für Jung und Alt: Kinder spielen auf dem Campo Santa Maria Formosa in Venedig; die Plaza de la Borda in der mexikanischen Kolonialstadt Taxco.

Ein Schachspiel mit lebenden Figuren, vorgeführt im September ungerader Jahre in der von Mauern umgebenen Stadt Marostica bei Venedig. Es stellt einen mittelalterlichen Wettbewerb nach, bei dem der Sieger die Tochter des Herrschers heiratete.

In der Regel bedarf es gar keiner eindeutigen Kriterien – der subjektive Eindruck genügt vollauf. Stellen Sie sich mitten in einen öffentlichen Raum, eine städtische Freifläche, gehen Sie herum, setzen Sie sich an den Rand: Hat dieser Raum selbst einen Zuschnitt, einen Ausdruck, eine Qualität, die wesentlich zur Architektur und all dem beiträgt, was ihn umgibt?

Wenn Sie zu dem Schluß kommen, daß es sich wirklich um einen Platz handelt – ist er gelungen? Stockt Ihnen der Atem, wenn Sie ihn betreten? Hebt sich Ihre Stimmung, wenn Sie auf ihm herumspazieren? Würden Sie hier Ihre Freunde treffen und Fremde beobachten wollen? Wäre er geeignet für öffentliche Veranstaltungen? Spürt man den Atem der Geschichte? Wird er respektvoll gepflegt oder vernachlässigt? Dient er als Oase der Erholung oder als Parkplatz? Weckt er Vorstellungen von dem, was städtisches Leben alles sein kann?

Robert Browning brachte die Idealvorstellung zum Ausdruck, als er schrieb: »Ach, ein Tag auf dem Platz einer Stadt – ein größeres Vergnügen bietet das Leben nicht!« Die gelungensten Plätze haben einen ausgeprägten Charakter und einen lebendigen Rhythmus, die sich je nach Tages- und Jahreszeit drastisch ändern können. Manche Effekte lassen sich präzise planen. Der Schatten des Mangia-Turmes gleitet über die Piazza del Campo von Siena wie der Zeiger einer Sonnenuhr über das Zifferblatt und markiert das wechselnde Tempo des täglichen Lebens. Seit sechshundert Jahren hat dieser Schatten, wann immer die Sonne schien, täglich denselben Bogen beschrieben.

Auf allen Plätzen in den alten Städten Europas und Lateinamerikas ähnelt sich das Leben in vielem. Der Tagesablauf ist vorgezeichnet. Die Stille der Morgendämmerung geht zuende, wenn Bäckereien und Bars die ersten Kunden anziehen. Später stellen Kellner vor den Cafés Tische, Stühle und Sonnenschirme auf, um Touristen auf Frühstückssuche und Einheimische in der Vormittagspause anzulocken. Mit der Einkaufszeit nimmt die Geschäftigkeit zu. Autos und Motorräder machen vielleicht die Runde. Gegen Mittag füllen sich die Restaurants. Auf jenen begünstigten Plätzen, von denen der Verkehr verbannt wurde, beherrschen menschliche Stimmen die Geräuschkulisse: das Geschrei spielender Kinder, die Rufe von Müttern, die zum Heimgehen mahnen, das halblaute Plaudern der alten Männer und Frauen, die in Grüppchen zusammen schwatzen. Auch das Plätschern eines Brunnens mag zu hören sein und ein Fetzen Musik aus einem offenen Fenster. Vielleicht überzieht ein täglicher oder wöchentlicher Markt den Platz mit einem farbenfrohen Wirrwarr von Ständen, an denen Obst und Gemüse, Käse, Antiquitäten oder billige Kleider verkauft werden. Düfte und Gerüche aller Art hängen dann noch in der Luft, wenn die Abfälle den futtersuchenden Katzen und Tauben überlassen werden.

Mindestens einmal im Jahr findet auf vielen Plätzen ein besonderes Ereignis statt: der in Frankreich noch auf dem kleinsten Dorfplatz gefeierte Jahrestag des Sturmes auf die Bastille, die alljährliche Maiparade auf dem Roten Platz, das Schachspiel aus lebenden Figuren auf der Piazza Castello in Marostica – diese Feiern sind jeweils typisch für ein bestimmtes Land oder einen bestimmten Ort. Einige wenige Plätze sind sogar zu Symbolen geworden: Der Petersplatz in Rom steht für den Glauben, die Plaza de Mayo in Buenos Aires ist Synonym für Proteste, die Rockefeller Plaza in New York ist Sinnbild weltstädtischen Lebensstils und der Markusplatz in Venedig Inbegriff des Massentourismus.

In den Städten des Nordens bevölkern nach Einbruch der Dunkelheit meist nur noch Teenager die Plätze, sofern nicht die Nacht ungewöhnlich warm oder die Beleuchtung besonders anziehend ist. Während in diesen kühleren Regionen Ruhe eintritt, werden die südlichen Plätze erst lebendig. Jedermann ist eingeladen, sich den Grüppchen anzuschließen, die aus den Arkaden und den angrenzenden Straßen hervorquellen. In Spanien und Lateinamerika hat sich der Brauch der abendlichen Kutschenparade bis zum Beginn unseres Jahrhunderts erhalten. Und in den kleineren Städten Mexikos kann man noch immer den traditionellen *paseo* beobachten: Junge Mädchen flanieren Arm in Arm, während ihnen Gruppen von jungen Männern entgegenkommen. Man flirtet und malt sich aus, wer bei wem Chancen hat. Die Älteren schauen von einer Bank oder einem Cafétisch aus zu. Auch kleine Kinder tummeln sich dort bis spät in die Nacht.

Das Treiben bleibt gleich in Frühling, Sommer und Herbst. Im Winter, wenn aus den Arkaden zugige Tunnels geworden, die Tische aus dem Freien in den Kellern verschwunden und die Bäume kahl geworden sind, kann ein Platz einen melancholischen Reiz entwickeln, der durch die Beleuchtung am Abend noch verstärkt wird. Wenn der Betrieb nicht mehr so groß und das Laub gefallen ist, treten Formen und Strukturen der Gebäude klarer hervor: die Ziergiebel und Kolonnaden, Siegesdenkmäler und Reliefs einer römischen *piazza* oder der nüchterne, in Schwarz-Weiß gehaltene Klassizismus eines Londoner *square* mit seinen glänzenden Messingschildern und den erleuchteten Fenstern. Auf den Marktplätzen Mitteleuropas ziehen Weihnachtsmärkte auf. Bald wird das nächste Jahr neue Besucherscharen und Attraktionen bringen, und das wechselnde und doch stets gleiche Muster des Lebens auf dem Platz wird sich wiederholen.

Diese Muster aus Stein und menschlicher Aktivität sind nur der sichtbare Teil

Gubbio (oben) erwacht zum Leben beim Wettlauf der Ceri – drei Heiligenstatuen, die von der Piazza della Signoria zum Kloster über der Stadt hinaufgetragen werden.

Der Weihnachtsmarkt auf dem gotischen Hauptmarkt von Nürnberg mit traditionellen Eßwaren, Spielsachen und Musik.

Samstagsmarkt in Greve (oben), Zentrum der Chianti-Region südlich von Florenz: Man trifft sich zum Plaudern und Einkaufen.

Musikstudenten auf dem Marienplatz in München, früher einmal Marktplatz, jetzt Mittelpunkt der Fußgängerzone in der Innenstadt.

Der Freitags-Käsemarkt in der holländischen Stadt Alkmaar (rechts) ist ein groß aufgezogenes Ereignis, bei dem die Käseträger ihre Zunftkleidung tragen.

des Zaubers eines Platzes. Sie können den Reichtum seiner Vergangenheit oft andeuten, aber nicht immer voll erklären. So ist der Altstädter Ring in Prag ein spektakuläres Prunkstück der Gotik und des Barock, das Besucher aus der ganzen Welt anlockt. Für die Tschechen symbolisiert er darüber hinaus tausend Jahre Geschichte und gilt als Herz der Nation. Nähert man sich dem Platz vom Hradschin her, geht den steilen Hang hinunter, über die statuengesäumte Karlsbrücke und durch die engen Gassen der Altstadt, dann folgt man einer alten Handelsstraße und dem Weg des Krönungszuges der böhmischen Könige.

Schon im Jahre 965 beschrieb der Kaufmann Ibrahim ibn Jakub Prag als reiche »Marktstätte« mit Steinhäusern und einer hölzernen Brücke über die Moldau. Bald darauf wurde die Stadt zum größten Handelszentrum Europas, zum wirtschaftlichen und politischen Mittelpunkt des Königreichs Böhmen. Aufgrund eines königlichen Dekrets mußten alle Waren zur Zollinspektion und zur Besteuerung dorthin gebracht werden. Um die vielen Menschenmengen unterzubringen, wurde ein großer Platz angelegt. Er war von Steinhäusern umgeben, in denen die Kaufleute über ihren Geschäften wohnten. Ganz in der Nähe lag ein von einer Mauer umschlossener Freihandelsbezirk mit einem Zollhaus. Deutsche und jüdische Kaufleute und Handwerker wurden ermuntert, sich dort niederzulassen und den Tschechen eine strenge Arbeitsmoral beizubringen. Das gelang ihnen so gut, daß sich Prag zu einem Komplex aus vier von Mauern umgebenen Städten entwickelte, die sich zwischen den beiden Königsburgen Hradschin und Wyschehrad zusammendrängten. Jede von ihnen hatte einen zentralen Platz und eine eigene Verwaltung. Im Jahre 1348 begann Karl IV. noch als König von Böhmen mit einem umfangreichen Bauprogramm. Als er 1355 zum Kaiser gekrönt wurde, machte er Prag zur Hauptstadt des Heiligen Römischen Reiches – zum »Rom des Nordens« und einem Mekka für Künstler und Gelehrte aus allen Teilen Europas. Aber der kaiserliche Glanz war nur von kurzer Dauer, die wirtschaftliche Macht verlagerte sich in neue Zentren, und Böhmens politische Selbständigkeit zerbröckelte, bis es 1648 am Ende des Dreißigjährigen Krieges nur noch Erbkönigreich der Habsburger in Wien war.

Der Altstädter Ring ist ein Spiegel dieses wechselvollen Schicksals. Von der Vitalität, die er vor dem Zweiten Weltkrieg ausstrahlte, hat er viel eingebüßt. Aber an einem schönen Wochenende im Sommer kann er einer der heitersten Orte der Welt sein: sinnenfroh und weit, ein Wechselspiel von nadelspitzen gotischen Türmen und üppigen Barock- und Rokokogiebeln, ein Wirbel von Farben und Ornamenten. Tritt man aus den engen Gassen auf den Platz hinaus, so ist es, als käme man in einem dunklen Wald unvermittelt auf eine sonnenhelle Lichtung. Der Besucher atmet mit einem Gefühl der Befreiung auf. Nur ein paar Behördenfahrzeuge dürfen auf den Platz. Ansonsten ist der Fußgänger König: Der freie Platz und die Tische der Cafés sind dicht gefüllt, eine Menschenmenge erwartet die stündliche Prozession der Apostelfiguren im Fenster der alten astronomischen Uhr, und junge Leute bevölkern die Stufen des Johannes-Hus-Denkmals. Wenn abends die bemalten Fassaden im Dunkel verblassen, treten die scharfkantigen Profile der Teynkirche und des Rathauses umso deutlicher hervor und machen ihren Einfluß in dieser gotischsten aller Städte geltend.

Wie sah der Platz zu seiner Glanzzeit aus? Alle mittelalterlichen Städte brannten wiederholt nieder – wenn sie nicht gar den Bomben zum Opfer fielen –, so daß ihr gegenwärtiges Aussehen nur der jüngsten Entwicklungsphase entspricht. Ihr besonderer Schmuck sind oft sorgfältig restaurierte oder wieder aufgebaute Fragmente älterer Gebäude. Der Altstädter Ring in Prag hat seinen unregelmäßigen mittelalterlichen Grundriß behalten – er war ein 9 290 Quadratmeter großer Han-

delsmarkt –, aber das Niveau des Platzes wurde im 13. Jahrhundert nach mehrfachen Überschwemmungen angehoben, und auf den romanischen Grundmauern wurden gotische Häuser und Geschäfte errichtet.

Das älteste erhaltene Gebäude ist passenderweise das Kernstück des Rathauses aus dem 14. Jahrhundert, das jetzt für Hochzeiten und kulturelle Veranstaltungen genutzt wird. Als der Platz seine Rolle als Marktplatz einbüßte, siedelten sich dort allmählich Adlige an; die gotischen Häuser erhielten neue Fassaden im damals modernsten Stil. Die Barockkirche St. Nikolaus wurde im 18. Jahrhundert erbaut, ebenso der Kinskypalast im Rokokostil, von dessen Balkon aus Klement Gottwald 1948 die Machtergreifung der Kommunisten proklamierte. Mitte des 19. Jahrhunderts wurde das Rathaus erweitert. Später gestaltete man die Nordseite des Platzes neu und erweiterte die Zugangsstraßen als Teil eines Sanierungsprogramms für das jüdische Ghetto. Der Widerstand gegen die Habsburger drückt sich im Hus-Denkmal aus dem Jahre 1915 und in der Zerstörung der 1650 zur Erinnerung an den Sieg der Österreicher über das protestantische Heer errichteten Mariensäule aus.

Auf zwei kurze Jahrzehnte der Unabhängigkeit folgte die brutale Besatzung

Der Altstädter Ring in Prag in den 70er Jahren, ehe die Autos verbannt und die Barriere um das Hus-Denkmal entfernt wurden. Die drei breiten Straßen oben auf dem Bild wurden im 19. Jahrhundert durch das enge Gewirr der Altstadt gezogen.

Der Altstädter Ring in Prag, betrachtet vom Turm der Teynkirche aus, in einem Aquarell aus dem Jahre 1825 von Vinzenz Morstadt. Es zeigt die inzwischen zerstörte Mariensäule, das Wachhaus und die Gebäude, die früher die Kirche St. Nikolaus mit ihren Kuppeln abschirmten.

durch die Nationalsozialisten. Noch am letzten Tag des Krieges wurden das Stadtarchiv und städtische Verwaltungsgebäude entlang der Westseite des Platzes zerstört. Inzwischen wurde der Ring mit Ausnahme einer Vervollständigung des Rathauskomplexes liebevoll wiederhergestellt.

Die dunkle Nacht läßt Geister erstehen: die Geister mittelalterlicher Aufrührer und der Opfer des Galgens, der bis 1840 hier stand. Kreuze im Pflaster markieren die Stelle, an der 27 Anführer eines protestantischen Aufstandes im Jahre 1621 hingerichtet wurden. Rabbi Löw, der legendäre Schöpfer des Golem, und Franz Kafka, der wie kein anderer über die Stadt schrieb, lebten beide an diesem Platz und erinnern daran, daß das Prager Leben vor dem Holocaust tausend Jahre lang von einer jüdischen Gemeinde mitgeprägt wurde.

Die Sowjets, die 1945 als Befreier gefeiert worden waren, walzten den Prager Frühling von 1968 nieder. Am zwanzigsten Jahrestag dieses Einmarsches der sowjetischen Truppen zogen Demonstranten vom Wenzelsplatz zum Altstädter Ring und erneuerten dort ihren Protest. Kein Wunder, daß die Behörden nervös darauf achteten, daß größere Versammlungen auf dem Platz unterblieben. Dazu umgaben sie das Hus-Denkmal sogar mit Grünanlagen, die bis 1987 überhaupt keinen direkten Zugang erlaubten. Und erst in den letzten Jahren wurden wieder die Cafés auf dem Altstädter Ring zugelassen. – Es ist nicht einfach, mit einem so geschichtsträchtigen Symbol umzugehen.

Die Prager sind stolz auf ihre Stadt, aber die Restaurierung kann kaum mit den Schäden durch die umliegende Industrie Schritt halten. Als großer Vorteil erweist sich ein Nebenprodukt der wirtschaftlichen Stagnation des Landes: Es gibt nur wenige Autos. Im Gegensatz zu Prag ist das Zentrum Wiens völlig vom Verkehr überflutet. Wiens historische Gebäude sind erstklassig gepflegt, doch seine öffentlichen Plätze werden schändlich verunstaltet. So wurde der Platz Am Hof mit den üppigen Barockfassaden des ehemaligen Bürgerlichen Zeughauses, der Kirche am Hof, der früheren Jesuitenkirche »Zu den neun Chören der Engel« und mit der pseudomittelalterlichen Burg durch die Zufahrt einer Tiefgarage und eine oben gelegene Tankstelle zweigeteilt. Kein Platz verkörpert den Geist des kaiserlichen Wien so rein wie der Josefsplatz mit seiner Reiterstatue von Kaiser Joseph II. als römischem Imperator. Der Platz wird flankiert von der Spanischen Reitschule, der Nationalbibliothek und den Palais Pallavacini und Palffy. Heute ist er ein Parkplatz.

Beide Orte sind Schauplätze des Films *Der dritte Mann.* Harry Limes Tod wurde auf dem Josefsplatz inszeniert, und als Limes untertauchte, verschwand er von einem Kiosk Am Hof aus in der Kanalisation. Diese und andere Bilder einer vom Krieg verwüsteten Stadt, in denen schattenhafte Figuren im Dunkeln durch widerhallende Straßen verfolgt werden und Fragmente von Skulpturen aus dem Schutt herausragen, wirken um Vieles anziehender als die gepflegte und reiche Stadt von heute. Aber mit ein wenig Phantasie kann man diese geheimnisvolle Atmosphäre auf einem nächtlichen Spaziergang wiedererstehen lassen, wenn die Dunkelheit die grellen Farben des Geschäftslebens verschluckt und die Pflastersteine im Laternenlicht glänzen.

In Prag entstanden die Plätze aufgrund gezielter Planung in einer Ära von Frieden, Reichtum und starker Staatsmacht. Die Kleinseite, das 1257 gegründete Viertel, hat einen großen Marktplatz, der durch die St.-Niklas-Kirche in zwei ungleich große Flächen geteilt ist, sowie eine Reihe von kleineren Stadtplätzen. Der Karlsplatz, der Mitte des 14. Jahrhunderts als Herzstück der Neustadt angelegt wurde, ist ein weiträumiges Rechteck. Früher wurde dort der Viehmarkt abgehalten; heute ist er ein Park.

Österreich hingegen war im späten Mittelalter schwach und geteilt. Wien war als Grenzfestung den Angriffen von Ungarn und Türken ausgesetzt. »Östlich von Wien beginnt der Balkan«, erklärte noch Fürst Metternich. Bis 1857 blieb die alte Stadt in der Zwangsjacke ihrer Mauern und Basteien eingeschnürt. Ihre Plätze

Eine sonnengefleckte Lichtung in einem dunklen Wald: Blick von der St.-Niklas-Kirche über den Altstädter Ring in Prag (links) zur Teynkirche und zum Kinskypalast.

Kürzlich restaurierte Fassaden (rechts) am Altstädter Ring, betrachtet von den Stufen des Hus-Denkmals aus.

spiegeln diese unerträgliche Raumknappheit wider: Der Neue Markt und der Hohe Markt, beide im 13. Jahrhundert angelegt, haben die Proportionen einer breiten Straße. Der Stephansplatz vermittelt trotz eines etwas ungeschickten Wiederaufbaus nach dem Krieg noch immer ein Gefühl des Eingesperrtseins in mittelalterlicher Enge. Als die Befestigungen und ihr Vorfeld beseitigt und an ihrer Stelle die Ringstraße gebaut wurde, sorgte man zwischen den neuen Behördenbauten für weite Freiflächen. Aber im Gegensatz zu den umschlossenen, harmonisch proportionierten Plätzen von Prag blieben sie als reine Leerräume formlos und banal.

Warum konnte Wien, das so lange in seiner Vergangenheit verstrickt blieb, nicht aus ihr lernen und seine beispiellose Chance nutzen? Diese Frage stellte Camillo Sitte in seinem bahnbrechenden Buch *Der Städtebau nach seinen künstlerischen Grundsätzen* von 1889. Sitte protestierte gegen die damals zunehmenden Tendenzen in der Städteplanung, dem Verkehrsfluß und geometrischen Plänen immer mehr Vorrang einzuräumen. Seine Mahnungen beeinflußten Denkmalschützer und Planer bis in die Gegenwart, doch in seiner Heimatstadt Wien verhallten sie unbeachtet.

Freier Raum ist für das städtische Leben unverzichtbar. Er wurde geprägt durch Erfordernisse von Handel oder Verteidigung, durch politische Systeme und kulturelle Traditionen, nicht zuletzt durch Klima und die Beschaffenheit des Geländes. Manchmal fügte es sich dabei, daß Nutzen und Schönheit in Einklang kamen. Dies ist im mittelalterlichen Böhmen und in den Städten Italiens und Flanderns zu sehen – aber auch in den norddeutschen Handelszentren, wo sich einige der herrlichsten Platzanlagen befinden.

In Bremen repräsentiert der Marktplatz die exponierte Rolle, die die Stadt in der Geschichte gespielt hat: Im Mittelalter war sie eine führende Hansestadt, im Kaiserreich freie Reichsstadt, und heute ist sie eigenständiger Stadtstaat in der Bundesrepublik. Trotz schwerer Zerstörungen im Krieg hat der Platz seinen Charakter behalten. Den Rahmen zu dem ungleichmäßigen Grundriß im Herzen der alten Stadt bilden das gotische Rathaus mit seiner Renaissancefassade, Bürgerhäuser mit Ziergiebeln, der Schütting, der im 16. Jahrhundert als Gildehaus der Kaufleute errichtet und 1951 nach seiner Restauration wieder Sitz der Handelskammer wurde, sowie das Haus der Bürgerschaft mit seiner Glasfront, das in den 60er Jahren am Standort der alten Börse erbaut wurde. Die steinerne Roland-Statue aus dem Jahre 1404 gilt als Symbol der Unabhängigkeit, die der Kaiser der Stadt gewährt hatte.

Der romanische Dom und die Liebfrauenkirche stehen etwas zurückgesetzt hinter Seitenplätzen und schließen das Blickfeld. Aufgrund seiner geringeren Höhe scheint der Dom eher am Stadtleben teilzunehmen – er wirkt nicht als Zuschauer wie die Teynkirche in Prag. Der Dom steht mit dem Rathaus im Dialog: Gott spricht mit dem Menschen, das Strenge mit dem reich Geschmückten, das Vertikale mit dem Horizontalen. Die grünen Kupferdächer mit den gezackten Giebeln und die Türme rings um den Platz erinnern an ausgefranste Segel, die das harte nördliche Licht in Bewegung setzt – eine Handelsflotte, die im Begriff ist, die Anker zu lichten. Diese Phantasie findet ein Echo in der Oberen Halle, dem Festraum im alten Rathaus, dessen Fenster auf den Marktplatz hinausgehen. In diesem Raum hängen neben den Messingkandelabern auch Modellsegelschiffe.

Vor dem Rathaus fahren Straßenbahnen vorbei, und Lieferwagen können zur Versorgung der Gaststätten auf den Platz. Ansonsten ist er den Fußgängern vorbehalten, die ihn meist rasch überqueren, von einer Ecke zur anderen, den ganzen Tag hindurch. Geschäftsleute unterhalten sich auf der Treppe des Schütting, Haus-

Bremens Geschichte als eigenständiger Stadtstaat in Norddeutschland spiegelt sich in seinem Marktplatz mit dem Rathaus (links), dem Dom (Mitte) und dem nach dem Krieg errichteten Haus der Bürgerschaft.

frauen plaudern bei Kaffee und Kuchen in der Konditorei, junge Leute treffen sich zum Bier in einem Straßencafé. Die Älteren und diejenigen ohne das nötige Kleingeld betrachten die Szene von Bänken in den Rathausarkaden aus. Fremdenführer erzählen den Touristen, was sie schon immer über den Roland wissen wollten. Ende Mai findet auf dem Markt drei Tage lang das Bremer Stadtfest statt, bei dem Essen und Unterhaltung an Ständen mit weißen Baldachinen geboten werden, die ähnlich wie mittelalterliche Zelte aussehen. Auch beim Weihnachtsmarkt, bei Konzerten und politischen Kundgebungen ist der Platz oft bis in den letzten Winkel gefüllt. Er ist wie ein bunter Zirkus, in dem es nie langweilig wird. Auf dem verwunschenen Karlsplatz in der alten bayrischen Stadt Neuburg an der Donau wird die Ruhe dagegen wenig gestört. Er wurde im 17. Jahrhundert auf der Kuppe eines steilen Berges als öffentlicher Vorhof zum Schloß angelegt und sollte die Hofkirche zur Geltung bringen. Von allen Seiten aus führen Straßen bergab, was den Eindruck der Abgeschiedenheit steigert. Die Familie Pfalz-Neuburg existiert nicht mehr, die Fürsten von Thurn und Taxis sind weggezogen, aber die schlichten und geschmackvollen Rokokofassaden sind geblieben. An einem Sommernachmittag sind die lautesten Geräusche das Plätschern eines Brunnens, die Gespräche auf den schattigen Bänken und die gedämpften Stimmen der Betenden, die zur Andacht

Auf dem Marktplatz in Bremen (links) herrscht den ganzen Tag lebhafter Betrieb.

Mariensäule und Brunnen (rechts) auf dem Karlsplatz im bayerischen Neuburg an der Donau, früher einmal Sitz von Fürsten, heute ein verschlafenes Provinznest.

in die Hofkirche kommen. Später hört man Gelächter von den Tischen her, die vor dem Gasthaus aufgestellt werden. Eine Trompetenfanfare erklingt: Einheimische proben auf einer grobgezimmerten Holzbühne für eine Aufführung des *Jedermann*. Die untergehende Sonne zaubert ein ganzes Lichterspiel auf den intimen Platz, wenn sie in den Wasserstrahlen des Brunnens glitzert und der gelbgestrichenen Kirche einen himmlisch anmutenden Schimmer verleiht.

In Italien präsentieren sich viele Plätze zugleich als Salon und Verkehrsknotenpunkt. Ein Beispiel ist die Piazza San Carlo in Turin: ein langes Rechteck, das von dreistöckigen Häusern mit Fassaden aus dem 17. Jahrhundert gesäumt ist. Die Piazza zeigt die Eleganz einer schmucken Uniform, die mit Goldkordeln verziert ist. Die schnurgerade Achse wird von einer barocken Doppelkirche flankiert, die den Platz zwischen Bahnhof und Piazza Castello in zwei Hälften teilt. Der Verkehr braust an der Reiterstatue von Philibert Emanuel, dem Kriegerkönig von Savoyen, vorbei. Aber die Proportionen und dezente Ausschmückung des Platzes sind so ausgewogen, daß er den fließenden Verkehr und die auf beiden Seiten parkenden Autos bequem aufnimmt. All das wird zweitrangig vor den Arkaden, die noch immer das vornehme Geschäftsviertel bilden und wo Cafés eine warme Atmosphäre aus den 90er Jahren des vorigen Jahrhunderts verbreiten.

Die Piazzetta in Capri, die im Mittelalter auf einem Freiraum aus römischer Zeit angelegt wurde, ist ein Triumph organischen Wachstums: Sie gehört zu den kleinsten und vollkommensten Plätzen, die es gibt. Sie ist eine Miniaturausgabe der Piazza San Marco in Venedig, ein Vorhof für die Stadt. Sie besteht aus einem Aussichtsplatz mit offenen Seiten und einem eng umschlossenen Platz von 20 mal 30 Metern mit einem Glockenturm als Angelpunkt zwischen den beiden Räumen. Im Gegensatz zu der geordneten Symmetrie der Piazza San Carlo ist die Piazzetta von Capri, auf Schildern als Piazza Umberto I. bezeichnet, so unregelmäßig und malerisch wie der Ort, zu dem sie gehört. Der Dom in neapolitanischem Barock setzt seine verspielten Kuppeln und Strebebogen dem schmucklosen mittelalter-Slichen Campanile entgegen, dessen übergroße Uhr das Gefühl des Phantastischen noch steigert. Dazwischen liegen niedrige weiße Häuser mit Dachterrassen. Ein-

Die Piazza San Carlo in Turin um 1900: ein Salon im Freien für eine der kultiviertesten Städte Italiens.

In Turin blüht die Tradition: Der Platz und die Reiterstatue spiegeln sich im Schaufenster eines alteingesessenen Herrenbekleidungshauses unter den Arkaden.

funicular station on the belvedere, from a nearby bus stop, several arched passageways and, most satisfyingly, down a broad flight of steps that cascade into the square like a lava flow from nearby Vesuvius. One hopes that a lunatic proposal to put a plastic dome over the Piazzetta in winter will succumb to the ridicule it deserves.

Die Piazzetta in Capri: eine Freilichtbühne, auf der jedermann abwechselnd Zuschauer und Schauspieler ist.

Vorschlag, im Winter eine Plastikkuppel über die Piazzetta zu stülpen, als lachhaft verworfen wird.

Auch in Spanien finden sich legendäre Plätze – kein Land nutzt sie intensiver.Gleichwohl sind die alten Viertel vieler spanischer Städte eher durch ein Gewirr enger Gassen gekennzeichnet, in denen Innenhöfe größere Bedeutung haben. Diese Struktur geht schon auf die islamische Tradition zurück, die in den heißesten Ländern der Erde geboren wurde. Schließlich war die iberische Halbinsel, die eine Brücke zwischen Europa und Afrika bildet, über Jahrhunderte von den Mauren besetzt.

Vom Iran bis Marokko ist das gleiche, außerordentlich praktische Muster zu finden. Wie frühmittelalterliche Städte in Europa, aber mehr zum Schutz gegen Sonne und Wind als gegen feindliche Angreifer, sind Wüstenstädte ein verschlungenes Netz von schmalen Gassen, die nur breiter werden, um einem Brunnen Raum zu geben oder um eine größere Menschenmenge vor dem Eingang einer Moschee aufzunehmen. Der Markt findet im *souk* statt – in schattigen Straßen, nicht auf offenen Plätzen. Im syrischen Aleppo winden sich solche überdachten Souks in einer Länge von 15 Kilometern um die zentral gelegene Zitadelle.

Dieses Labyrinth ist das Revier einheimischer Kunsthandwerker. Fremde verkaufen ihre Waren außerhalb der Stadtmauern. Der spektakulärste dieser vor der Stadt gelegenen Märkte ist der Djemaa-el-Fna im marokkanischen Marrakesch. Er ist der Brennpunkt des wirtschaftlichen und sozialen Lebens der Stadt. Von morgens bis abends gehen dort einheimische und wandernde Händler ihren Geschäften nach; Unterhaltung und Erfrischungen jeder Art werden geboten. Dieser nicht eingegrenzte Platz atmet den Geist eines mittelalterlichen Marktplatzes, wie wir ihn von Europa kennen, und erfüllt viele seiner zahlreichen Funktionen. Unseren städtischen Plätzen in Form und Funktion näher sind jedoch die arkadengeschmückten Höfe der Moscheen, die als Kirche, Schule und öffentliches Bad dienen und ebenso für politische Zusammenkünfte und Bürgerversammlungen genutzt werden. Auch hier treffen sich das Heilige und das Säkulare in Räumen, die vielfältige Bedürfnisse des öffentlichen Lebens erfüllen.

Gelegentlich ließen auch islamische Herrscher Stadtplätze in einer Art herrichten, wie sie der europäischen ähnlich ist. Etwa um 1400 begann Sultan Timur, die Hauptstadt Samarkand seines zentralasiatischen Reiches Transoxanien zu verschönern. In der Folgezeit wurde der Registan als kaufmännisches und religiöses Zentrum angelegt: ein Sandplatz, der von einer islamischen Hochschule, einem Basar, Bädern, einer Moschee und einer Karawanserei gesäumt wurde. Nach der Zerstörung der meisten Gebäude bei späteren Plünderungen erhielt der Registan erst im 17. Jahrhundert seine derzeitige rechteckige Form mit Seitenlägen von 70 mal 60 Metern. Durch die Errichtung zusätzlicher Schulbauten wurde ein symmetrisches Ensemble geschaffen.

An der Wende zum 17. Jahrhundert baute Schah Abbas I. von Persien seine Residenz Isfahan um. Dabei legte er im Herzen der Stadt den Meidan-e-Shah an, einen rechteckigen Platz, der siebenmal so groß ist wie der Markusplatz in Venedig. Er war gleichermaßen Marktplatz, Polospielfeld und Schauplatz für Wettbewerbe im Bogenschießen oder Kämpfe zwischen wilden Tieren. Der Platz wird umschlossen von einem zweistöckigen Blendarkadenbau aus ockerfarbenen Ziegelsteinen, in der sich unten Geschäfte und oben Stucknischen befinden. Ein paar schmale Straßen durchbrechen diese Einfassungsmauer, die den königlichen Basar und die daneben gelegene Karawanserei am Nordende mit der Schah-Moschee 500 Meter weiter südlich verbindet. An der 150 Meter breiten Querseite stehen sich die

Ein Stich aus dem Jahre 1867 vom Meidan in Isfahan, Iran. Schah Abbas I. ließ den Platz an der Schwelle zum 17. Jahrhundert als Polospielfeld und Markt anlegen, als er in der Stadt seine Residenz einrichtete.

Scheich-Lutfullah-Moschee und der Ali-Kapu-Palast gegenüber, der einen überdachten Aussichtsbalkon für den Schah und sein Gefolge hat.

Isfahan hatte in der Ära Schahs Abbas eine halbe Million Einwohner – fast so viele wie heute – und war somit in der damaligen Zeit eine der größten Städte der Welt. Ein Druck aus dem Jahre 1698 zeigt den ganzen Platz von Verkaufsständen bedeckt. Schattenspendende Bäume und ein Wasserbecken zogen sich an der Längsseite entlang. Abends wurden die Gebäude nach zeitgenössischen Berichten von 50 000 kleinen Lampen erleuchtet. Sir Thomas Herbert, ein Mitglied der britischen diplomatischen Gesandtschaft, schrieb 1628, der Meidan sei »zweifellos der geräumigste, angenehmste und wohlriechendste Markt auf der ganzen Welt«.

Selbst in seinem gegenwärtigen, stark vernachlässigten Zustand bietet er einen unvergleichlichen Anblick. Tritt man aus dem kühlen Dunkel des Basars mit seinen hohen Steingewölben, die nur schmale Sonnenstreifen durchlassen, in die blendend helle Weite des Meidan hinaus, dann wird dieser Eindruck nur noch von der glanzvollen Architektur des Platzes überboten. Der gleichmäßige Rhythmus der Arkaden und das schlichte Äußere des Palastes lenken den Blick auf die Moscheen. Ihre Fassaden liegen noch auf einer Linie mit dem Platz; erst dahinter sind ihre Grundrisse so weit gedreht, daß sie nach Mekka weisen. Diese Verschiebung der Achse schafft einen Abstand zwischen dem hohen Eingangstor und der Kuppel der Schah-Moschee, wodurch die optische Wirkung ihrer kunstvoll gemusterten, türkisfarbenen Fayence-Fliesen verstärkt wird. Die Scheich-Lutfullah-Moschee, die zu Ehren dieses Gelehrten erbaut wurde, ist von bescheidener Größe, aber ein Kleinod in ihrer Kombination von blauen und gelben Fliesen, die golden aufglühen, wenn die Sonne im Westen steht.

Der Meidan-e-Shah weist noch eine weitere Parallele zum Westen auf: Er wurde als einheitliches Ganzes im Auftrag eines einzigen Herrschers geschaffen. In ähnlicher Weise drückten die Päpste des 17. Jahrhunderts Rom ihren Stempel auf, was der Stadt zugute kam und gleichzeitig ein Akt der Selbstverherrlichung war. Ganz anders ist das beim Tempelberg in Jerusalem. Er gehört zu den heiligsten und meistumkämpften Stätten der Welt und hat sich über dreitausend Jahre hinweg entwickelt. Hier traf Abraham der Legende nach die Vorbereitungen für die Opferung seines Sohnes Isaak. Salomo baute an dem Ort den Ersten Tempel der Israeliten, der von Nebukadnezar zerstört wurde. Der Zweite Tempel wurde an derselben Stelle errichtet, von Herodes erweitert und im Jahre 70 n. Chr. von den Römern zerstört. Islamische Heere eroberten Jerusalem im Jahre 638 und errichteten später den Felsendom über dem Abrahamsfelsen, denn von dort aus soll

Der Registan in der zentralasiatischen Stadt Samarkand wurde Anfang des 15. Jahrhunderts vom Enkel des Sultans Timur angelegt.

Die Klagemauer in Jerusalem, (gegenüber, oben). Alte Häuser wurden niedergewalzt, um diesen gepflasterten, offenen Raum zu schaffen, nachdem die Israelis 1967 die Altstadt erobert hatten.

Der Tempelberg in Jerusalem (unten), der abwechselnd im Besitz von Juden, Christen und Moslems stand. Er ist möglicherweise der älteste fortlaufend benutzte städtische Platz der Welt.

Mohammed in den Himmel geritten sein. Eine christliche Basilika, die der römische Kaiser Justinian der Jungfrau Maria gewidmet hatte, wurde in die Al-Aqsa-Moschee verwandelt.

Um diese beiden ehrwürdigen Gebäude herum dehnt sich der Haram-esh-Sharif, das Vornehme Heiligtum. Es ist ein erhöhter Platz aus antiken Steinplatten, auf dem freie Arkadenketten, Monumente und Pavillons stehen. Treppen führen zu einer breiten Terrasse mit einem Garten hinunter. Daß es sich um heiliges Gelände handelt, spürt man nicht allein an der Andacht der Betenden, sondern auch aus der Art und Weise, wie der Platz zwischen Himmel und Erde zu schweben scheint, hoch über den honigfarbenen Steinen der alten Stadt und gegenüber dem Ölberg und dem Garten Gethsemane. Wenig hat sich geändert, seit er als Mittelpunkt eines Holzschnittes von Jerusalem 1484 eines der ersten gedruckten Reisebücher illustrierte, die *Peregrinationes in Terram Sanctam.*

Heute zeigt sich gerade das Gebäude als das schwächste architektonische Element der Stätte, das am ausdrucksvollsten sein sollte: der Felsendom. Seine Kuppel wurde während der jordanischen Besatzung eloxiert und erinnert eher an die goldenen Bögen von McDonalds als an ein klassisches Werk der islamischen Architektur. Aber die Steine haben eine authentische Patina, und der Raum scheint zu singen.

Das kann man von dem tiefer gelegenen Platz vor der Klagemauer nicht sagen. Seit Jahrhunderten kommen Juden zu einem Bruchstück der westlichen Mauer des

Zweiten Tempels zum Beten. Als Israel im Krieg von 1967 Jerusalem erobert hatte, wurden weitere Teile der Mauer ausgegraben und eine Reihe alter Häuser eingerissen, um Raum für größere Menschenmassen zu schaffen. Ästhetisch betrachtet wirkte sich dies katastrophal aus. Der von ursprünglich 90 auf 18 500 Quadratmeter vergrößerte Klagemauer-Platz ist vom Charakter und der Größenordnung her allen übrigen Anlagen der Altstadt fremd. Der Platz verringert die Wirkung der Mauer und ist bis auf wenige Tage im Jahr gähnend leer.

Die Stadt Jerusalem plant mittlerweile eine Umstrukturierung dieses Geländes, um es den widerstreitenden Anforderungen von Religion, Archäologie und Tourismus gerecht werden zu lassen. Der Architekt Moshe Safdie schlug dazu unter anderem vor, das Gebetsrevier am Fuße der Mauer zehn Meter abzusenken, um die jüngst entdeckte Straße des Herodes freizulegen. Der Rest des Geländes soll danach in eine Gruppe kleinerer Plätze mit Randbebauung aufgeteilt werden, die sich an dem Hang von der Altstadt zum Tempelbezirk hinaufziehen.

Ein Indianerdorf im Regenwald des Amazonas ist kaum der Ort, an dem man Ähnlichkeiten mit den bisher dargestellten Städten vermuten würde. Und doch beobachtete der Anthropologe Kenneth Brecher, der dort zwei Jahre als Forscher verbrachte, daß der Dorfplatz auch hier für alle Aspekte des täglichen Lebens eine zentrale Rolle spielt. Bei Umzügen erholen sich Männer und Frauen von den Mühen des Alltags und erhalten Gelegenheit zu sozialen Kontakten. Der Platz dient auch als Freilichttheater: In den kargen Wintermonaten, in denen Überschwemmungen die Jagd unmöglich machen, werden hier Mythen in Szene gesetzt. Außerdem ist er ein tabufreier Ort, eine Art Ersatzhaus, in dem man Mitglieder rivalisierender Stämme bewirten kann, ohne die Sicherheit des eigenen Hauses aufs Spiel zu setzen und persönliche Besitztümer vorzuführen. Die Stammessitten verlangen übrigens, daß junge Menschen in der Zeit der Pubertät für ein Jahr oder länger eingesperrt werden. Sie haben in der Zeit ausschließlich das Treiben auf dem Platz zu beobachten, um sich so die Regeln der Stammeskultur anzueignen.

Viele Dorfbewohner bezeichnen diese Phase des Lernens in der Abgeschiedenheit als die glücklichste Zeit ihres Lebens. Unserer Welt scheint ein solches Netz von Ritualen und Sitten völlige fern zu stehen oder gar in Vergessenheit geraten zu sein. Und doch vernehmen wir ein Echo davon in den Erinnerungen von Emilio Ambasz, einem visionären Architekten, der abwechselnd in Bologna und New York lebt. Ambasz erklärt seine Besessenheit von der Planung städtischer Räume mit dem Glück, das er als Junge empfunden hatte, wenn er auf den Plätzen des Wohnviertels in seiner Heimatstadt Buenos Aires spielen konnte.

Für Europäer beginnt die Geschichte des Platzes im alten Griechenland. Lewis Mumford nennt die *agora* eine verbesserte Version eines Versammlungsplatzes im Dorf, ohne festgelegte Form und ohne Einfriedung, wo Freizügigkeit für Warentausch und Rede herrschte. Für die Griechen des klassischen Zeitalters war die Agora wesentlicher Bestandteil einer freien *polis,* ein Symbol der Demokratie und der Herrschaft des Gesetzes. Schriftsteller wie Herodot und Xenophon priesen das glückliche Geschick der Griechen und stellten ihm das Fehlen einer Agora in tyrannischen oder anarchischen Staaten gegenüber.

Am Anfang war die *akropolis*: ein auf einer Anhöhe gelegener heiliger Ort, der zugleich eine Rolle im weltlichen Leben spielte. Als man begann, die Akropolis mit Tempeln und Denkmälern zu überziehen, verlor sie ihre politische Funktion an die Agora. Die hier wohnenden Gottheiten beschützten die Redner. Mit der Zeit wurde die Agora auch zu anderen Zwecken genutzt: als Markt, für Gerichtsverhandlungen, Versammlungen und Gottesdienste. Die Agora überholte die

Akropolis zügig an Bedeutung und wurde zum wichtigsten Ort der Stadt, zum Brennpunkt ihres sozialen Lebens und Standort ihrer wichtigsten Gebäude.

Der freie Zugang für alle Schichten wurde später durch soziale Aufsplitterung und bauliche Differenzierung untergraben. Aristophanes beobachtete, wie sich im demokratischen Athen die Vornehmen von den *hoi polloi*, den Vielen, absonderten und das Gymnasion der Agora vorzogen. Aristoteles schlug vor, die Agora den politischen Aktivitäten der Freien vorzubehalten und Kaufleute nur mit besonderer Berufung durch den Rat zuzulassen.

In der klassischen Periode blieb die Agora in der Form unregelmäßig und nur locker strukturiert durch öffentliche Gebäude. Erst als das Bevölkerungswachstum die Errichtung planmäßiger Siedlungen in Kleinasien erforderlich machte, erhielt auch sie einen regelmäßigen Grundriß, wobei sie auf mindestens drei Seiten dicht von Arkaden umschlossen wurde, in denen sich Geschäfte befanden. Aristoteles schrieb dem Architekten und Philosophen Hippodamus die Leistung zu, in seiner Heimatstadt Milet bereits im fünften Jahrhundert v. Chr. die erste Agora dieser Art entworfen zu haben – einen vollkommen rechteckigen Platz. Er maß 120 auf 160 Meter, war umgeben von Säulenhallen und hatte einen einzigen Zugang von der Straße her. Mumford glaubt, Hippodamus könnte mit seinem Plan für Piräus eine solche Regelmäßigkeit und das Schachbrettraster auf dem griechischen Festland eingeführt haben in der Überzeugung, durch die klare Form eine rationalere soziale Ordnung zu verkörpern und abzubilden.

Bis zum dritten Jahrhundert v. Chr. war die rechteckige und geschlossene Agora zur Norm geworden. Als der Reichtum wuchs und die Demokratie zu zerfallen begann, entschädigten Herrscher ihre Untertanen durch den Bau von noch glanzvolleren Agoren für den Verlust ihrer Freiheit – ein Triumph der Form über die Funktion, der sich im kaiserlichen Rom, in den Fürstenstaaten der Renaissance in Europa und in den totalitären Regimen unseres Jahrhunderts wiederholen sollte. In den griechischen Städten, die ihre Unabhängigkeit verloren und selbst die Vorspiegelung einer politischen Debatte preisgaben, verlor jedoch die Agora alle herkömmlichen Funktionen – zurück blieben lediglich ein Marktplatz mit mehreren Zweckbauten.

Schon bevor die Griechen begannen, die Agora zu kultivieren, hatten latinische Stämme in der Senke zwischen den Hügeln Aventin, Palatin und Kapitol ihr erstes *forum* eingerichtet. Es war ein Symbol der Einheit und zugleich Markt und Versammlungsort. Ein Tempel garantierte dort den »Marktfrieden«. Das Forum entwickelte sich stetig von einem geradlinigen, offenen Gelände an einer Hauptstraße zu einem von Bauten begrenzten Raum. Die kommerziellen Funktionen wurden auf kleinere, nur dafür genutzte Plätze verlegt. Es entstand eine klare Trennung von *fora civilia* für Versammlungen und *fora venalia*, den Märkten. Das bekannte Forum Romanum gehörte in die erste Kategorie.

Die Architekturhistorikerin Diane Favro schildert, wie sehr sich während der fünf Jahrhunderte der Republik das Leben eines jeden Römers um das Forum drehte: »An diesem zentralen städtischen Raum wurden die Bürger unterrichtet, hier beteten sie, schlossen Geschäfte ab, nahmen an Zeremonien teil, sammelten Nachrichten und gestalteten die Geschichte mit.« An jedes Gebäude und jedes Monument knüpften sich Traditionen und Assoziationen, so daß der Platz zum kollektiven Gedächtnis der Stadt wurde. Er festigte die Bande zwischen Vergangenheit und Gegenwart, zwischen Herrschern und Untertanen. Fast diese ganze Zeit hindurch blieb Rom so klein, daß ein einziger Platz von nur 60 mal 180 Metern für alle Bewohner ausreichte.

Das Forum blieb ein leerer Platz, weil es viele Menschen fassen mußte und außerdem bis zur Errichtung von Amphitheatern für Zeremonien und Sportveranstaltungen genutzt wurde, denen die Menschen von den umliegenden Kolonnaden und Balkonen aus zusahen. Dieses traditionelle Muster ist in seiner reinsten Form in den Ruinen von Pompeji zu sehen, einem Handelszentrum, das 82 v. Chr. römische Kolonie wurde. Sein Forum blieb als offener, 142 mal 38 Meter großer Platz erhalten und liegt auf einer Hügelkuppe, um die herum die Stadt wuchs. Es ist auf drei Seiten von Säulengängen mit einer darüberliegenden Galerie umgeben und mit Statuen geschmückt, die die Straßeneingänge verdeckten. Am Nordende steht als beherrschendes Gebäude des Platzes der Jupiter-Tempel. Er ist dem Vesuv zugewandt, der die Stadt im Jahre 79 n. Chr. unter Lava und Asche begrub.

In der Rom vorgelagerten Hafenstadt Ostia liegt das Forum am Schnittpunkt der beiden Hauptachsen Cardo und Decumanus. Größer und prächtiger ist der nahegelegene Hauptmarktplatz, heute unter dem Namen Piazzale delle Corporazione bekannt. Er war das Welthandelszentrum seiner Zeit. Rundherum hatten die Städte, die mit Rom Handel trieben, siebzig Geschäftskontore als eigene Vertretungen eingerichtet. Jede war durch ein Mosaikemblem mit ihrem Symbol gekennzeichnet.

Am Ende des ersten Jahrhunderts v. Chr. war das Forum Romanum nach Diane Favro bereits »ein Museum der Geschichte und der Kunst, nicht mehr die Bühne zeitgemäßen Handelns«, denn »die aristokratische Republik war zu einem absolutistischen, imperialistischen Staat geworden, dessen politische Kontrolle vollständig in der Hand eines einzigen Mannes lag«. Die Bevölkerung der Stadt wuchs auf über eine Million an, so daß ein einziger Versammlungsort nicht mehr genügte. Zeremonien und Sportveranstaltungen wurden in riesige Amphitheater verlegt wie das Kolosseum und das Domitian-Stadion an der heutigen Piazza Navona. Rechtliche und geschäftliche Angelegenheiten wurden in den Basiliken abgewickelt, die zum Gegenpol der kaiserlichen Tempel wurden. Die Kaiser zogen sich in luxuriöse Villen zurück und erbauten neue Foren, aber nicht mehr für Versammlungen oder andere praktische Zwecke, sondern als grandiose Denkmäler für sich selbst. Schließlich ersetzte der Palatin mit seinem Kaiserpalast das Forum als Schwerpunkt der Stadt.

Ruinen des Forums in Pompeji, das im Jahre 79 n. Chr. bei einem Ausbruch des Vesuvs verschüttet wurde. Zweistöckige Kolonnaden verbargen die Straßenzugänge und unregelmäßigen Gebäude hinter dem Forum und rahmten den Jupiter-Tempel ein.

Rekonstruktion der Agora in Assos, einer griechischen Siedlung 60 km südlich von Troja in der heutigen Türkei. Öffentliche Gebäude mit Portikus rahmen den Platz und einen Tempel ein.

Das Forum Romanum, wie es zur Zeit des Stiches von Giuseppe Vasi im Jahre 1765 aussah. Im Altertum war es jahrhundertelang das Zentrum des politischen, religiösen und gesellschaftlichen Lebens der Stadt.

Roms Mythos überlebte bei weitem seine Machtepoche. Edward Gibbon entwarf sein Meisterwerk *Geschichte des Verfalles und Unterganges des römischen Weltreiches* im Jahre 1764, »als ich sinnend inmitten der Ruinen des Kapitols saß, während die barfüßigen Brüder im Jupitertempel die Vesper sangen«. Rose Macauly wies in ihrem Buch *Pleasure of Ruins* darauf hin, daß es in den Ruinen Roms immer einen heftigen Wettstreit um literarische Inspiration gab. Die Ruinen waren eine Pflichtstation auf jeder Bildungsreise und ein Lieblingsmotiv der Landschaftsmaler und Kupferstecher.

Nach zwei Jahrhunderten archäologischer Ausgrabungen gleicht das Forum heute eher einer Baustelle als einer ländlichen Idylle. Es ist schwer, in dem Wust von Denkmälern noch die ursprüngliche Form eines gepflasterten Rechtecks zu erkennen. Und doch ist es aufregend, mitten in den klaffenden Löchern und den gestürzten Säulen die *Curia* zu finden, das letzte einer Reihe von Gebäuden, in denen der Senat zusammenkam, und daneben das *Comitium*, den ersten Versammlungsort nach der Gründung Roms. Im frühen Mittelalter, als Wölfe in diesen Ruinen hausten und menschliche Wölfe unter den wenigen übriggebliebenen Einwohnern der Ewigen Stadt auf Beute ausgingen, hielt sich Rom doch hartnäckig im Gedächtnis der Menschen – hier und in hundert Versionen des Forums in den Provinzen.

Die Piazza del Campo in Siena wurde vor siebenhundert Jahren als Treffpunkt für drei auf Bergrücken gelegene Siedlungen entworfen und ist noch heute Mittelpunkt eines dichten Straßennetzes. Der Glockenturm wirft seinen Schatten über die Piazza wie der Zeiger einer Sonnenuhr.

2

Märkte im Mittelalter

Alle Plätze sind Bühnen für das Drama des menschlichen Lebens, aber nur wenige sind so vollkommen und haben eine so ereignisreiche Geschichte wie die Piazza del Campo von Siena, dieser einst reichen Stadt in der Toskana. Cafés säumen den oberen Rand eines flachen, halbrunden Amphitheaters; im Zentrum gegenüber zieht der Palazzo Pubblico, das Rathaus, mit seiner zurückgezogenen Front den Blick auf sich. Ein Pflaster aus grauen Steinrippen und neun spitz zulaufenden Segmenten aus Ziegelsteinen, die in Fischgrätmuster verlegt sind, laufen muschelförmig und leicht abschüssig zusammen. Überragt wird alles durch den Mangia-Turm, einen 86 Meter hohen Campanile, der nach seinem ersten Glöckner benannt ist. Elf schmale Straßen münden in die Piazza del Campo, aber sie sind kaum sichtbar, so dicht ist der Platz mit einer Wand von fünfstöckigen Gebäuden eingefaßt. Am oberen Rand der Muschelschale plätschert die Fonte Gaia.

Wenig hat sich geändert, seit der Rat der Neun, eine Oligarchie führender Kaufleute, den Platz vor fast siebenhundert Jahren geplant hat. Seine Harmonie wurde durch gemeinsame Übereinkunft und die rücksichtslose Durchsetzung einer Bauordnung erreicht, die Wolfgang Braunfels als die präziseste wertet, die aus dem Mittelalter überliefert ist. Städtische Kommissionen unter Leitung von Anwälten überwachten die Einhaltung der Vorgaben und ahndeten jede Abweichung. Die wichtigste Triebfeder war Bürgerstolz, der durch die Rivalität mit dem benachbarten Stadtstaat Florenz noch gesteigert wurde. Der gesamte Komplex wurde in fünfzig Jahren fertiggestellt, kurz ehe die Pest im Jahre 1348 die Hälfte der Bevölkerung dahinraffte und ähnlich ehrgeizigen Projekten hier und in ganz Europa vorerst ein Ende setzte. 1349 wurde noch eine der Jungfrau Maria gewidmete Kapelle als Dankesgabe für das Ende der Seuche an die Basis des Turmes angefügt.

Als Siena römische Kolonie war, befand sich an der Stelle der heutigen Piazza del Campo das Forum. In den wechselvollen Jahrhunderten nach dem Fall Roms zogen sich die wenigen überlebenden Einwohner in den Schutz befestigter Siedlungen auf drei aufeinander zulaufenden Bergrücken zurück. In der dazwischen gelegenen Senke, wo drei Hauptstraßen zusammenliefen, entstand ein Marktplatz und Treffpunkt – ganz ähnlich wie das erste Forum in Rom. Dieser *campo*, Namensgeber des Platzes, wurde Ende des 12. Jahrhunderts durch eine Mauer in zwei Teile geteilt, um vor dem ersten Rathaus, einem einstöckigen Holzgebäude, einen Vorplatz zu schaffen. Dahinter lag ein Marktplatz. 1297 begann man mit dem Bau des heutigen Palastes aus Ziegeln und Steinen, in dem Verwaltung, Justiz, Schatzkammer und Ratsräume zusammengeführt wurden.

Der Standort des Palastes am unteren Ende des Campo wurde sorgfältig ausgewählt, um den Ansprüchen der drei rivalisierenden Siedlungen gerecht zu werden. Außerdem wollte man ein optisches Gleichgewicht zwischen dem Rathausturm, der den weltlichen Stolz symbolisierte, und dem Dom schaffen. Die Form des Platzes ist möglicherweise eine Anspielung auf den Mantel der Madonna, der sich die Stadt im Jahre 1260 geweiht hatte, und die Segmente im Pflaster spielten auf die wohltätige Herrschaft des Rates der Neun an, an der ein großer Teil der Bürger aktiv beteiligt war. Der Campo war nur ein Projekt unter vielen; man pflasterte auch die Straßen und schmückte die Stadt mit privaten Palästen und öffentlichen Einrichtungen für die Bewohner. Außerdem begann man mit dem Bau eines neuen Kirchenschiffes, den man später jedoch wieder einstellte. Hätte man die Arbeit vollendet, wäre der Dom von Siena einer der größten in ganz Europa geworden.

Dieses goldene Zeitalter des Handels und der Künste hatte auch seine Schattenseiten. Die hygienischen Verhältnisse waren schlecht. 1296 wurden offiziell ein Mutterschwein und vier Ferkel dazu eingesetzt, den Platz nach Markttagen von Gemüseabfällen leerzufressen. Mit dem glanzvollen Brunnen wurde erst im frühen 15. Jahrhundert die Anlage einer ersten Wasserleitung in der Stadt gefeiert – bis dahin war die Bevölkerung auf Ziehbrunnen angewiesen gewesen. Es fanden Stierkämpfe, Kampfspiele mit Stöcken und Steinen und ein waghalsiges Pferderennen durch die Straßen zum Dom statt. Auf die Pest folgten zweihundert Jahre ständiger

Die Piazza del Campo in Siena ist fast das ganze Jahr über eine Oase des Friedens (ganz links). Aber im Sommer ist er zweimal bis auf den letzten Zentimeter gefüllt, wenn das Palio-Fest (rechts oben und unten) stattfindet. Dabei folgt auf einen Umzug in traditionellen Kostümen ein Pferderennen, ein kurzer und hitziger Wettkampf zwischen den Bezirken der Stadt. In der Vergangenheit war der Campo Schauplatz vieler prunkvoller Feste. Ein anonymes Gemälde aus dem frühen 17. Jahrhundert (unten) zeigt ein Turnier, das zu Ehren von Ferdinand I., Großherzog der Toskana, auf dem Campo veranstaltet wurde.

Kämpfe, die in einer blutigen Belagerung durch Kaiser Karl V. gipfelten, der die Stadt im Jahre 1559 an die toskanischen Großherzöge der Medici abtrat.

Siena durchlief eine lange Zeit des Niedergangs. 1909 schrieb Henry James, es zerberste, blättere ab, verblasse, zerfalle und faule. In den letzten Jahren hat sich die Lage dieser Stadt mit ihren 60 000 Einwohnern, von denen noch viele innerhalb der mittelalterlichen Mauern leben, deutlich verbessert. Siena war die erste Stadt Italiens, die ihr historisches Zentrum für Autos sperrte, und der Campo blieb unumstritten der Mittelpunkt des gesellschaftlichen, wenn nicht auch des wirtschaftlichen Lebens. Einheimische und Besucher schlendern umher, plaudern und lassen sich an warmen Nachmittagen auf dem Pflaster nieder, als wäre es eine Wiese. Babys werden spazierengefahren, Kinder spielen Fußball, Liebespaare schlendern engumschlungen an Gruppen von Bildungsreisenden vorbei: Der Campo nimmt sie alle auf, als wäre er wahrhaftig der Mantel der Madonna.

Selbst in der Stille der Nacht, wenn die Restaurants geschlossen sind und nur noch Katzen über den Platz streunen, wirkt er noch immer einladend. Der Mangia-Turm »schnellt wie eine Rakete in den sternklaren Himmel empor«, schrieb der amerikanische Schriftsteller William Dean Howells vor hundert Jahren. Die verblaßten roten Ziegel strahlen die Wärme der Sonne ab, die sie tagsüber gespeichert haben. Die schmalen Straßen scheinen alle in diesen einen großen, offenen Platz einzumünden: Wo immer man geht, gelangt man zuletzt auf den Campo.

Zweimal im Jahr, zu Mariä Heimsuchung am 2. Juli und nach Mariä Himmelfahrt am 16. August, lebt in Siena der Palio wieder auf. Im Jahr 1656 wurde dieses traditionelle Pferderennen aus den Straßen auf die Piazza del Campo verlegt. Der von komplizierten Ritualen begleitete und monatelang vorbereitete Wettkampf wird zwischen den 17 Stadtbezirken ausgetragen. Jeder von ihnen hat seine eigene Kirche, Verwaltung, genaue Grenzen und ein Symbol. Die Loyalität, die ihm von der Wiege bis zur Bahre entgegengebracht wird, besteht unbeschadet aller anderen Bindungen. Das ganze Jahr über entstehen Koalitionen und Feindschaften, die dann in der Gewalttätigkeit und den Listen bei den Rennen offen zutage treten.

Eine Woche vor dem Rennen wird der Campo mit Erde bedeckt. Angeheuerte Jockeys reiten die Pferde zunächst in einer Reihe von Proberunden. Am großen Tag sind Tribünen, Fenster und jeder Zentimeter der Rennstrecke bis auf den letzten Platz gefüllt. In einem zweistündigen, farbenprächtigen Umzug wird die Geschichte der Stadt dargestellt. Fahnen werden mit einer Geschicklichkeit in die Luft geworfen und wieder aufgefangen, die langjährige Übung verrät. Bei Sonnenuntergang findet das eigentliche Rennen statt: Drei Runden auf der Bahn – die Jockeys teilen Püffe und Peitschenhiebe an ihre Rivalen aus, Pferde stoßen zusammen, es riecht nach Schweiß und Staub. In wenigen Minuten ist alles vorbei – bis auf den Applaus, ein paar Raufereien und eine überschwengliche Siegesfeier.

Touristen strömen in Scharen zu diesem Schauspiel, aber im Gegensatz zu vielen anderen folkloristischen Festen, die in den letzten Jahren wiederbelebt wurden, beteiligt sich hier die einheimische Bevölkerung leidenschaftlich. Im Palio lebt ein authentisches Stück Mittelalter fort; damals waren solche Rennen und Umzüge charakteristisch für das Patronatsfest in jeder europäischen Stadt. Der Palio erlaubt uns einen Blick auf die Kräfte, die den Campo schufen: Dieser Platz war das Symbol einer vitalen, unabhängigen Stadt, eine meisterhafte Balance zwischen den Interessen rivalisierender Parteien und ein flexibler öffentlicher Raum. Klar, elegant und komplex wie eine mathematische Gleichung, ist er zugleich ein Kunstwerk, dessen Farben sich mit dem Licht ändern und eine Generation nach der anderen verzaubern.

Die Wiedergeburt des Platzes durch die Wiederbelebung des Handels im Europa des 11. Jahrhunderts verlief ganz unspektakulär. Zuvor waren die Städte geschrumpft und stagnierten in Subsistenzwirtschaft. Macht und Reichtum waren hinter den Mauern von Burgen und Klöstern konzentriert. Draußen, so schrieb der Philosoph Thomas Hobbes, war das Leben des Menschen »einsam, arm, häßlich, roh und kurz«. Um ihren Landbesitz zu schützen, begannen Bischöfe und Feudalherren vermehrt, Städte zu befestigen. Dadurch schufen sie zugleich sichere Zonen, die Anziehungspunkte für den Handel wurden.

In Italien, wo die städtischen Traditionen noch am deutlichsten nachklangen, hatte die Wiedererstarkung bereits im 9. Jahrhundert in unabhängigen Stadtstaaten begonnen. Venedig lag sicher in seinen tückischen Lagunen und betrieb eine aggressive Seepolitik, bekam jedoch bald Konkurrenz durch die Hafenstädte Pisa und Genua. Reichtum und Bürgerstolz zeigen sich deutlich in dem Campo dei Miracoli in Pisa und der gleichzeitig entstandenen Basilica San Marco in Venedig.

Nördlich der Alpen waren Bischofsstädte die Wegbereiter der städtischen Regeneration, denn die Klöster waren die größten Landbesitzer, und die Bischöfe gehörten nach Ansicht des Architekturhistorikers Wolfgang Braunfels zu den eher aufgeklärten Herrschern. Um die Mitte des 11. Jahrhunderts besserte sich die Lage rasch. Die Normannen gingen nicht mehr auf Raubzüge, sondern schufen autonome Staaten in England, in der Normandie und in Süditalien. Das Vorrücken der Sarazenen im Mittelmeerraum war gestoppt worden. Herrscher stellten fest, daß es einträglich war, Handelsprivilegien an alte Städte zu vergeben und neue zu gründen.

Kaufleute und Handwerker wurden reicher, und bald forderte die neu entstehende Bürgerschicht nachdrücklich die Unabhängigkeit ihrer Städte. Dazu Steen Eiler Rasmussen: »Die Entwicklung einer Geldwirtschaft führte zu einem kommerziellen Aufschwung, der die feststehende Hierarchie von Kirche, Lehnsherr und gemeinem Volk sprengte.« Die Städte wurden zu selbstverwalteten Kommunen, übernahmen die Kontrolle über den Markt und richteten die ersten Rathäuser ein. In Italien kamen die Stadtregierungen an erster Stelle: Der Palazzo della Ragione in Bergamo, dessen erster Bau 1198 vollendet wurde, hat eine ebenerdige Loggia zum Schutz der Händler und darüber eine Ratshalle. In den nördlichen Ländern entstanden die Markthallen früher und wurden oft prächtiger gebaut als die Rathäuser, wie Spiro Kostof beobachtete. Aber zwischen Geschäftsleben und Politik gab es keine klare Trennung, denn wie in Siena waren reiche Kaufleute in beiden Bereichen führend.

Die ersten Märkte wuchsen organisch etwa um eine Furt herum, an einer Handelsstraße, am Fuße einer Burg oder eines Klosters, innerhalb von Stadtmauern, damit sie geschützt waren, oder außerhalb, damit sie leichter zugänglich waren und keine Gebühren entrichtet werden mußten. Oft lockte ein blühender Markt vor einer Stadt so viele neue Anwohner an, daß die Stadt ihre Mauern erweiterte, um diesen Vorort ebenfalls zu umschließen. Ein neuer Markt wurde dann gelegentlich außerhalb dieser Mauern angelegt, weil er Freiheit und Raum bot, und der ganze Prozeß wiederholte sich hundert Jahre später. Auf mittelalterlichen Stadtplänen – Mailand und Moskau sind gute Beispiele dafür – kann man aufeinanderfolgende Phasen der Ausdehnung erkennen wie Jahresringe an einem Baum.

Ob innerhalb oder außerhalb der Mauern: Der Handel wirkte wie ein Strom, der Kanäle und Buchten gräbt, die zurückbleiben, wenn der Fluß seinen Lauf geändert hat. In alten Städten gibt es oft breite Straßen oder dreieckige Freiflächen an Straßengabelungen, an denen einst Märkte lagen. Manchmal sind sie sogar die wichtigsten Plätze geblieben. Im norddeutschen Lüneburg, das seinen Reichtum

Die gotischen Gebäude von Teltsch wurden nach einem Brand im Stil der Renaissance wieder aufgebaut und bekamen im 18. Jahrhundert neue Fassaden, als Kirchen, Brunnen und die Mariensäule errichtet wurden. Die Laubengänge der Stadt sind unregelmäßig wie der Platz.

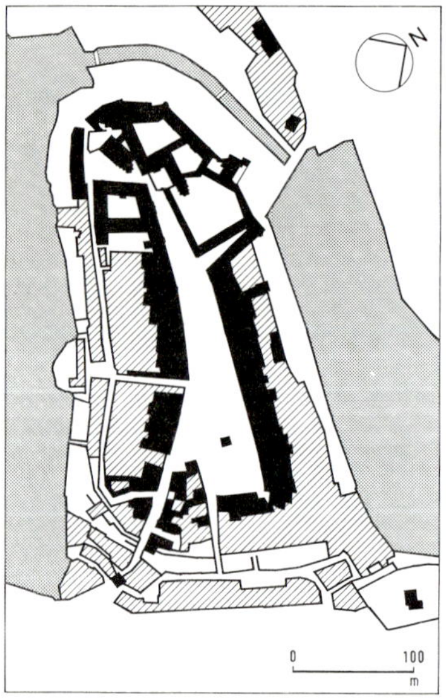

In Teltsch flankieren Teiche die alte Stadt, und eine einzige Häuserreihe säumt den Platz.

im Mittelalter dem Salzhandel verdankte, wird der offizielle Marktplatz mit dem Rathaus an Pracht bei weitem von dem Platz Am Sande übertroffen, der ehemals auf einer Sandbank angelegt wurde. Er erstreckt sich von einem Renaissancehaus bis zur gotischen Johanniskirche mit ihrem spitzen Turm und wird von Bürgerhäusern mit dekorativen Ziergiebeln gesäumt. Dadurch wirkt der 275 Meter lange und nur 35 Meter breite Platz wie ein Kirchenschiff ohne Dach. Im Herzen von München liegt der Marienplatz, an dem heute das neugotische Rathaus und Nachkriegsgebäude aufragen. Er dient als Erholungsraum in einer Fußgängerzone, aber der Grundriß eines mittelalterlichen Marktes, der am Rande einer Durchgangsstraße entstand, blieb erhalten.

Auch in der Tschechoslowakei gibt es noch eine ganze Reihe von Marktstädten. Eine der schönsten wurde von der UNESCO unter Denkmalschutz gestellt: Teltsch in Mähren. Der Marktplatz konstituiert die Stadt, denn an diesem langgestreckten, rautenförmigen Platz steht nur eine einzige Zeile von Häusern und Kirchen sowie ein Schloß. Dahinter liegen Gärten, die zu zwei Fischteichen hinunterführen. Sie schützen die Stadt wie ein Burggraben.

Teltsch wurde Mitte des 14. Jahrhunderts gegründet und zweihundert Jahre später nach einem Brand neu aufgebaut. Dem gotischen Schloß wurde ein Renaissanceteil mit zwei Arkadenhöfen angefügt. Die neuen Gebäude wurden mit Ziergiebeln und bemalten Fassaden ausgestattet. Das ganze 18. Jahrhundert hindurch wurden Umgestaltungen vorgenommen: Man ersetzte die Renaissancefassaden durch Barock- und Rokokogiebel, ließ allerdings die Kreuzgewölbe der gotischen Lauben weitgehend unangetastet. Zwei neue Kirchen mit Zwiebeltürmen kamen hinzu, und der Marktplatz wurde mit einer Säule geschmückt, die dem heiligen Johannes von Nepomuk geweiht ist und von Brunnen flankiert wird.

Seither ist Teltsch in einen Dornröschenschlaf versunken. Es ist zu klein für einen lohnenden Markt und wird durch Verordnungen, Stagnation der Wirtschaft und eine neue Stadt jenseits des Stadttores vor der neuen Zeit geschützt. Mit wenigen Schritten gelangt man in die saftig grüne, mährische Landschaft, und diese ländliche Abgeschiedenheit verleiht dem Platz einen märchenhaften Zauber. Von einem Tisch vor dem Hotel Schwarzer Adler aus gesehen wirkt die weite, gepflasterte Fläche wie von Puppenhäusern gesäumt. Die mittelalterlichen Ursprünge des Platzes zeigen sich in der leichten Biegung der Straße, dem gotischen Kirchturm, der allein die Feuersbrunst überstand, und vor allem in den Lauben. Sie ducken und winden sich – spitze Bögen wechseln zu runden und wieder zurück – und halten den Platz zusammen wie ein Schmuckband ein Päckchen.

Eine ähnlich zeitlose Ruhe kann man am Abend auf mittelalterlichen Plätzen in ganz Europa erleben, aber tagsüber sind die meisten von brodelndem Leben erfüllt. San Gimignano, im 10. Jahrhundert als befestigte Zwischenstation auf dem Weg von Siena nach Lucca erbaut, lebt heute von Touristen. Sie werden von einer Silhouette angezogen, die an ein mittelalterliches Manhattan denken läßt. Dreizehn von urprünglich über siebzig Türmen sind erhalten geblieben, die von adeligen Familien als Fluchtburgen gebaut wurden, weil zweihundert Jahre lang Parteienkämpfe in der Stadt tobten. Zuletzt war sie entvölkert und mußte sich im Jahre 1353 Florenz ergeben. Diese Denkmäler der Gewalt und Eitelkeit jener Zeit sind extreme Beispiele einer vertikalen Bauentwicklung in mittelalterlichen Städten, die sich nicht über ihre Mauern hinaus ausdehnen konnten. Die Höhe der Geschlechtertürme zeigte den Status ihrer Besitzer an, aber sie war auch sachlich notwendig.

Die Enge bei gleichzeitig steil aufragender Höhe läßt die Zwillingsplätze von San Gimignano viel größer wirken, als sie sind. Schmale Gassen führen von den Stadttoren heran und treffen sich in der dreieckigen Piazza della Cisterna, die nach einer in seiner Mitte gelegenen Zisterne benannt ist. Aus einer Ecke gelangt man weiter zur trapezförmigen Piazza del Duomo. Ein scharfer Kontrast besteht zwischen Straße und Platz, zwischen dem klaren Plan und der angenehmen Unregelmäßigkeit der Gebäude und des Pflasters aus dem 13. und 14. Jahrhundert. Jeder Stadtplaner sollte hier eine Woche verbringen, um die raffiniert gleitenden Perspektiven zu erleben und den unwiderstehlichen Reiz zu erfahren, den diese Plätze ausüben. Er würde dabei eine wichtige Lektion lernen, denn das Verhältnis von Höhe zu Grundfläche ist ähnlich wie in modernen Wolkenkratzerstädten. Die Proportionen der Piazza del Duomo mit ihren sieben Türmen erinnern direkt an das New Yorker Rockefeller Center.

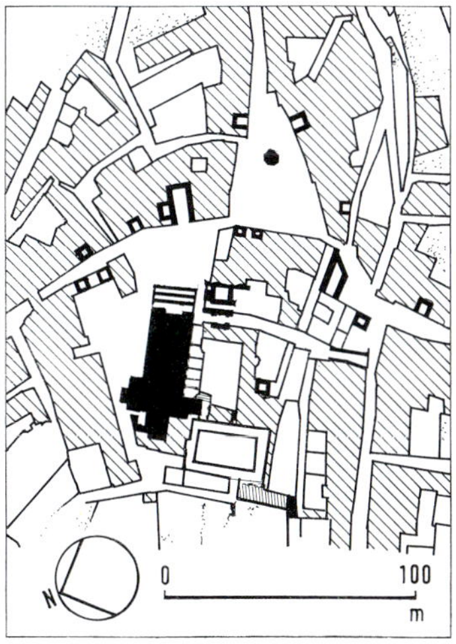

Plan der Zwillingsplätze im Herzen von San Gimignano, die aufgrund der Topographie und des Straßenrasters entstanden.

Der Domplatz von San Gimignano und zwei seiner sieben Türme, betrachtet von dem Bogen, der auf die Piazza della Cisterna führt.

Die Piazza della Cisterna, benannt nach ihrer mittelalterlichen Zisterne, vom höchsten der verbliebenen dreizehn Türme von San Gimignano aus gesehen.

Der keilförmige Haidlplatz in Regensburg ist Teil einer Kette von Markt- und Behördenplätzen, die sich durch die alte bayerische Stadt zieht.

In Plan und Entstehungszeit ähnlich ist der Regensburger Haidlplatz. Am Standort der bayrischen Stadt lagen schon eine steinzeitliche Siedlung und ein römisches Lager. Im 12. und 13. Jahrhundert kam Regensburg als Freie Kaiserliche Reichsstadt zur Blüte. Aus dem keilförmigen Grundriß, in dem sich der Platz allmählich ausweitet, können wir schließen, daß er früher ein Marktplatz war, der durch eine enge Gasse mit dem Rathaus verbunden wurde. Von dort aus führte eine Reihe kleiner, spezialisierter Marktplätze zum Dom weiter. Bauersfrauen verkaufen noch heute Rettiche auf dem Watmarkt, aber am Haidlplatz siedelten sich vornehme Familien in den gotischen, barocken und klassizistischen Gebäuden mit farbigen Stuckverzierungen an. Cafétische stehen bis hinaus zum Justitiabrunnen mit seinem stacheligen Eisengeländer und den leuchtend roten Geranien auf dem strukturierten Pflaster.

Kräftiger wirkt der dreiecksförmige Markt im holländischen Gouda. Die Stadt ist für ihren Käse berühmt, der auch als Emblem in das Relief an der Fassade des Waaghauses aus der Renaissance eingemeißelt ist, aber es gibt auch allgemeine Markttage für alle möglichen Lebensmittel, bei denen immer reger Betrieb herrscht. In der Mitte des Platzes liegt das 1449-59 erbaute gotische Rathaus, das aussieht wie in einem Bilderbuch. Ein Graben, der es früher umgab, wurde zugeschüttet und ein Renaissance-Portal angebracht, doch die Stufengiebel, die üppig sprießenden Fialen und die adretten, rot-weißen Läden, die den grauen Stein beleben, blieben unverändert. Alle Plätze profitieren von glücklichen Zufällen. Auf dem Marktplatz von Gouda ist es das geglückte Nebeneinander von himmelstürmender Gotik im Rathaus und der hoch aufragenden Grote Kerk, der größten Kirche von Holland, dem dynamisch verwinkelten Plan und soliden Bürgerhäusern, die den Hintergrund abgeben.

Wenn die Marktstände abgebaut werden, stürzen sich Schwärme von Möwen auf die Reste, und ebenso schnell füllen Autos wieder die geräumte Fläche. Jeder historische Platz in Holland sieht aus, als müsse er Sturmangriffen trotzen – wenn nicht von Autos, dann von Schnellimbißständen, Abfall und Graffiti. Diese Nachlässigkeit beschwört auch das Mittelalter herauf, wie es wahrscheinlich war, und nicht wie wir es gerne romantisch verklären.

Mittelalterliche Städte gaben ihre begrenzten Mittel für Dinge aus, die ihnen zum Überleben unverzichtbar erschienen: Mauern zum Schutz in dieser Welt, Kirchen als Versicherung für die nächste Welt. Freier Raum hatte sich durch seine Nützlichkeit zu rechtfertigen; in einer wohlhabenden Stadt konnte er später auch verschönt werden. Gassen waren als Zugang und zur Verteidigung da, schmal und gewunden, um einen Eindringling aufzuhalten und den Bewohnern Zeit zu geben, sich in eine befestigte Kirche oder einen Festungsturm zu flüchten.

Nach Vermutung mancher Historiker wurde ihre Form meist einfach durch den Raum bestimmt, der während der Bauzeit für die Gerüste nötig war. Ein Marktplatz wurde manchmal gleich an der Innenseite eines Stadttores angelegt, so daß er für Bürger und Bauern gleichermaßen bequem erreichbar war. Meist lag er jedoch zentral, denn die ganze Stadt war ein Markt, die mit sich selbst mehr Handel trieb als mit der Außenwelt. Die reichsten Bürger lebten direkt am Platz oder in seiner Nähe über ihrem Geschäft, ihrer Werkstatt oder ihrem Lagerhaus.

Anfangs war der Raum noch in der Größe elastisch und konnte ausgeweitet werden, um mehr Stände aufzunehmen, oder er wurde verengt, wenn mehr reiche Leute einen zentralen Bauplatz suchten. Seine Form erhielt er nach dem Straßenmuster: In Städten mit Schachbrettgrundriß war er rechtwinkelig, in gestreckten Siedlungen lang und schmal, und in Städten, deren Topographie eine plangemäße Entwicklung verhinderte, unregelmäßig. Form und Größe festigten sich später, als

In der holländischen Käsestadt Gouda wird der lebendige Marktplatz vom prächtigen Rathaus beherrscht.

Der ungleichmäßige Marktplatz des niedersächsischen Goslar wird von dem strahlenförmigen Muster seines Kopfsteinpflasters vereinheitlicht.

Markttag auf der Grand' Place in Arras (gegenüber, oben) im Jahre 1910 – nur wenige Jahre, ehe die Stadt im Krieg verwüstet wurde.

Die Grand' Place und die Place des Héros (gegenüber, unten) wurden im 17. Jahrhundert von den Franzosen in einheitlichem Stil umgebaut.

die Stadtregierungen mehr Autorität gewannen und begonnen wurde, Häuser und Geschäfte durch Rathäuser, Gildehallen, Glockentürme und Paläste zu ersetzen. Aber oft führten die Stadträte einen aussichtslosen Kampf gegen Eigenmächtigkeiten: Nicht genehmigte Gebäude hängten sich wie Kletten an Kathedralen, Festungen und städtische Prunkbauten. Erst dem 19. Jahrhundert verdanken wir unsere gesäuberte Vorstellung von mittelalterlichen Plätzen: gepflastert, freigelegt und aufs Sorgfältigste restauriert, teils mit kunstvollen Fälschungen, die etwaige Lücken füllen mußten. Leider verschwand allzuoft mit dem Schmutz auch die Seele der Plätze. Durch die Zerstörungen des Zweiten Weltkrieges und den Wiederaufbau ging noch mehr verloren, besonders in Deutschland.

Eine bemerkenswerte Ausnahme bildet Goslar, eine Bergbaustadt im Harz, die den Krieg unversehrt überstand. Sie wurde 922 von Heinrich I. gegründet. Als darauf ergiebige Silberminen im Rammelsberg entdeckt wurden, mauserte sich Goslar zur »Schatzkammer der deutschen Kaiser« und zum Sitz des kaiserlichen Hofes. Später ging die Macht an die Kaufleute über: Goslar trat der Hanse bei und wurde Mitte des 14. Jahrhunderts Freie Reichsstadt. Nach einer Zeit bürgerlicher Blüte folgte ein wirtschaftlicher Niedergang, der im 18. Jahrhundert auch die Aufgabe der Münze erzwang.

Straßen, die von hübschen Fachwerkhäusern aus Mittelalter und Renaissance gesäumt werden, führen zu dem unregelmäßigen Marktplatz von Goslar, der durch ein Kopfsteinpflaster vereinheitlicht wird. Es hat ein strahlenförmiges Muster in Schwarz, Weiß und Braun, das von einem Brunnen aus dem 13. Jahrhundert ausgeht. Gekrönt wird der Brunnen von einem vergoldeten Adler, dem Symbol der Stadt. Das Rathaus mit seinen Arkaden und die Gildehalle der Gewandschneider, heute ein Hotel, wurden im 15. Jahrhundert auf älteren Fundamenten neu gebaut; die übrigen Gebäude, Fachwerkhäuser oder mit Schieferplatten verblendete Häuser, sind neueren Datums. Es gibt eine gefällige Harmonie des Raumes und der Proportionen, die dem reichen Erbe der Stadt und der hübschen Marktkirche gerecht wird, die hinter dem Rathaus aufragt. Der Platz wurde gesäubert, aber nicht verdorben, und an Markttagen – besonders in der Weihnachtszeit – ist seine Atmosphäre unwiderstehlich.

Märkte waren das wichtigste raumschaffende Element im Mittelalter, aber nicht das einzige. Manche Plätze bildeten den Vorhof einer Kirche, andere brachten ein

Schloß zur Geltung, wieder andere waren von Anfang an Plätze für öffentliche Veranstaltungen. Arras, in der Nähe der französischen Grenze zu Belgien gelegen, hat zwei Plätze: die passend so benannte Grand' Place und die kleinere Place des Héros. Sie liegen einen Häuserblock entfernt im rechten Winkel zueinander und sind durch eine durchgehende Arkadenkette verbunden. Diese läuft rund um jeden der beiden Plätze und an der schmalen Rue de la Taillerie zwischen ihnen entlang. Die Plätze wurden in beiden Weltkriegen zerstört und im Geiste einer Verordnung aus dem Jahre 1711 restauriert: »Ziegel für Ziegel und Stein für Stein.« Die Grand' Place war früher Kreuzgang eines Klosters, das im 12. Jahrhundert säkularisiert wurde, um einen öffentlichen Platz für Turniere und Jahrmärkte, Truppenparaden und den Empfang hochstehender Gäste zu schaffen. Die Place des Héros diente immer als Marktplatz und wurde erst 1517 Standort des spätgotischen Rathauses mit seinem herrlichen, 75 Meter hohen Glockenturm.

Im Jahre 1640 entrissen die Franzosen den Habsburgern die Stadt und beschlossen 1692, daß alle Häuser an beiden Plätzen in Höhe und Schmuck dem Maison de l'Ecu d'Or angeglichen werden sollten, dem schönsten der traditionellen Giebelhäuser jenes Jahrhunderts. Nun wurden die Plätze in einem archaischen und fremdartigen Stil umgebaut. Keine zwei Häuser sind ganz gleich, aber die durchgängige Verwendung von Ziegeln und Steinen, die runden Giebel und der gleichmäßige Rhythmus der Arkaden sowie die ungestörte Weite des Kopfsteinpflasters vereinheitlichen die beiden Plätze und binden sie zusammen.

Die »Burg« in Brügge, dem geistigen Mittelpunkt der mittelalterlichen flämischen Stadt, betrachtet vom Glockenturm des nahegelegenen Marktplatzes aus.

Mittelalterliche und klassizistische Gebäude, die nach den Verwüstungen des Krieges in Braunschweig wieder aufgebaut wurden, umschließen den Burgplatz mit seinem Löwenstandbild.

Ende Mai feiert Arras das dreitägige »Rattenfest«. Dazu werden unter anderem ein Zirkus, Clowns, Schauspieler, Kunsthandwerker, Gartenbaukünstler und »artistes en liberté« annonciert. Wimpel flattern von Laternenpfählen, die Place des Héros wird in einen Garten verwandelt, und der Zirkus schlägt sein Zelt vor der Grand' Place auf. Bis spät in die Nacht hinein spielen Volksmusikanten auf einer Bühne im Freien Gigues und Reigen auf der Fiedel und dem Akkordeon, dem Dudelsack und der Querflöte, und ganze Familien tanzen auf dem Kopfsteinpflaster. An einem riesigen Stand werden Bier und *frites* verkauft, und die Pappbecher wehen über den Platz wie ein früher Schneeschauer. Ein Esel schreit – oder ist es das Lama vom Zirkus? Die geisterhafte Kulisse der Giebel verstärkt das Gefühl, in ein Gemälde von Breughel hineingeraten zu sein.

Jenseits der Grenze ist die flämische Stadt Brügge immer noch um den Markt mit seiner Tuchhalle und dem hoch aufragenden Belfried zentriert. Aber das geistige Zentrum der Stadt liegt um die Ecke bei der »Burg«, einem kleineren Platz. Er ist nach der Burg der Grafen von Flandern benannt, die einmal daneben stand und 1434 abgerissen wurde. Eine ganze Anthologie der Architekturgeschichte umgibt den kopfsteingepflasterten Platz: das üppige, barocke Landhuis, früher einmal ein Kloster, der dezente, klassizistische Justizpalast, die schmucke Stadtkanzlei aus der Renaissance und das hoch aufragende, gotische Stadthuis. Die Heiligblutkapelle ist unten romanisch, oben spätgotisch. Es gibt sogar ein paar Häuser mit Stufengiebeln. Hier lebten Genueser und Florentiner Kaufleute, als Brügge eine der reichsten Städte Europas war. An der mit Bäumen bestandenen Baulücke befand sich früher der Dom St. Donation, der 900 gegründet und von Napoleons Truppen zerstört wurde.

Am Burgplatz der niedersächsischen Stadt Braunschweig steht sogar noch ein Teil der alten Burg Dankwarderode, das nach einem Brand im Jahr 1873 wiederaufgebaut wurde. Im 12. Jahrhundert war Braunschweig Residenz Heinrichs des Löwen. Er befestigte die Stadt, baute den riesigen romanischen Dom schräg zu seiner Burg und stellte als Symbol seiner Macht die Statue eines Löwen auf dem Platz auf. Als er 1195 dort starb und beigesetzt wurde, umfaßte Braunschweig fünf verschiedene Städte, jede mit eigener Verfassung, Rathaus, Markt und Gemeindekirche. Im Krieg durch Bomben fast dem Erdboden gleichgemacht, steht die Stadt heute wieder ansehnlich da, aber es ist der Burgplatz, nicht der berühmtere Altstadtmarkt, der die Vergangenheit der Stadt am besten verkörpert.

Wie in Brügge ist der Eklektizismus der Bauten für den Platz eine Quelle der Stärke. Ein gotisches Seitenschiff bildet eine anmutige Stufe zu der wuchtigen Flanke des romanischen Domes. Eine Brücke verbindet den Dom mit der Burg, in der heute ein Museum für mittelalterliche Kunst untergebracht ist. Dahinter erblickt man die Geschäftigkeit der Nachkriegsstadt und die reich geschmückte Front des spätgotischen Rathauses. Renaissance-Fachwerkhäuser und Bauten in mittelalterlichem Stil leiten das Auge hinüber zum neoklassizistischen Landesmuseum. Es ist vor allem das Gleichgewicht von hoch und niedrig, massiv und zierlich, offen und geschlossen, das dem Burgplatz eine so starke Atmosphäre verleiht. Er ist eine friedliche Enklave, die in den Rest der Stadt eingebettet ist. Das bucklige Pflaster hält die Komposition zusammen, Grasbüschel mildern die Strenge des Steins. Dieser Platz ist bei jedem Wetter und zu jeder Tageszeit ein magischer Ort.

In Italien sind viele der schönsten mittelalterlichen Plätze aufgrund ihrer Abgelegenheit und schwer zugänglichen Lage erhalten geblieben. Bergamo liegt nur eine kurze Wegstrecke von Mailand entfernt, aber die alte Stadt auf dem Berg wirkt eben so weit weg vom heutigen Italien wie Venedig. Eine Drahtseilbahn fährt von der modernen Neustadt hinauf, die in der Zeit des Faschismus umgestaltet wurde; man tritt auf Straßen hinaus, die sich kaum verändert haben, seit die Venezianer die Stadt im 15. Jahrhundert zum westlichen Bollwerk ihres Reiches auf dem Festland machten.

Ein Geflecht von engen Gassen und unregelmäßigen Marktplätzen führt hinauf zur Piazza Vecchia, dem sozialen Mittelpunkt der Altstadt. Der Platz wurde im 13. Jahrhundert angelegt, als Bergamo eine unabhängige Gemeinde war, später von den Viscontis aus Mailand vergrößert und erhielt seine endgültige Form zusammen mit seinem Pflaster aus Ziegeln mit weißer Steinumrahmung im 15. Jahrhundert von den Venezianern. Er war von Anfang an ein städtischer Platz und Standort des ersten Rathauses von Italien, dem Palazzo della Ragione aus dem 12. Jahrhundert, im 16. Jahrhundert neu gebaut, und Gegenstück zur daran anschließenden Piazza del Duomo, die möglicherweise an der Stelle des ehemaligen römischen Forums liegt.

Die Piazza Vecchia führt dem Betrachter die Geschichte der Stadt vor Augen: angefangen beim Glockenturm aus dem 12. Jahrhundert, mit dessen Bau die Erlangung der Unabhängigkeit gefeiert wurde, über den Markuslöwen, der die Unterwerfung durch Venedig symbolisiert, bis zum Brunnen aus dem 18. Jahrhundert mit seinen drolligen Löwen, Schlangen und Sphinxen, auf denen Kinder gern reiten, als wären sie Karussellpferde. Im Palazzo Scamozziano im Palladiostil aus dem Jahr 1610 ist eine Bibliothek untergebracht. Über diese Bauten hinweg und zwischen ihnen hindurch kann man verlockende Ausschnitte der Stadt mit ihren stumpfen Wachtürmen, spitzen Kirchtürmen und Kuppeln erblicken. Dahinter leuchten die grünen Vorberge der Alpen.

Die offene Loggia des Rathauses führt weiter zur Piazza del Duomo, die eng umschlossen wird von einer romanischen Kirche, der Domfassade aus dem 18. Jahrhundert, einem oktagonalen Baptisterium und einer dazwischengeschobenen prächtigen Kapelle. Die Loggia schützte einst Marktstände; jetzt kann man sich dort an den letzten Puppenspielern von Bergamo erfreuen, die Stücke aufführen, in denen Arlecchino und Gioppino, die traditionsreichen Figuren der venezianischen *commedia dell' arte,* die Hauptrollen spielen.

Das gotische Rathaus aus dem 12. und der kuriose Brunnen aus dem 18. Jahrhundert auf der Piazza Vecchia in Bergamo. Hinter den Bogen liegt der winzige, eng umschlossene Domplatz.

Umbrien, von seinen Bewohnern gern das grüne Herz Italiens genannt, ist übersät von Bergstädten. Die meisten wurden von den Etruskern gegründet, von Rom besiegt und später von einer Reihe von Eindringlingen umkämpft. Im 12. und 13. Jahrhundert erlebten sie eine kurze Zeit des Glanzes als unabhängige Kommunen, danach eine Zeit des Niedergangs durch Parteienzwiste, und schließlich wurden sie die Beute von Tyrannen oder vom Kirchenstaat geschluckt. Die größte von ihnen ist Perugia. Wie in Bergamo sind Ober- und Unterstadt durch eine Straße getrennt, die sich in Serpentinen den Hang hinaufwindet. Man kann aber auch mit einer Rolltreppe hinauffahren und dem Weg der Studenten folgen, die an fünf Tagen der Woche in Tausenden zur Universität gehen. Der breite Corso Vanucci führt von der Piazza d'Italia aus dem 19. Jahrhundert, die nach der Vereinigung Italiens an der Stelle der ehemaligen päpstlichen Zwingburg angelegt wurde, zur Piazza Quattro Novembre, einem monumentalen gotischen Ensemble im Herzen der Altstadt.

Dieser Platz ist eine dynamische Komposition im Zustand festgehaltener Bewegung. Er ist unregelmäßig und dicht umschlossen, verzweigt sich aber um den Dom herum in eine Reihe von steilen, kopfsteingepflasterten Nebenplätzen. Der Dom wendet der Piazza die Flanke zu. Er ist eine unvollendete Hallenkirche aus groben Ziegeln, die sich über Treppenstufen und eine untere Wandverkleidung aus gemustertem Marmor erhebt. Den Zugang vom Corso her schützt der Palazzo dei Priori, ein massiger, zinnengekrönter Bau aus weißem Marmor mit einer Kanzel, von der aus die Herrscher dem Volk flammende Reden halten konnten wie einst

der heilige Bernhard von einer Kanzel am Dom. Beide sind rohe, grobe Pfeiler, die an die Jahre erinnern, in denen Verschwörer an den Mauern des Palazzo aufgeknüpft wurden, adelige Familien einander in Straßenkämpfen ausrotteten und ein Neffe von Papst Innozenz VIII. am hellichten Tage erstochen wurde. Zwischen Dom und Palazzo liegt die Fonte Grande aus dem 13. Jahrhundert. Die Marmorreliefs wurden von Nicolo und Giovanni Pisano gefertigt.

Noch strenger ist Gubbio, bekannt als »Stadt des Schweigens«. Nur wenige Städte veranschaulichen die schwindelerregende Steilheit mittelalterlicher umbrischer Ortschaften in ihrer Hanglage dramatischer. Den Ortskern bilden fünf Straßen. Jede liegt auf einer anderen Ebene, die durch steile Gassen miteinander verbunden sind. Die Piazza della Signoria, auf halber Höhe gelegen, scheint quer durchgeschnitten zu sein, um die Struktur der Stadt bloßzulegen wie ein Schnittmodell. Ein mit Bogen versehenes Gewölbe stützt eine Terrasse, die an einer Seite offen ist und an zwei anderen vom Palazzo dei Consoli, heute ein Museum, und dem Palazzo Pretorio, jetzt der Gerichtshof, flankiert wird. Auf der vierten Seite steht eine schöne klassische Häuserzeile. Von dort steigt der Berg weiter steil zum Dom und zum Palazzo Ducale an.

Der Platz bietet eine herrliche Aussicht auf den Apennin und regt dazu an, über die Willenskraft des Menschen nachzusinnen. Außerdem spielt er eine wesentliche Rolle als Bühne für den Wettlauf der Ceri am 15. Mai. Die Ceri sind drei riesige hölzerne Gerüste in Stundenglasform, auf denen oben Wachsfiguren von Heiligen angebracht sind. Junge Männer tragen sie im Laufschritt von der Piazza aus den Berg hinauf zu einem Kloster, das 270 Meter weiter oben liegt. Aber der größte Reiz der Piazza von Gubbio liegt in ihrer gewöhnlichen schläfrigen Stille.

Die Piazza del Duomo in Orvieto demonstriert, wie Raum komprimiert werden kann, um die Wirkung eines ungewöhnlichen Gebäudes hervorzuheben. Der Dom wurde 1288 begonnen und sollte die Reliquien des Wunders von Bolsena, dem Ursprung des Fronleichnamsfestes, aufnehmen. Die Fassade des Doms aus farbenprächtigen Mosaiken in einem gotischen Marmorrahmen erinnert an einen überdimensionalen, juwelengeschmückten Reliquienschrein. Die übrigen Fronten der riesigen Kirche sind aus wechselnden Lagen von hellem und dunklem Stein erbaut. Sie wäre sogar noch größer geworden, hätte das Gesetz der Schwerkraft nicht über die Bautechnik des Mittelalters gesiegt. Biegt man von unten her auf den Platz ein oder nähert sich ihm von oben durch eine schmale Gasse, wird der Blick von dem großartigen Bauwerk gefangengenommen. Der Raum, der den Dom auf drei Seiten eng umschließt, läßt diesen sogar noch größer und eindrucksvoller wirken. Im Pflaster bilden geometrische Muster in Rosa, Schwarz und Weiß eine dekorative Einfassung, um den Übergang zwischen Baukörper und Fläche zu erleichtern.

Ganz anders als Umbrien ist die Lombardei völlig flach, und Mantua verdankt seine Isolation einigen Seen, die die mit einer Mauer befestigte Stadt auf drei Seiten umgeben; früher schützte ein Wassergraben die vierte Seite. Die frühe Geschichte der Stadt ähnelt der Entwicklung der weiter im Süden gelegenen Bergstädte, bis nach dem Zusammenbruch der kommunalen Regierung die Familie Gonzaga im Jahre 1328 den Bonacolsis die Macht entriß und danach fast 400 Jahre herrschte. Die Gonzagas verwandelten die Stadt und erbauten den nach dem Vatikan größten Palast in Italien. Sie beschäftigten die angesehensten Maler und Architekten, um ihren Namen unsterblich zu machen. Vor den Gonzagas drehte sich das Leben in Mantua um die Piazza dell'Erbe, einen Marktplatz bescheidener Größe, der vom Rathaus, dem Gericht, einem Glockenturm und einer runden, romanischen Kirche

Ein gemustertes Pflaster schafft einen Übergang zwischen dem Dom und der Piazza del Duomo von Orvieto.

Die Piazza della Signoria in Gubbio (gegenüber) wird von einem mit Bogen gestützten Gewölbe getragen, das in den Steilhang hineingebaut ist.

umrahmt wird. An den beiden Seiten liegen der Vorhof der Kirche San Andrea und die Piazza Broletto, Vorhof zum gleichnamigen Palast. Die Piazza Sordello, heute der Hauptplatz, nahm ihren bescheidenen Anfang als schmaler Raum vor dem Dom.

Als Ende des 13. Jahrhunderts Pinamonte Bonacolsi zum Capitano del Popolo ernannt wurde, kaufte er die Häuser auf, die rund um seinen Palast lagen, und riß sie bis zum Dom hinüber ab, um eine eindrucksvolle Piazza del Capitano zu schaffen. Nachdem die Gonzagas den letzten Capitano der Bonacolsi ermordet und 1328 die Stadtherrschaft an sich gerissen hatten, benannten sie den bisherigen Amtssitz in Palazzo Ducale um und erweiterten ihn, wobei sie jedoch die alte Fassade unangetastet ließen, um ihrer Herrschaft den Anschein der Legitimation zu verleihen. Zur Verschönerung des Platzes rissen sie eine Kirche ab und benannten ihn nach dem aus Mantua stammenden Dichter Sordello um, den Dante gelobt hatte. In den folgenden Jahrhunderten errichteten sie Arkaden, mit denen sie eine Reihe von Plätzen zu einem Prozessionsweg zwischen dem Palazzo Ducale und dem neuen Palazzo del Té verbanden.

In ihrer Glanzzeit war die Piazza Sordello Schauplatz von Turnieren oder kirchlichen und staatlichen Zeremonien. Ihr äußeres Bild hat sich in den letzten 200 Jahren kaum verändert: Sie ist ein kopfsteingepflastertes Rechteck, eingerahmt von mittelalterlichen Ziegelfassaden und barocken sowie klassizistischen Steinfassaden, die bis zu 20 Meter hoch sind. Als der Palazzo Ducale 1940 äußerlich restauriert wurde, hielt man sich hauptsächlich an ein großes Gemälde, das ihn im Jahre 1328 zeigt. Aber die Lebendigkeit, die diesen Platz einst erfüllte, ist mit den Gonzagas verschwunden. Es gibt nur wenig Verkehr; der Platz ist zu weit abgelegen von den heutigen Zentren und zu kahl, um die Bewohner anzulocken. Die Piazza Sordello hat dieselbe melancholische Größe wie Mantua selbst.

Der Willensakt der Gonzagas, öffentlichen Raum als Szenerie für ihre Macht und ihren Ruhm zu gestalten, nahm vorweg, was sich in der Renaissance in ganz

Der Herzogspalast von Mantua an der Piazza Sordello wurde 1940 so renoviert, daß sein Erscheinungsbild mit diesem Gemälde aus dem Jahre 1494 (gegenüber, oben) übereinstimmt. Es zeigt den Kampf der Gonzagas mit der Familie Bonacolsi um die Macht über die Stadt im Jahre 1328.

Die Piazza Sordello erhielt ihre heutige Form von der Familie Gonzaga, die Mantua vierhundert Jahre lang regierte.

Der Dom und Verwaltungsgebäude umgeben die Piazza Maggiore von Bologna (gegenüber, unten), die an der Stelle des früheren römischen Forums liegt.

Die Piazza Nettuno in Bologna hat ihren Namen von dem dortigen Neptunbrunnen erhalten.

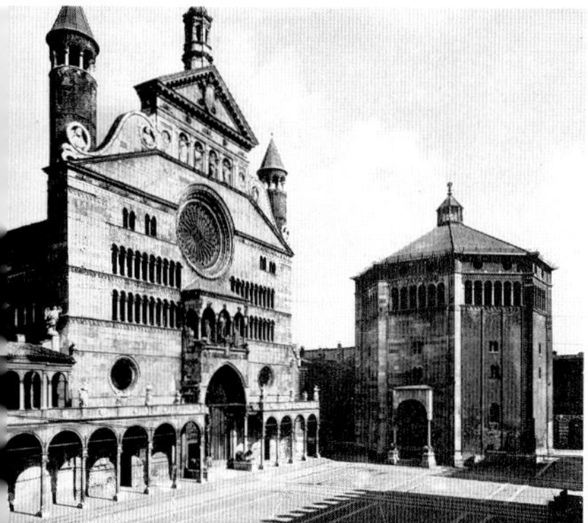

Die lombardische Stadt Cremona ist berühmt für ihre Geigen und ihre Tradition soliden handwerklichen Könnens, das sich in der harmonischen Piazza del Comune spiegelt.

Italien abspielte. Die Annahme, der Mensch des Mittelalters habe eine Vorliebe für malerische Irregularität gehabt, ist eine Erfindung der Romantik. Ganz im Gegenteil hatte das Mittelalter einen ausgeprägten Sinn für Ordnung und setzte diesen, wo immer möglich, in klar strukturierte Pläne um. Kein Renaissanceplatz könnte genauer durchdacht sein als der Kreuzgang eines Klosters, das für einen einzigen Zweck und wie aus einem Guß auf jungfräulichem Boden gebaut wurde. Unregelmäßigkeit war das Ergebnis der Umstände und nicht der freien Wahl. Das Fortbestehen eines römischen Schachbrettmusters bewog Städte in ganz Italien und darüber hinaus, rechtwinkelige Plätze anzulegen, manchmal an der Stelle eines ehemaligen Forums.

Keine Stadt hat diesen römischen Plan erfolgreicher adaptiert als Bologna. Sein zentraler Platz, die Piazza Maggiore, ist über dem Forum erbaut am Treffpunkt der beiden ursprünglichen Achsen. Am Ort der heutigen Basilika stand früher ein römischer Tempel. Der Platz verschmilzt antike Pracht, die symbolischen Elemente einer mittelalterlichen Kommune und die Ästhetik der Renaissance. Das gotische Rathaus, der freistehende Regierungspalast und das aus Ziegeln erbaute Langschiff von San Petronio: Alles ist von heroischer Größe.

Die Piazza Maggiore verbindet diese Monumente und Vignolas Palazzo dei Banchi, einen Geschäftsblock mit Arkaden, in dem Banken untergebracht sind. Sie reicht um den Palazzo del Podestà herum, geht in die Piazza Nettuno aus der Renaissancezeit mit ihrem Neptun-Brunnen von Giovanni di Bologna über und mündet in den dahintergelegenen Nebenplatz Piazza di Rè Enzo ein. Der Raum ist umschlossen und schließt zugleich ein; man kann ihn als drei aneinander angrenzende Plätze von unterschiedlichen Proportionen interpretieren, die den Regierungspalast flankieren und durch eine breite Geschäftsstraße verbunden sind, oder als einen einzigen Platz, den der Palast beherrscht. Hier wirken alle Teile zusammen und schaffen gemeinsam ein komplexes Ganzes. Der Platz weitet und verengt sich, um Gotik und Renaissance, Türme und Fassaden im Gleichgewicht zu halten. Zudem gewinnt der Platz durch seine Lage im Zentrum einer der kultiviertesten Städte Europas voller Geschäftigkeit und durch seinen Reichtum an Strukturen. »Der Platz San Petronio hat eine Farbe, als hätte man einen Sonnenuntergang in seine Mauern eingebaut«, schrieb Freya Stark in ihrem Buch *Traveller's Prelude.*

Die Piazza del Comune in Cremona ist kleiner und einfacher, aber nicht weniger eindrucksvoll. Um ein kopfsteingepflastertes Rechteck mit weißen Steinmarkierungen herum stehen zwei solide Ziegelpaläste aus dem 13. Jahrhundert, ein romanischer Dom mit einem schwungvollen Renaissance-Portikus, ein freistehendes, oktagonales Baptisterium sowie der Torrazzo, mit fast 120 Metern der höchste Campanile in Italien. Der Platz war Mittelpunkt der Stadt, seit Cremona im Jahre 1098 eine freie Kommune wurde, und die schmucken Marmorlöwen, die die Portale des Domes und des Baptisteriums bewachen, sind in 800 Jahren glattgestreichelt worden. Alles ragt hoch auf: Türme, Türmchen, Laternen, sogar die Kamine auf der modernen Bank, die den Platz abschließt.

Der Hauptplatz von Cremona findet ein Echo in der Piazza del Duomo der alten, von Mauern umgebenen Stadt Pistoia. Der Platz liegt neben dem Cardo an der Stelle eines ehemaligen römischen Forums. Seine Formen sind ähnlich wie in Cremona, doch der Geist ist vollkommen anders. Hier dominiert die kirchliche, nicht die weltliche Autorität. Die L-förmige Piazza exponiert die Fassade und eine Flanke des romanischen Domes. Der freistehende Campanile, ein rauher Wachturm, der von drei Reihen zierlicher Säulen gekrönt wird, schafft ein Gegengewicht zu dem gestreiften Marmorbaptisterium. Pistoia gehört zur Toskana. Die Quelle der romanischen Architektur dieser drei sakralen Bauwerke ist Pisa und nicht der lombardische Norden. Alle drei haben eine heitere, lyrische Note. Die Kommunalbauten dagegen sind reine Gotik.

Die Piazza von Pistoia wirkt dynamischer als die von Cremona: Sie ist von einem kräftigen Strom von Fußgängern und Radfahrern belebt, und der Wochenmarkt erfüllt den Raum mit einem bunten Flickenmuster von Markisen. Im Juli ist die Stadt Gastgeberin für ihre Version des Palio: die Giostra dell' Orso, ein mittelalterliches Turnier, das seit dem 13. Jahrhundert fast alljährlich zwischen den vier Bezirken der Stadt ausgetragen wird.

In Arezzo, einer quicklebendigen toskanischen Bergstadt, findet alljährlich im September ein weiteres Fest mittelalterlichen Ursprungs statt: die Giostra del Saraceno. Beinahe ebenso unterhaltsam ist der Antiquitätenmarkt auf der Piazza Grande am ersten Wochenende eines jeden Monats außer dem September. Der Inhalt Hunderter von Dachböden quillt in unbändiger Fülle über die Renaissance-Loggia hinaus auf eine stark geneigte Fläche aus Ziegeln und Travertin bis hinüber zur romanischen Apsis von Santa Maria della Pieve: ein surrealistisches Nebeneinander des Monumentalen und des Ephemeren.

Todi ist die Lieblingsstadt vieler Kenner der umbrischen Bergstädte, in Dutzenden von Büchern als Paradebeispiel für glänzende Raumgestaltung genannt. Wieder

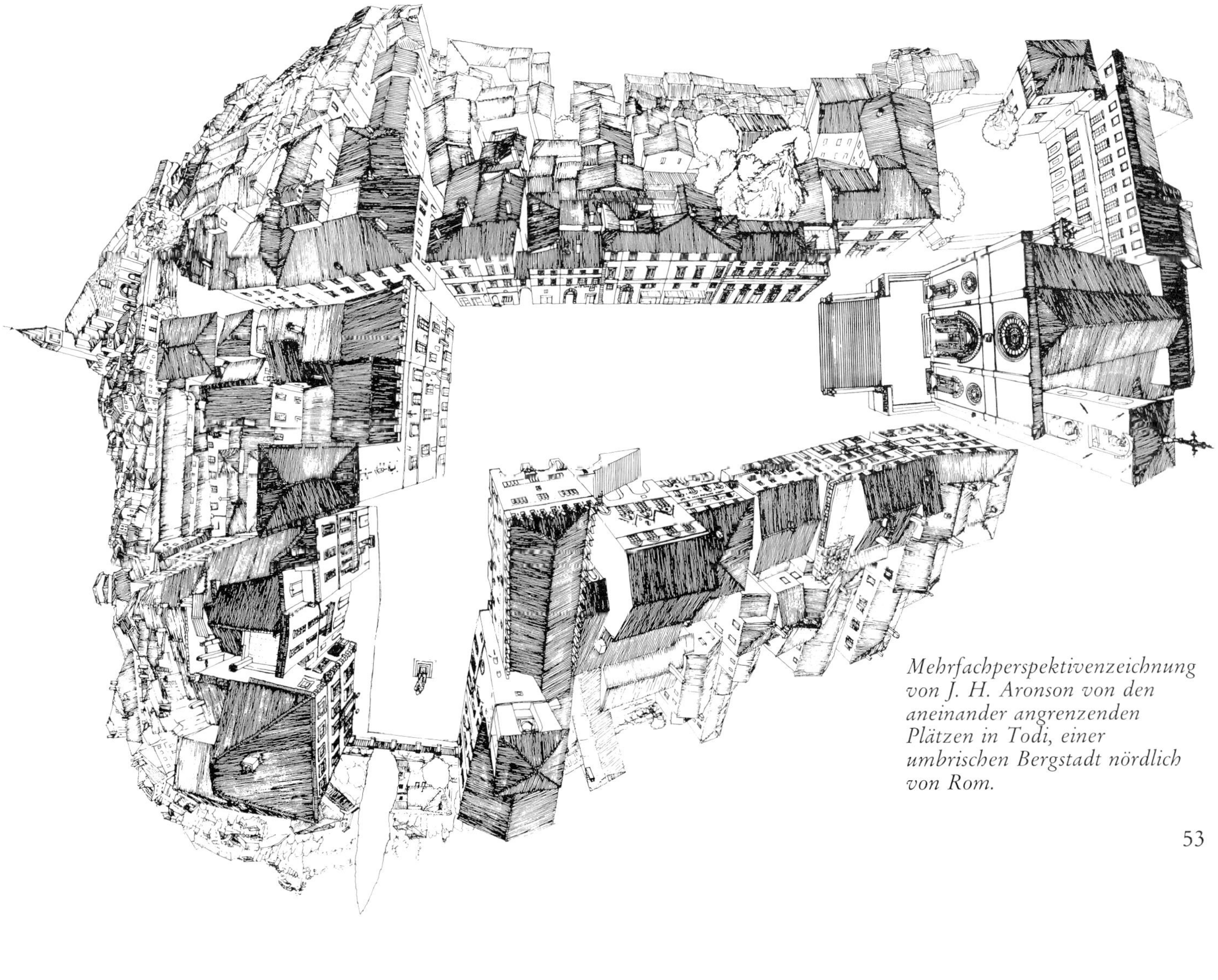

Mehrfachperspektivenzeichnung von J. H. Aronson von den aneinander angrenzenden Plätzen in Todi, einer umbrischen Bergstadt nördlich von Rom.

Zufälllige Begegnungen in der Piazza del Popolo von Todi (oben links).

Die Piazza del Duomo in Pistoia (oben rechts) wird von einem regen Fußgänger- und Fahrradverkehr belebt.

Ein monatlicher Antiquitätenmarkt (rechts) füllt jeden Winkel des Hauptplatzes der toskanischen Bergstadt Arezzo, als hätte man hundert Dachböden geplündert.

Die Piazza Grande von Arezzo (gegenüber) wird von einer romanischen Kirche und einer Renaissance-Loggia gesäumt.

ist der Grundplan römisch, die Gebäude sind mittelalterlich, die Wirkung zeitlos. Die Stadt mit ihren 16 000 Einwohnern lebt vorwiegend von der Landwirtschaft und liegt isoliert auf einer hohen Bergkuppe. Bis in die 70er Jahre dieses Jahrhunderts hinein blieb Todi vollkommen von seiner mittelalterlichen Stadtmauer eingeschlossen. Sein Zentrum ist seit der Römerzeit das langgestreckte Rechteck, das heute Piazza del Popolo heißt.

Am Nordende liegt der Dom, dessen weiße Marmorfassade aus dem 13. Jahrhundert hoch über Treppen aufragt wie der Apollotempel, der früher hier stand. Am Südende liegt der Palazzo dei Priori aus dem 14. Jahrhundert, der als Unterkunft für den päpstlichen Gouverneur gebaut wurde, nachdem die Stadt im Jahre 1368 ihre Selbständigkeit verloren hatte. Aber der Palazzo del Capitano bildet nach Bauzeit und Bedeutung das eigentliche Gegengewicht zum Dom. Er war ehemals Sitz der kommunalen Regierung. Auch ihn ließ man zur Hervorhebung seiner Geltung über Treppen aufragen. Bei dem Tor, das diese beiden gotischen Paläste bilden, macht der Platz eine scharfe Biegung nach links in die kurze Piazza Garibaldi hinein. Von dort aus hat man einen weiten Rundblick über die umbrischen Hügel. Diese beiden miteinander verbundenen Plätze haben etwas zutiefst Befriedigendes an sich: das geschlossene, selbstgenügsame mittelalterliche Forum mit seiner Balance zwischen kirchlicher und weltlicher Macht, und der offene Verwaltungsplatz, geschmückt mit einer Zypresse und einer Statue zum Andenken an den Helden der Einigung Italiens.

Um diesen Mittelpunkt herum fallen Straßen zu den Stadttoren hin ab, und Treppen führen steil hinunter zu Bögen, die Ausblicke ins Grüne umrahmen. An Frühlingsmorgen steigen oft Nebel vom Tal auf und füllen die Luft mit kleinen Wölkchen. Kommt dann die Sonne heraus, sammeln sich Männer an den Ecken der Plätze, oder sie spazieren gemächlich die leichte Steigung mit den grauen Steinplatten hinauf. Nach und nach treten die Anwohner wie auf ein Stichwort hin auf und spielen ihre festgelegten Rollen.

In Verona bildete sich die mittelalterliche Piazza dell' Erbe als längliches Oval in der Nachfolge des römischen Forums heraus. Wie ihr Name nahelegt, war und ist sie noch Marktplatz. Ein Wald von charakteristischen weißen Sonnenschirmen beschattet Blumen-, Obst- und Gemüsestände, die von imposanten Palästen eingerahmt sind. Neben dem Gardello-Turm führt ein Bogen zu der arkadengeschmückten Piazza dei Signori, genannt der »Salon von Verona«. Dieser Platz war während der kurzen Blütezeit als unabhängiges Fürstentum und in den vierhundert Jahren venezianischer Herrschaft nach 1405 das Regierungszentrum der Stadt.

Ein weiteres Beispiel für schöpferische Anpassung, aber nur dem Namen nach eine Piazza, ist das römische Amphitheater in der von einer Stadtmauer umgebenen toskanischen Stadt Lucca. Im turbulenten 9. Jahrhundert wurden Häuser in die Ruinen gebaut mit der Front zum Oval der Arena und der Rückseite zu einer Straße, die der Linie der Zuschauerreihen folgte. Jahrhundertelang wurde der freie Raum zum Gemüseanbau genutzt, dann wurde hier ein öffentlicher Markt eingerichtet. Er wurde später verlegt, und so entstand hier ein Erholungsort für die Anwohner. Man betritt den Platz durch einen von vier Bögen und hat das Gefühl, in einen neapolitanischen Hinterhof geraten zu sein. Fünfstöckige Wohnhäuser ragen übergangslos vom Pflaster auf, geschmückt allein von Wäsche, die zum Trocknen aufgehängt ist. Das ist spontan genutzter Raum, ungeschliffen und direkt.

Die Römer schufen Modelle für mittelalterliche Stadtplaner, die sich als ebenso wertvoll erwiesen wie die Grundmauern, die sie den Bauleuten hinterließen. Wir haben gesehen, daß auch das Mittelalter ebenmäßige Grundrisse bevorzugte, und wie zu allen Zeiten bot eine neue Stadt auf unbebautem Gelände dafür die beste Chance. Als die Römer ihr Reich auf Europa, Nordafrika und den Nahen Osten ausdehnten, entwickelten sie Standardpläne für ihre Siedlungen. Die einfachste und anpassungsfähigste Form war das *castrum,* ein Militärlager nach dem Schachbrettmuster mit einem kleinen Platz zur Truppeninspektion in der Mitte. Ursprünglich war dieser Plan nichts anderes als eine fest gebaute Version des Zeltlagers, und die Römer feilten lediglich ein fundamentales Konzept aus. Aber für mittelalterliche Herrscher war dieser Grundriß das vertrauteste Vorbild für Raumaufteilung und erinnerte zugleich an die längst vergangene Stabilität eines großen Reiches. Vom 12. Jahrhundert an beeinflußte das *castrum* den Grundriß der neuen Städte, die in jüngst befriedeten oder noch umkämpften Gebieten in ganz Europa errichtet wurden.

Englische Könige bauten Ortschaften entlang der walisischen Grenze und in Aquitanien, französische Könige besiedelten die Ländereien des Grafen von Toulouse neu, die in dem blutigen Kreuzzug gegen die ketzerischen Albigenser völlig verwüstet worden waren. Wo die Spanier Land von den Mauren zurückeroberten und die Deutschen die Hunnen zurückschlugen, wurden neue Städte angelegt, um Siedler anzulocken. Ihre Gründung war ein Kennzeichen der wachsenden Stabilität und der Ausweitung des Handels. Sie waren keine militärischen Bollwerke wie die Burgen, um den Angriffen feindlicher Heere standzuhalten, sondern wirtschaftsorientierte Siedlungen, die von Mauern und einer befestigten Kirche gegen die Raubzüge einheimischer Angreifer geschützt wurden.

Das römische *castrum* war von Legionären bewohnt, in den neuen Städten lebten Bauern. Man warb um Ansiedler mit kostenlosen Baugrundstücken, der Befreiung vom Militärdienst und von Steuern sowie mit dem Recht, Märkte abzuhalten. Das deutsche Sprichwort »Stadtluft macht frei« hat den Hintergrund, daß ein flüchtiger Leibeigener, dem es gelang, ein Jahr und einen Tag in einer neuen Stadt zu leben, ohne gefaßt zu werden, ein freier Bürger wurde und bleiben konnte. Die Ansiedler hatten auch Pflichten: Sie mußten ein Haus errichten und es bewohnen, mußten Mauern bauen und sie notfalls verteidigen. Nur wenige dieser Siedlungen gediehen. Sie hatten wenig zu bieten. Aus strategischen Gründen lagen sie meist auf unzugänglichen Bergkuppen, weit weg von den altetablierten Handelsstraßen, und verkümmerten, sobald die Triebkraft erlahmte, die sie hervorgebracht hatte.

Eine Ausnahme von dieser Regel bildet Montauban, eine wohlhabende Stadt in Südwestfrankreich, die 1144 vom Grafen von Toulouse gegründet wurde. Hundert Jahre lang blieb ihr großer, zentraler, rechteckiger Marktplatz eine einzigartige Neuheit in dieser Region. Der Historiker Charles Higounet glaubt, der Plan der Stadt könne möglicherweise durch eine Siedlung angeregt worden sein, die die Kreuzfahrer im Nahen Osten gesehen hatten, und er habe als regionaler Prototyp für die *bastides* gedient, die befestigten, geplanten Städte, die im darauffolgenden Jahrhundert so zahlreich angelegt wurden.

Noch typischer ist Aigues-Mortes, von Ludwig IX. im Jahre 1246 gebaut, um den Hafen in der Provence zu schützen, von dem aus die französischen Kreuzfahrer zum siebten Kreuzzug aufbrachen. Die Stadtmauern wurden durch 28 Türme verstärkt, aber nachdem die Heere abgezogen waren, gab es nicht mehr viel, wovon die verbliebenen Einwohner noch hätten leben können. Heute ist Aigues-Mortes eine Museumsstadt.

Die Franzosen und die Engländer bauten zwischen 1220 und 1374 ungefähr 300 *bastides.* Den meisten gab man einen rechtwinkligen Grundriß mit gleichförmigen Bauplätzen, variierte allerdings die Standardpläne, um unebenes Gelände zu integrieren. Nach einer Studie von Higounet haben etwa ein Drittel von ihnen rechteckige zentrale Marktplätze, die zum Mittelpunkt des kommunalen Lebens wurden. Die ersten Häuser wurden direkt daneben gebaut, weil sie dann in bequemer Nähe zum Markt, den kommunalen Einrichtungen und der Kirche lagen, und niemand lebte weiter als ein paar Blocks vom Platz entfernt. Ab dem 14. Jahrhundert wurden an viele Häuser Arkaden angefügt, denn man erlaubte den Hausbesitzern, ihre oberen Stockwerke zu erweitern, sofern unten das öffentliche Durchgangsrecht gewahrt blieb.

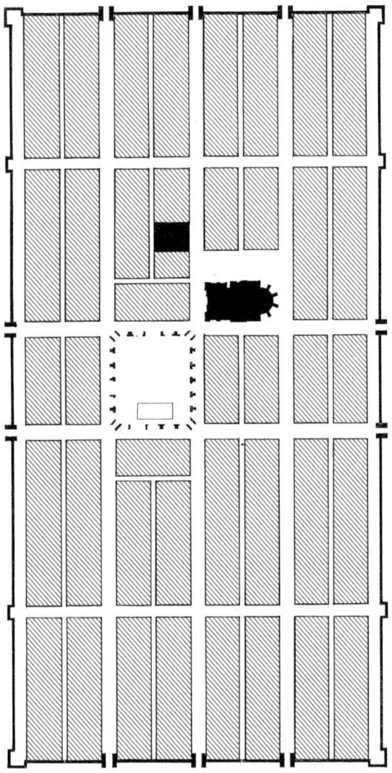

Monpazier war eine von 300 befestigten Städten, die die französischen und englischen Herrscher bauten, um ihre Eroberungen in Südwestfrankreich zu sichern.

Ein Bilderbuchbeispiel dafür und eine der reizvollsten Kleinstädte in Frankreich ist Monpazier (»friedlicher Berg«) in der Dordogne. Es wurde im Jahre 1285 vom englischen König Eduard I. gegründet und hat seine Mauern verloren, aber viel von seiner ursprünglichen Atmosphäre erhalten. Einen der zwanzig rechtekkigen Blocks besetzt ein arkadengeschmückter Platz, der etwa 63 mal 57 Meter groß ist; die Kirche und ein kleinerer Platz schließen sich an der nordöstlichen Ecke an. An der Südfront zieht sich eine an den Seiten offene Markthalle entlang. Ihr ziegelgedecktes Dach wird von verwitterten Holzbalken getragen. Innen ist noch der Tisch zu sehen, auf dem einst die Standardmaße und -gewichte standen.

Die schweren Arkaden werden durch Öffnungen an jeder Ecke aufgehellt, als würden Vorhänge auseinandergehalten, damit man einen Blick auf die Bühne werfen kann. Die Kontaktstellen werden passend als *cornes,* also Hörner, bezeichnet; deshalb heißt der Platz Les Cornières. Was so spartanisch wie ein Kasernenhof geplant war, hat durch die Zufälle der Geschichte eine bezaubernde Reihe von Variationen erhalten. Nicht jedermann nutzte die Chance, sein Haus über einer Arkade zu erweitern, und so tritt die Baufluchtlinie unvermittelt vor und wieder zurück. Die Arkaden rahmen die wechselvolle Komposition ein, und man kann in alle vier Richtungen schauen und – wie durch ein Teleskop – die Tore am Rande der Stadt sehen.

Monpazier hat das Geheimnis des Nullwachstums ohne Niedergang entdeckt. Innerhalb der Stadtgrenzen ist fast jedes Fleckchen verbaut, aber gleich unterhalb der grasbewachsenen Promenade, die die Mauern ersetzt hat, beginnen offene Felder. Keine Vorort verwischt die Trennlinie. Der Platz wirkt wie eine alte, aber zufriedene Katze, die in der Sonne döst.

Am anderen Ende von Europa hat sich ein ähnliches Muster entwickelt. Als die deutschen Ordensritter nach Osten zogen, sicherten sie ihr Vorrücken mit einer Reihe von befestigten Städten nach Schachbrettplan wie Culm und Thorn, deren zentrale Plätze vor dem Rathaus liegen. Auch die polnischen Könige bauten nach diesem Muster. Der zentrale Platz von Posen etwa wird von einem schönen Bau beherrscht, der während der Renaissance von einem italienischen Architekten umgestaltet wurde.

Der größte aller osteuropäischen Märkte liegt in Krakau. Es wurde Mitte des 13. Jahrhunderts im Schachbrettraster mit der Fläche von 200 Metern im Quadrat neu angelegt, nachdem die alte Stadt von den Hunnen zerstört worden war. E. A. Gutkind hat nachgewiesen, daß der Platz ebenso wie der von Posen bis ins 18. Jahrhundert hinein mit Bauten und festen Marktständen vollgestopft war. Nur an der Peripherie war freier Raum übrig. Deshalb heißt der Platz *rynek,* also Ringstraße. Heute sind noch drei dieser Bauten übrig: die romanische Kirche St. Adalbert, die älter als der Platz ist, der Turm des Rathauses, das ansonsten 1817 abgerissen wurde, und die 108 Meter langen Tuchlauben, die den Platz zweiteilen.

Wie durch ein Wunder entging der Platz der von den Nazis geplanten Zerstörung, aber er ist unsagbar trostlos geworden. Die Luftverschmutzung durch ein

Massive Arkaden sind an den Ecken zierlich verbunden wie Hörner (cornes) und geben dem Platz von Monpazier seinen Namen, Les Cornières.

nahegelegenes Stahlwerk hat die Spuren der mittelalterlichen Steinmetzarbeit ausgelöscht. Die Fassaden sind verschmutzt und bedürfen dringend der Restaurierung. Die polnische Wirtschaft liegt so darnieder, daß nur Blumenverkäufer die riesige Pflasterfläche beleben.

Neue Städte wurden im 13. und 14. Jahrhundert auch in ganz Böhmen und Mähren erbaut. In fast allen 35 Orten, die die tschechoslowakischen Behörden unter Denkmalschutz gestellt haben, gibt es zentrale Märkte. Etwa die Hälfte ist nach einem Schachbrettraster angelegt und hat große, rechtwinkelige Plätze. Budweis hat in der Präzision seiner Winkel einen der symmetrischsten. Der Marktplatz von Tábor mit seinen typischen Fassaden aus Spätgotik und Renaissance ist weniger gleichmäßig, aber malerischer. Andere Städte wie Taus, Leitomischl und Teltsch haben Plätze, die aussehen, als seien sie am Rande einer Straße oder um eine Straßenkreuzung herum organisch gewachsen.

In Spanien dauerte es Jahrhunderte, bis die Christen das Land zurückerobert hatten. Der endgültige Sieg über die Mauren wurde im Jahre 1492 in Granada errungen. Als die Könige von Aragon und Kastilien langsam nach Süden vordrangen, wurden die Grenzgebiete befestigt. Neue Städte wurden auf der neukastilischen Hochebene südlich von Madrid gegründet, von denen viele während der Renaissance umfassend verändert wurden. In den abgelegeneren Gegenden Altkastiliens weiter im Norden und der Estremadura im Westen hat sich die unverwechselbare Atmosphäre des mittelalterlichen Spaniens am besten erhalten. Manche dieser Städte sind so isoliert, daß das Leben dort beinahe zum Stillstand gekommen ist. Ihr arabisches Erbe klingt noch nach in den weißgetünchten Arkaden.

La Alberca, ein kastilisches Bergdorf 60 Kilometer südwestlich von Salamanca, hat seine traditionelle Architektur, seine Sitten und Trachten bewahrt. Die Plaza Publica scheint aus Stein gemeißelt zu sein, so hart und streng wirken ihre Arkaden, Bänke und Pflastersteine. Im Vergleich dazu sind die zwei oberen, aus Holz und Gips gebauten Stockwerke der angrenzenden Häuser mit ihren Balkonen und Ziegeldächern zart und luftig. Die Plaza ist der Vorgarten aller Bewohner: ein Ort, an dem man sich sonntags in Sonne oder Schatten versammeln kann, und zugleich eine Bühne für die traditionellen Lieder und Tänze sowie die Mysterienspiele in kunstvollen Kostümen an Mariä Himmelfahrt.

Der gleiche Gegensatz zwischen steinerner Basis und anmutigem Holz-Oberbau charakterisiert die Plaza Mayor von Peñaranda de Duero. Die Stadt wurde zur Verteidigung an der äußersten Grenzlinie der von den Mauren eroberten Gebiete gebaut. Sie hat noch heute einen Pranger, einen Brunnen und ein Kreuz aus dem Mittelalter. Aus der Renaissance stammt der Miranda-Palast, der zu den größten Renaissancepalästen Spaniens gehört.

Die Estremadura ist als Provinz der Konquistadoren berühmt. Die Armut ihrer Heimat trieb diese Männer zu Abenteuern in die Neue Welt hinaus. Garovillas kann einem ein Gefühl dafür geben, was sie zurückließen. Die Dorfbewohner reiten noch immer auf Maultieren durch die kopfsteingepflasterten Gassen, die Plaza Mayor hat eine zweistöckige Arkade, getragen von zarten, kannelierten Säulen, die an den Innenhof einer Moschee erinnern. Trujillo, der Geburtsort von Franzisco Pizarro, dem Eroberer Perus, wurde durch den Reichtum verwandelt, den seine Seefahrer nach Hause brachten. Seine arkadengeschmückte Plaza Mayor wurde von den Mauren begonnen und später mit Renaissancehäusern geschmückt. Aber in ihrem unregelmäßigen Grundriß und der Stufe auf einer Seite zum Ausgleich eines Gefälles bleibt sie mittelalterlich.

In diesen abgelegenen spanischen Städten hat die Isolation die Gebäude und

Die Plaza Mayor in Garovillas in der abgelegenen spanischen Provinz Estremadura.

alten Muster bewahrt, aber selbst in den Großstädten Italiens klingen die Traditionen noch nach. Marktstände füllen an allen Tagen außer Sonntag vom frühen Morgen bis zum Mittag den Campo dei Fiori in Rom. Die Farben und der Duft von Blumen, Obst und Gemüse, Fisch, Fleisch und Käse mischen sich vor dem stets gleichbleibenden Hintergrund zerklüfteter Stuckfassaden in verblaßten Rot- und Brauntönen, eines einfachen Brunnens und einer Kirche an der Ecke. Die Vergangenheit ist allgegenwärtig. Julius Cäsar wurde im Pompejus-Theater gleich um die Ecke ermordet. Lucrezia Borgia besaß hier mehrere Gasthöfe, als die Ge-

Der Campo dei Fiori in Rom, einst ein vornehmer Hotelbezirk, floriert seit langem als einer der belebtesten Märkte der Stadt.

gend so en vogue war wie heute die Via Veneto. Eine Statue erinnert an Giordano Bruno, den Mönch, der hier im Jahre 1600 wegen Ketzerei verbrannt wurde. Und die Familien, die hier kaufen und verkaufen, tun das schon seit Generationen.

Unser kurzer Rundgang über mittelalterliche Plätze endet in Venedig. Die Stadt war Vorbote des erneuten Aufblühens städtischen Lebens im Mittelalter. Spiro Kostof schreibt, daß am Ende des 11. Jahrhunderts »Pfarrkirchen und offene Plätze mit Zisternen, an denen man frisches Wasser holen konnte, die dichte Stadtlandschaft sprenkelten«. Vor hundert Jahren notierte W. D. Howells, der damalige amerikanische Honorarkonsul: »Jeder Campo in Venedig ist eine kleine Stadt, selbständig und unabhängig. Jeder hat seine Kirche, deren Friedhof er in frühester Zeit war, und zu jedem gehört eine eigene Apotheke, ein Schmied und ein Schuhmacher, ein mehr oder weniger glanzvolles Café, eine Obst- und Gemüsehandlung, ein Lebensmittelgeschäft – sogar ein Second-hand-Laden, wo man alle erdenklichen Gebrauchtartikel zum niedrigsten Preis kaufen und verkaufen kann. Natürlich gibt es auch einen Kupferschmied und einen Uhrmacher und höchstwahrscheinlich auch einen Holzschnitzer und einen Vergolder, wobei ohne einen Barbier kein Campo seine Vollständigkeit wahren oder sich über die gesellschaftlichen und politischen Neuigkeiten des Tages auf dem laufenden halten könnte ... Die Gebäude sind oben Paläste und unten Geschäfte.«

Campi waren ursprünglich offene Felder, die aus trockengelegten Marschen um die ersten Kirchen herum geschaffen wurden. Man bepflanzte sie oder nutzte sie als Weiden und Friedhöfe, genau wie die Dorfanger in Neuengland. In beiden Fällen war die Kirche Zentrum des kommunalen Lebens: eine Insel der Geselligkeit inmitten offener Felder oder sumpfigen Brachlands. Durch das ganze Mittelalter hindurch wurden Campi gebaut und durch Straßen und Kanäle miteinander ver-

Venedig: Die Rhythmen des Alltagslebens (oben) und die Exotik einer Mode-Boutique auf dem Campo San Stefano (rechts).

Kriegsrat unter dem Standbild des Söldnerführers Bartolomeo Colleoni (oben rechts) auf dem Campo SS Giovanni e Paolo.

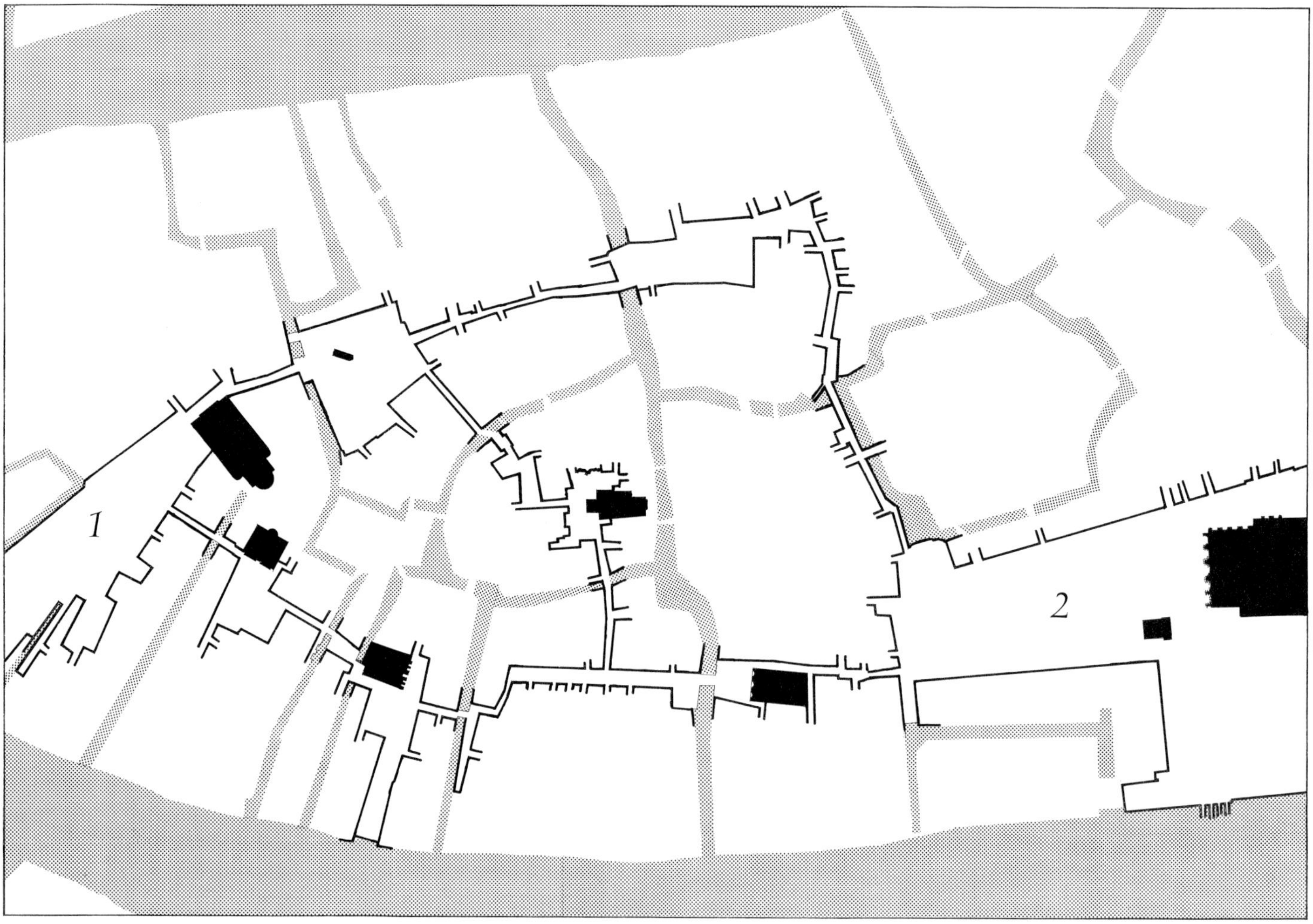

Ein Diagramm vom Zentrum Venedigs, das das Netz der Straßen und Campi zwischen (1) San Stefano und (2) der Piazza San Marco zeigt.

bunden. Die Piazza San Marco war immer der Hauptplatz der Stadt, paßte sich den Zeitläuften an und wurde schließlich zum Schmuckstück der Renaissance. Heute sind dort erheblich mehr Touristen als Venezianer anzutreffen. Auch die Campi haben sich verändert und viel von ihrer kommerziellen Bedeutung eingebüßt, doch ihr Lokalkolorit haben sie behalten. In den letzten Jahren hat man sich bemüht, das traditionelle Freilichttheater wieder aufleben zu lassen, und Komödien von Goldoni aufgeführt. In der Zeit des alljährlichen Filmfestivals, das draußen auf dem Lido stattfindet, werden für die Einheimischen auf den Campi Filme gezeigt. Es gibt dort Sommerkonzerte, Tanz unter freiem Himmel und Veranstaltungen während des stadtweiten Karnevals. Aber die Campi sind auch ohne solche Aktivitäten an jedem Tag des Jahres von brodelndem Leben erfüllt.

San Stefano ist der größte von mehreren Campi, die wie Perlen an einer Schnur an dem stark frequentierten Weg zwischen der Ponte dell'Accademia und der Rialto-Brücke aufgereiht sind. Zwischen seinen beiden ineinander verschränkten, keilförmigen Teilen, die zusammen fast so lang sind wie der Markusplatz, herrscht eine dynamische Spannung. Rings herum befinden sich gotische und klassizistische Paläste, zwei Kirchen, ein von einer Mauer umgebener Garten und ein Kanal. Zehn Straßen münden in den Platz, und den ganzen Tag herrscht reger Fußgängerverkehr. Viele Menschen nehmen diesen direkten Weg zwischen den beiden Brücken über den Canale Grande.

Der spektakulärste Platz in Venedig nach San Marco, gemessen an seinen Gebäuden und seiner Geschichte, ist der Campo SS Giovanni e Paolo. Er besteht aus zwei ineinanderverschränkten Rechtecken, die von einem Meisterwerk der Renaissancebildhauerei zusammengehalten werden: von Andrea Verrocchios idealisiertem Reiterporträt des Bartolomeo Colleoni, eines Kondottiere aus Bergamo, der seinen venezianischen Arbeitgebern eine beträchtliche Hinterlassenschaft für das Versprechen in Aussicht gestellt hatte, nach seinem Tode eine Statue von ihm vor San Marco aufzustellen. Der Heerführer meinte die Basilika auf der Piazza San Marco, aber die Stadtregenten, die einerseits geldgierig waren, andererseits einem Nichtvenezianer kein Ehrenmal an einem so bedeutenden Ort zugestehen wollten, plazierten die Statue hier, vor der Scuola San Marco. Von diesem schändlichen Täuschungsmanöver haben alle profitiert. Die Statue, die auf dem riesigen Platz untergehen würde, ist hier unangefochtener Mittelpunkt und verankert einen Raum, der andernfalls von dem danebengelegenen Kanal optisch weggezogen würde. Das Standbild ist seit 500 Jahren das Erkennungsmerkmal dieses Platzes. Und die Umgebung ist vornehm: der riesige Ziegelbau der Dominikanerkirche, einem Pantheon für politische und militärische Führungspersönlichkeiten, die Scuola mit ihrer kunstvollen Marmorfassade und das harmonische Umfeld von verblassendem Stuck und verwittertem Stein.

Vom Campo in Siena bis hin zum bescheidenen Campo Santa Maria Formosa in Venedig war der mittelalterliche Platz unverzichtbar und diente vielen Zwecken. Religion, Politik und Handel waren im Mittelalter eng miteinander verknüpft, ein Markt oder ein Kirchenfest betrafen jeden Stadtbürger. Wegen des Mangels an Theatern wurden Mysterienspiele auf den Treppen zur Kirche aufgeführt und vom Platz aus betrachtet, oder derbe Unterhaltungsstücke wurden auf einer roh gezimmerten Bühne dargeboten. Der Eintritt zu Wettkampfspielen und Stierkämpfen war frei, denn sie wurden auf dem zentralen Platz veranstaltet, nicht in dem bereits verfallenen römischen Stadion. Er war der Ort großer gesellschaftlicher Ereignisse, zu denen Hinrichtungen ebenso gehörten wie Proteste und Feiern.

Der Reichtum stärkte den Bürgerstolz. Kunstwerke bildeten ihre Stifter mit ihrer Stadt in der Hand ab, als wäre diese ein Reliquiar, Holzschnitte in frühen Reisebüchern idealisierten die irdischen Städte wie schon die himmlische Stadt Jerusalem. Und doch verloren die Kommunen ihren sozialen Zusammenhalt, gerade als sie sich selbst und ihre Plätze als Kunstwerke wahrzunehmen begannen. Im Zeitalter der Kommunen war die Gesellschaft in klare Schichten gegliedert gewesen: Reiche Kaufleute stellten den Großteil der Regierung, kleine Kaufleute und Handwerker kamen in den Genuß begrenzter Begünstigungen, das wachsende Proletariat war rechtlos und rebellisch. Im 14. Jahrhundert gewann der Adel an Macht auf Kosten des Bürgertums, Tyrannen und Oligarchien hatten die Kommunen ersetzt, freie Städte wurden von Fürstenstaaten verschluckt. Wohn- und Geschäftsviertel wurden getrennt, und der Platz begann, seinen universellen Reiz zu verlieren.

Die erste geplante Renaissance-Piazza wurde in eine mittelalterliche toskanische Bergstadt hineingezwängt, die zu Ehren des weitblickenden Papstes Pius II. in Pienza umgetauft wurde. Der Dom und der päpstliche Palast (ganz links) sind hier durch den Portikus des Rathauses zu sehen. Vielfältige Strukturen und hübsche Details (links) steigern den Reiz der Piazza und verleihen ihr trotz der geringen Größe eine eindrucksvolle Wirkung.

3

Klassische Ideale

Was Le Corbusiers Villa Savoie für die moderne Architektur ist, das ist für die Stadtplanung der Renaissance Bernardo Rosselinos Piazza Pio II.: eine schöpferische Mischung aus innovativer Theorie und individuellem Genie. Dieser Platz liegt in der abgelegenen toskanischen Bergstadt Pienza – sie ist kaum größer als ein Dorf. Er beweist, daß Kostbarkeiten oft dort sind, wo man sie nicht vermutet. Wie bei der Villa Savoie – einem weiß verputzen kubischen Bau auf einer zurückgesetzten Basis – könnten die Elemente nicht einfacher sein. Zwei Paläste ragen fächerförmig hinter einer Kirche vor und rahmen einen winzigen, trapezförmigen Vorhof ein. Die vierte Seite schließt ein Rathaus mit Portikus. Dieser Raum drückt die Visionen des Bauherrn und des Künstlers aus und steht zugleich für eine neue Ideologie in der Architektur: Ein einzelner Mann prägt öffentlichem Raum seinen Stempel auf.

Bauherr war Pius II. Nur wenige Päpste hatten einen so wechselvollen Werdegang wie er. Enea Silvio Piccolomini wurde im Jahre 1405 in einem Ort geboren, der damals Corsignano hieß. Er war Sproß einer adeligen Familie, die aus dem 45 Kilometer nördlich gelegenen Siena ins Exil geschickt worden war. Als junger Mann schrieb er einen erotischen Roman in lateinischer Sprache, übte sich in der Diplomatie und wurde von Kaiser Friedrich III. zum Poeta laureatus gekrönt. Erst mit 40 Jahren wurde er Priester, und mit 53 wurde er Papst. Sein erster Gedanke war, seinen Geburtsort in eine ideale Renaissancestadt zu verwandeln, teils als Racheakt eines erfolgreichen Bürgers der Stadt an Siena, teils als Ausdruck seines Glaubens, daß vollkommene Form weise Herrschaft symbolisiere. Rom hätte man nur in jahrhundertelanger Arbeit vollkommen machen können – Corsignano war Wachs in seinen Händen.

In einer späteren, eher autoritaren Zeit hatte Pius vielleicht die gesamte Stadt als einheitliches Ganzes neu gebaut. Da ihm dafür die Mittel fehlten, konzentrierte er seine Bemühungen auf das Zentrum der Stadt und nahm dafür die Dienste von Leone Battista Alberti in Anspruch. Alberti war ein ebenso vielseitiger Mann wie Pius und hatte die erste große Renaissance-Abhandlung über Architektur geschrieben. Alberti reichte den Auftrag an Rossellino weiter, einen Bildhauer, der als sein Assistent am Palazzo Rucellai in Florenz und für Papst Nikolaus V. am Petersdom in Rom gearbeitet hatte. Rossellino mußte einen Dom, einen Papst- und einen Bischofspalast sowie ein Rathaus in ein unregelmäßiges Quadrat von etwa 75 Metern Seitenlänge zwängen, schnell arbeiten und mit wenig Geld auskommen.

Um den Raum optimal zu nutzen, rückte er die Apsis der Kirche an den äußersten Rand des Berghangs, von dem sie seitdem stets abzustürzen drohte, und drehte die Längsachse nach Norden. Wie Michelangelo, der später den Campidoglio in Rom mit Hilfe der Elemente umgestaltete, die er dort vorfand, behielt Rossellino die auseinanderlaufenden Linien bereits vorhandener Bauten bei der Gestaltung des Palazzo Piccolomini bei, und er gab einem gotischen Gerichtsgebäude – auf Kosten eines Borgia-Kardinals – eine neue Fassade, um ein Gegengewicht zu dem Palast zu schaffen. Geschickt verbarg er den viel größeren Teil des Papstpalastes – nach dem Vorbild des Pallazzo Rucellai entworfen –, der an der Kirche entlangläuft und dann in einer luftigen, dreistöckigen Loggia am Berghang endet, als ob er die dahinterliegende Landschaft einrahmen wollte.

Der Dom hat eine florentinische Renaissance-Fassade, innen sollte er nach dem Willen von Pius so licht sein wie die Hallenkirchen, die er als päpstlicher Legat in Österreich gesehen hatte. Der Platz, der an der Treppe des Domes nur 30 Meter breit und 22 Meter tief ist, mutet an wie ein Wirklichkeit gewordenes frühes Renaissancegemälde einer idealen Stadt. Das Gittermuster aus weißem Travertin ist eine Studie in linearer Perspektive, die die ganze Komposition zusammenhält. Durch die auseinanderstrebenden Fassaden der Paläste wirken die bescheidenen Maße des Domes größer. Die Linien sind klar, die Strukturen vielfältig, die Einzelheiten geglückt. Vor einer Mauer steht als heitere Note ein steinerner Brunnen, der sein Echo in einem asymmetrisch in das Pflaster gesetzten Steinkreis findet. Zwischen den Gebäuden hindurch sieht man ferne Hügel. Das ganze Projekt wurde in nur drei Jahren bis 1462 fertiggestellt. Pius benannte die Stadt in Pienza um. Murray Kempton erfaßte den Geist des Ortes mit den Worten: »Pienza ist ein Theater, die Piazza ist seine Bühne, und der Dom ist der draußen gelegene Garten. Im Dom sind wir beinahe im Freien, und auf der Piazza haben wir ein Gefühl des Umschlossenseins, das durch das geschickte und sorgfältige Arbeiten mit der Perspektive sogar noch verstärkt wird.«

Die Piazza Pio II. ist der Form, nicht aber der Funktion nach eine Bühne. Es gab kein Stück dafür und nur wenige Mitspieler. Der Markt blieb dort, wo er immer gewesen war: hinter dem Rathaus. Als Pius 1464 starb, brach der Kontakt von Pienza zum Vatikan ab, und es ist wenig wahrscheinlich, daß der weltmännische Rodrigo Borgia seinen Palast oft aufsuchte, bevor oder nachdem er Papst Alexander VI. wurde. Die Piazza besteht noch heute – nicht als nützlicher Raum, sondern als eine Huldigung an die Macht und als Schaustück ästhetischer Prinzipien.

Pius II. war einer der ersten Päpste, die die Tradition des kaiserlichen Roms wiederbelebten, in dem Kaiser Foren geschaffen hatten, um ihrem Ruhm Dauer zu verleihen und die Stadt zu verschönern. Er gab ein Beispiel, dem andere Kirchenfürsten später folgten. Mittelalterliche Plätze waren aufgrund von konkurrierenden Zwängen und kollektiven Entscheidungen entstanden, jedenfalls als Antwort auf praktische Bedürfnisse. In Florenz und Venedig setzte sich diese Tradition durch die Renaissance hindurch fort, wenn auch mit wachsender Betonung des individuellen künstlerischen Ausdrucks; in anderen Städten erlosch sie.

Die Verbindung zwischen Kunst und Macht ist so alt wie die Zivilisation, aber im Italien des 15. Jahrhunderts erlangte sie eine neue Bedeutung. Man feierte die Wiederkehr der Gelehrsamkeit, intellektuelle Neugier regte sich überall, und es gab eine Fülle künstlerischer Experimente. Die Erforschung der Natur und des Menschen führte zu Regeln, die Maßstab und Proportion, Form und Raum bestimmten. »Die Renaissance-Architektur wurde als Abbild oder Spiegel einer vorgegebenen, mathematischen Harmonie des Universums aufgefaßt«, schrieb Rudolf Wittkower. Man durchforschte die antike Welt nach ihrer Theorie und Praxis.

Vitruvius' zehn Bücher *De architectura,* die einzige noch vorhandene römische Abhandlung über Architektur, wurde überall studiert, erst im lateinischen Original, später in Übersetzungen. Vielseitigkeit und umfassendes Wissen standen hoch im Kurs.

Auf Peruginos Fresko in der Sixtinischen Kapelle von ca. 1480 Schlüsselübergabe an Petrus *zeigt der Bildhintergrund einen idealen Platz und veranschaulicht, wie sehr die Künstler und Architekten der Renaissance von der linearen Perspektive und einer harmonischen Komposition fasziniert waren.*

In der ersten Renaissance-Abhandlung über Architektur, *De re aedificatoria* aus dem Jahre 1452, legte Alberti seine pragmatische Vision einer idealen Stadt dar. Er trat dafür ein, daß sich manche Straßen wie Flüsse winden sollten, um die Monotonie eines regelmäßigen Schachbrettrasters zu vermeiden, und daß verschiedenartige offene Räume für Märkte und zur Erholung angeboten werden sollten. Unter Berufung auf Vitruvius empfahl er, daß ein Platz doppelt so lang wie breit sein und die Höhe der ihn umgebenden Gebäude zwischen einem Drittel und einem Sechstel der Breite des Platzes betragen solle, damit eine gefällige Harmonie der Proportionen erzielt werde. Er riet dringend, den Platz mit Arkaden zu umsäumen, »unter denen die alten Männer bei Hitze den Tag verbringen oder einander zu Diensten sein können; damit außerdem die Anwesenheit der Väter die Jungen zügeln und mäßigen kann, die sich auf dem anderen Teil des Platzes tummeln und vergnügen, und sie von dem Unfug und der Torheit abhält, die ihrem Alter eigen sind«.

Für einen Herrscher, der seine Autorität und seine humanistische Gesinnung unter Beweis stellen wollte, boten diese Abhandlung und später nachfolgende Werke einen Leitfaden für Taten. Aber kein Fürst wollte den Bankrott oder einen Aufstand dafür riskieren, daß er eine funktionierende Kommune umbaute. Es gab auch keinen guten Grund zu einem solchen Unternehmen, denn die Städte erholten sich erst nach und nach vom Bevölkerungsverlust durch den Schwarzen Tod im 14. Jahrhundert. Daher gaben sich einflußreiche Persönlichkeiten wie auch Pius II. mit einem Platz zufrieden, der als Symbol dienen konnte und zugleich ein praktischer Ausgangspunkt war, um ein neues Viertel zu entwickeln oder ein vorhandenes zu verbessern.

Ludovico Sforza, Herzog von Mailand, schuf die erste arkadengeschmückte Renaissance-Piazza in seinem Geburtsort Vigevano 30 Kilometer südwestlich von Mailand. Wegen seiner dunklen Hautfarbe wurde Ludovico »Il Moro« (der Mohr) genannt. Er übte eine kurze und blutige Herrschaft aus und ist nur deshalb unvergessen, weil er Leonardo da Vinci und Bramante gefördert hat. Eine Marmortafel auf dem Turm des Kastells rühmt seine Leistungen: »Nachdem Ludovico äußere und innere Störungen der Ordnung bereinigt hatte, ... verwandelte er die alten, verkommenen Wohnviertel des gemeinen Volkes in eine Zierde für die Gemeinde. Am Ende, als die alten Gebäude um das Forum herum abgerissen worden waren, verschönerte er den Platz, indem er ihn vergrößerte und mit einer Arkade umgab. Im Jahre des Herrn 1492.«

Die Piazza Ducale in Vigevano, vom Turm des herzoglichen Kastells aus gesehen. Dem Dom gab man zweihundert Jahre nach Vollendung der übrigen Seiten der Piazza eine konkave Barockfassade, um ihn der Linienführung des Platzes anzupassen.

Diese Piazza Ducale war ein entscheidender Schritt auf dem Weg ins Zeitalter des Absolutismus. »Störungen der Ordnung bereinigt« war eine höfliche Umschreibung: Die Sforzas hatten eine freie Kommune unterdrückt, um ihren Grundbesitz zu erweitern. Die Piazza war nicht in erster Linie als »Zierde für die Gemeinde« gedacht, sondern als äußerer Vorhof für das Kastell, mit dem es durch eine Rampe verbunden war, und als dekorative Fassade, um die Stadt vom Kastell abzusetzen. Der Rampe gegenüber stand ein bemalter Triumphbogen, der heute nicht mehr existiert. Kunstvolle Fresken und das mit Ornamenten geschmückte

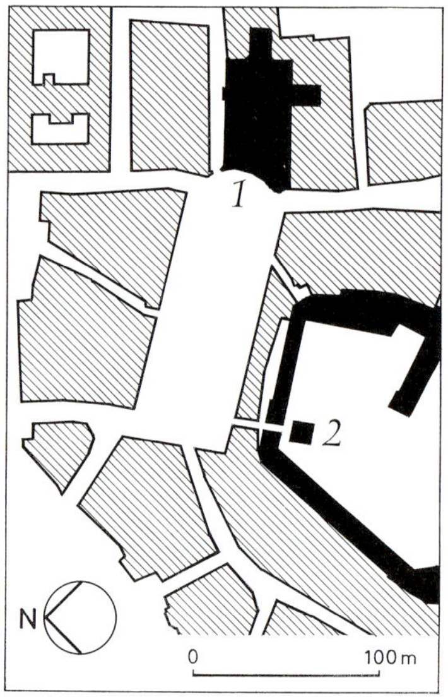

Vigevano: Die Piazza wurde von Ludovico Sforza als öffentlicher Vorhof für sein Kastell (2) geschaffen, der Dom (1) stand rechts davon.

Anonymes Gemälde von der Verbrennung Savonarolas in Florenz im Jahre 1498. Es zeigt die Piazza della Signoria mit ihren mittelalterlichen Gebäuden und einem perspektivischen Gittermuster.

Die Piazza della Signoria auf einem Gemälde aus der Mitte des 18. Jahrhunderts von Bernardo Bellotto (unten). Es zeigt den Brunnen und die Statue, die auf dem L-förmigen, mittelalterlichen Platz die Illusion der Regelmäßigkeit erzeugten.

Pflaster dienten vorwiegend als Wandbilder und Teppich für herzogliche Zeremonien, wenngleich auch ein geregelter Stadtmarkt den Raum benutzen durfte.

Die Sforzas herrschten nur noch wenige Jahrzehnte, aber ihr Abschiedsgeschenk an Vigevano war eine Freigabe des Platzes für die Öffentlichkeit, und die Stadt wurde Bischofssitz. Ihrer politischen Bedeutung beraubt, veränderte sich die Piazza – von einem trapezförmigen Vorhof zu dem heutigen, 135 auf 48 Meter großen, geschlossenen Raum. Alberti wäre des Lobes voll gewesen ob der Harmonie der Proportionen, der einheitlichen, dreistöckigen Gebäude und des verführerischen Rhythmus der Arkaden, die die Straßenzugänge so wirksam verbergen wie die Kolonnaden auf einem römischen Forum. Zweihundert Jahre, nachdem der Platz angelegt worden war, ließ ein Bischof die Rampe entfernen – sie war ein öffentliches Ärgernis, weil Kinder im Winter dort Schlitten fuhren – und schloß das Ostende des Platzes, indem er dem Dom eine konkave Barockfassade gab. Im Jahre 1900 wurden die Fassaden in einem Stil neu bemalt, der nach Wolfgang Lotz mehr dem romantischen Historismus zu verdanken hat als den Fragmenten des Wandschmuckes aus dem 15. Jahrhundert, die bei der Restauration freigelegt wurden.

Florenz ging anders vor. Mehr als jede andere Stadt war es Geburtsort der Renaissance und spielte schon seit dem Spätmittelalter eine wegbereitende Rolle für die Künste. Im Gegensatz zu allen übrigen italienischen Städten behielt Florenz auch seine demokratische Verfassung bis 1532. Führende Bürger stimmten im 14. Jahrhundert darüber ab, wie die Stadt neu geplant werden sollte, wie man die Mauern erweitern und den Dom würdig gestalten sollte, damit er dem Ruhm und Reichtum der Republik entspräche. Die Piazza della Signoria war im 13. Jahrhundert als Bürgerforum geschaffen worden: Auf Grundstücken, die der in Ungnade gefallenen Familie Uberti gehörten, wurden Häuser und eine Kirche abgerissen. Der Raum ergänzte den Palazzo Vecchio, eine gotische Festung, die von 1299 bis 1314 erbaut worden war, um die Räte der Stadt vor Gewalttaten auf den Straßen zu schützen. Der Palast hat einen 94 Meter hohen Wachturm, der die Übersicht über die ganze Stadt und das umliegende Land erlaubt. Seine Glocke läutete bei Gefahr und rief die Bürger zu allgemeinen Versammlungen zusammen.

Im 14. Jahrhundert wurde die Piazza viermal vergrößert, bis ihre heutige L-Form erreicht war. Die bedeutendste Neuerung war die Loggia dei Lanzi. Sie wurde von 1376 bis 1382 nach Plänen des Künstlers Orcagna als Schauplatz für öffentliche Zeremonien gebaut. Ihre zierlichen Rundbogen und das Säulengebälk nahmen die Renaissance vorweg. Die Loggia bekam auch bald neue Funktionen als Skulpturengalerie und als Unterkunft für Landsknechte. Warenverkehr wurde schon 1385 von der Piazza verbannt, und auch eine alljährliche Tuchmesse wurde verlegt, um dieser politischen Bühne für große Staatsakte mehr Würde zu verleihen.

Aber die Veränderungen wurden stückweise vorgenommen, ohne einen Gesamtplan. Ein Gemälde aus dem Jahre 1498, das die Verbrennung Savonarolas zeigt, bildet die mittelalterliche Piazza mit ihrem neuen Ziegelsteinpflaster und Gittermuster aus weißem Stein ab. Erst Mitte des 16. Jahrhunderts machte man wieder einen Versuch, den Platz auf neuen Stand zu bringen. Der Neptunbrunnen (1575) und die Statue von Cosimo I. dienten – wie die Statue von Colleoni auf dem Campo SS Giovanni e Paolo in Venedig – dazu, den L-Plan aus zwei ineinander verschränkten Rechtecken herzustellen. Ein Vorschlag Michelangelos, man solle die Bogen der Loggia dei Lanzi als Einheit schaffende Arkade um den ganzen Platz weiterführen, wurde abgelehnt. Aber Vasari wurde von Michelangelo dazu inspi-

riert, in der langen, schmalen Piazza der Uffizien eine dramatische Perspektive zu schaffen. Diese Piazza verbindet den Arno mit der Piazza della Signoria und rahmt die Domkuppel und den Turm des Palazzo Vecchio ein, als lägen sie auf einer einzigen Achse.

Fast zweihundert Jahre dauerte es, bis der reinste Renaissance-Platz in Florenz, die Piazza SS Annunziata, vollendet war. Er verdankt seine Existenz mehr dem Glück als der Planung. Die Kirche SS Annunziata wurde 1234 gegründet, und der Platz erreichte seine heutige Größe im 14. Jahrhundert. Seine Verwandlung begann mit dem Bau von Brunelleschis Ospedale degli Innocenti (1419-1426). Die Loggia mit den weiten Bogen und der Kreuzgang drücken die frühlingshafte Frische der Renaissance aus. Der Bau dient noch heute seinem ursprünglichen Zweck als Waisenhaus. Michelozzo stattete die Kirche mit einem zentralen Portikus aus; Antonio da Sangallo kopierte die Loggia ein Jahrhundert später bei seinem Gebäude für die Bruderschaft des Servitenordens. Vervollständigt wurde der Platz im 17. Jahrhundert, als der Portikus der Kirche auf die volle Breite des Gebäudes erweitert wurde. Giovanni di Bolognas Reiterstatue von Großherzog Ferdinand de'Medici und die beiden Brunnen bilden ein Dreieck, das die eleganten Rhythmen der Loggien ergänzt und die Achse der Via dei Servi betont, die die Domkuppel einrahmt.

Heute ist es schwer, sich an diesen Plätzen zu erfreuen. Florenz muß seit Jahrzehnten dem Ansturm von Autos und Bussen voller Touristen standhalten, was ebenso zerstörerisch wirkt wie eine mittelalterliche Belagerung. Kommerzielle Gier und interne Streitigkeiten haben eine Reform verhindert und die Einnahmen aus dem Tourismus in andere Kanäle als die zur Restaurierung der Monumente geleitet, die von sechs Millionen Menschen pro Jahr besucht werden. Die von Brunelleschi erbaute Domkuppel drohte einzustürzen, die Luft war bereits vollkommen verpestet und die Fassaden von Schmutz überzogen. Erst kürzlich sind die Stadtväter zur Besinnung gekommen und haben das historische Zentrum für den Verkehr gesperrt. Hier, wie überall in Italien, werden wichtige Gebäude wahrscheinlich jahrelang hinter Gerüsten verborgen bleiben. In Florenz haben sich die Probleme in den 80er Jahren noch verschärft. Die Signoria wurde in eine archäologische Grabungsstätte verwandelt, und es wird obendrein darüber gestritten, ob und wie man die römischen und mittelalterlichen Funde ausstellen soll. Das Fußballspiel hat in Italien einen wesentlich höheren Stellenwert als Bildung, und der

Die langgestreckte Piazza des Uffizien-Palastes (links), die um 1560 von Giorgio Vasari geschaffen wurde, um den Arno mit der Piazza della Signoria zu verbinden, rahmt den Turm des Palazzo Vecchio und die weiter hinten gelegene Domkuppel ein.

Die Piazza SS Annunziata (rechts) ist der reinste Renaissance-Platz in Florenz, obwohl er über zwei Jahrhunderte hinweg von mehreren Architekten ohne Gesamtplan angelegt wurde.

zur Weltmeisterschaft im Jahre 1990 erwartete Ansturm von Fans setzte der Debatte ein Ende: Die Piazza wurde wieder zugedeckt.

Im Gegensatz zu dem beliebten und verwöhnten Florenz leben in den paar neuen Städten, die nach der Renaissance-Theorie gebaut wurden, nur wenige Menschen. Aber Abgeschiedenheit und Trägheit haben sie intakt erhalten. Die reizvollste ist vielleicht Sabbioneta. Die Stadt verdankt ihre Existenz einer fürstlichen Laune. Vespasiano Gonzaga ließ sie in den vierzig Jahren bis zu seinem Tod im Jahre 1591 erbauen. Weil Mantua nur 30 Kilometer entfernt lag, bestand für den Herzog zwar keine Notwendigkeit, eine weitere Stadt zu bauen; aber ebenso wie Pius II. sich fern von der Ewigen Stadt besser entfalten konnte, beschloß Vespasiano, sein eigenes, »neues Rom« zu schaffen, wo er als Schirmherr der Künste hofhalten konnte. Verlassene Straßen und ein paar Blocks vollendeter Gebäude umgeben die rechteckige Piazza Garibaldi mit ihren Arkaden aus Buckelstein, der Kirche und dem Herzogspalast. Sabbioneta war der Traum eines Aristokraten von einem intellektuellen Zufluchtsort.

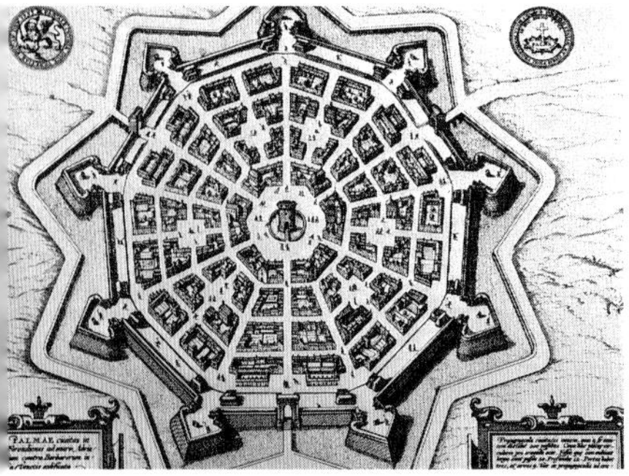

Plan von Palmanova, das 1593 als Verteidigungsvorposten von Venedig von Vicenzo Scamozzi entworfen wurde. Die Stadt ist noch in ihrer ursprünglichen Form erhalten, aber die Befestigungen wurden eingeebnet, und der für die Mitte vorgesehene Turm wurde nie gebaut.

Palmanova, ein Verteidigungsvorposten von Venedig, der 1593 von Vicenzo Scamozzi entworfen wurde, war ein Paradebeispiel für die Militärtheorie der Renaissance. Denn der Bau neuer Städte wurde auch durch die praktische Notwendigkeit gefördert, Festungen zu konstruieren, die Artilleriebeschuß standhielten. Leonardo da Vinci gehörte zu den vielen Künstler-Ingenieuren, die elegante Kombinationen von Erdwällen und vorspringenden Bastionen entwarfen. Solche Festungswerke wurden in der Regel alten Städten angefügt; Palmanova hingegen wurde von außen nach innen geplant mit einer radialen Straßenführung und einem polygonalen zentralen Platz. Die Verteidiger hatten durch sechs gerade Straßen freie Schußlinien. Der Plan ist in seiner Klarheit bezaubernd wie ein Schneekristall, und aus der Vogelperspektive betrachtet bietet die Stadtanlage noch heute einen überraschenden Anblick, weil sie nicht über ihre ursprünglichen Grenzen hinausgewachsen ist.

Keine Stadt ist eine so fruchtbare Mischung aus Planung und glücklichen Zufällen wie Venedig. Vor tausend Jahren war der größte Teil der Piazza San Marco ein Obstgarten, die Piazzetta war von Metzgerständen vollgepfropft, und im Vorhof von San Marco wurden die Pferde an Bäumen angebunden. Die Piazza wurde um 1176 in der Größe verdoppelt, möglicherweise um die Steinmetze unterzubringen, die die Basilika und den Campanile umbauten. In den Jahrhunderten, in denen Venedig wuchs, hielten Künstler und Architekten im Osten nach Anregungen Ausschau und legten nun mehr Wert auf eine prachtvolle Fassade als auf Perspektive sowie auf augenfällige Zurschaustellung oft erbeuteter Schätze als auf Frömmigkeit. Theophile Gautier beschrieb San Marco zutreffend als »eine Piratenkathedrale, die mit den Beutestücken der ganzen Welt angefüllt ist«. Gentile Bellinis berühmtes Gemälde *Prozession auf dem Markusplatz* zeigt den Platz, wie er 1496 aussah, mit unregelmäßigen Ziegelarkaden, die die frisch vergoldete Markuskirche flankieren.

Gegen Ende des 15. Jahrhunderts entschied eine Planungskommission, daß die Piazza im damals modernen Stil der Hochrenaissance umgebaut und als feierliches Eingangstor zur Stadt gestaltet werden sollte. Die Piazzetta sollte ein funktionales Bindeglied zum Canale Grande, der Hauptverkehrsader der Stadt, bilden. An der Nordseite baute Mauro Coducci die Procuratie Vecchie als Unterkunft für hohe Regierungsbeamte sowie den Uhrturm, der sich über die Mercerie, Venedigs Hauptstraße, wölbt. Im Süden baute der Florentiner Jacopo Sansovino eine Bibliothek und schob die Baufluchtlinie zurück, um den Platz zu weiten und den

Die Piazzetta von San Marco in Venedig, mit San Giorgio Maggiore im Hintergrund, von Francesco Guardi ca. 1770 gemalt. Der Platz diente als Eingangstor zur Stadt vom Canale Grande aus.

Campanile ins Blickfeld zu rücken. Dieser wurde jetzt zum Angelpunkt, an dem die Achse der Piazza in die der Piazzetta übergeht. Der Palladio-Schüler Vicenzo Scamozzi, der Palmanova entworfen hatte, führte das Projekt fort, und Baldassare Longhena vollendete die Südseite im Jahre 1640.

Vier sehr verschiedene Architekten schufen über eine Zeitspanne von 150 Jahren hinweg ein Ensemble, dessen Einheitlichkeit durch die geometrische Pflasterung mit weißem und schwarzen Stein unterstrichen wurde, die 1722 anstelle des früheren Ziegelpflasters verlegt wurde. Im frühen 19. Jahrhundert ließ sich Napoleon – er hatte gedroht, Venedig zu behandeln, als wäre er der Hunnenkönig Attila – dazu hinreißen, der Piazza als letzten Schliff noch ein Ballhaus anzufügen, heute das Museo Correr, das eine Kirche am hinteren Ende des Platzes ersetzte. Der Campanile, der 888 begonnen und 1329 in Ziegelbauweise vollendet worden war, stürzte 1902 ein und wurde bis 1912 »wie er war und wo er war« wieder aufgebaut.

Diese knappe Zusammenfassung der Baugeschichte sagt noch längst nichts über den Geist dieses Ortes, der vielleicht der bekannteste und beliebteste Platz der Welt ist. In *Italian Hours* beklagt Henry James »die Landplage der Touristen und Straßenhändler« um die Basilika herum, die er »die größte Marktbude auf einem großen Basar« nannte. Das war schon immer so. Bereits im Jahre 1000 drängten sich Pilgerunterkunfte um den Vorhof. Venedig war ständig ein Mekka für Besucher, und jedermann hat seine Meinung über die Stadt kundgetan. »Ich glaube nicht, daß es noch einmal so etwas auf Erden geben kann«, schrieb Petrarca im 14. Jahrhundert. Mark Twain fand, San Marco gleiche »einem riesigen, warzigen Käfer, der einen meditativen Spaziergang macht«.

Alles ist mit Geschichte oder Legende befrachtet. Die Granitsäulen, die die Piazzetta abgrenzen, wurden 1172 aus der Levante gebracht und ursprünglich zum Vertäuen von Booten und zur Hinrichtung von Verbrechern benützt, die zwischen ihnen aufgeknüpft wurden. Die Statuen, die die Säulen krönen, täuschen eine falsche Identität vor. Der Markuslöwe ist chinesisch, und das Standbild des heiligen Theodors, des ersten Patrons von Venedig, stammt aus Ägypten. Die vier griechischen Pferde aus vergoldeter Bronze, die einst die Fassade von San Marco krönten,

Francesco Guardi malte die Piazza San Marco im 18. Jahrhundert für Touristen.

Die modische Gesellschaft im Café Quadri im Jahre 1869, bald nachdem Venedig Teil des vereinigten Italien geworden war. Detail aus dem Gemälde Michele Cammaranos von der Piazza San Marco.

Da Venedig tiefer sinkt, wird die Piazza im Winter immer häufiger überschwemmt.

wurden 1204 als Kriegsbeute aus Konstantinopel nach Venedig gebracht. Und selbst der Stammbaum der Tauben reicht angeblich zurück bis auf die Vögel, die ab 877 am Palmsonntag nach dem Gottesdienst freigelassen wurden. Nach William D. Howells wurden Tauben, die man fing, gemästet und verspeist; aber alle anderen wurden unter Schutz gestellt und gefüttert – erst von der Republik, dann aus dem Erbe einer frommen Dame und seither von Besuchern.

Heute kommen die Besucher überwiegend im Sommer, wenn der Platz gedrängt voll ist. Der Landschaftsarchitekt Lawrence Halprin erlebte den Markusplatz im Winter und hat ihn als sein »größtes städtisches Erlebnis« in Erinnerung:

> »Es war kalt und neblig, und die Spitze des Campanile ragte aus dem tiefhängenden Seenebel eben gerade ins Sonnenlicht. Es war Flut, und die schwarzen und weißen Steine des kunstvoll gemusterten Pflasters waren von einer dünnen Wasserschicht bedeckt. Kein Laut war zu hören – kein Autoauspuff, kein Omnibus. Absolute Stille im Herzen einer Großstadt. In der Ferne konnte man schwach ein paar junge Leute singen hören. Plötzlich wurde die Luft schwarz von Vögeln, der Platz war erfüllt vom Flügelschlag von tausend Schwingen, der Lärm schwoll an, bis er ohrenbetäubend war, und der verlassene Platz füllte sich dicht mit Tauben. Der Lärm war unglaublich – beinahe beängstigend. Sie waren gekommen, um sich füttern zu lassen, und als sie fertig waren, flogen sie ebenso rasch wieder davon, und der große Platz lag wieder leer und still da.«

Zu Ehren wichtiger Gäste wurden auf der Piazza noch 1782 Stierkämpfe vorgeführt, und sie blieb bis zum Ende der Republik 1797 Bühne für die großen Zeremonien des Staates und der Kirche. Stierkämpfe verbinden die Piazza von Venedig mit den Plätzen Spaniens. Während der Gegenreformation im 16. Jahrhundert wurde die *plaza* oft durch königliche Erlasse in das überkommene Labyrinth mau-

Die Plaza Mayor von Madrid wurde 1617-1621 auf königlichen Befehl in das mittelalterliche Labyrinth der Stadt eingefügt.

Tarantella auf der Plaza Mayor in Madrid während des im Frühling stattfindenden Festes San Isidor, des Patrons der Stadt.

rischer Straßen eingefügt. Man wollte damit eine würdige Bühne schaffen, auf der die Rituale von Kirche und Staat zelebriert wurden. Hier konnte jedermann als Zuschauer an königlichen Festen und Proklamationen, Turnieren, Dichterwettbewerben und Heiligsprechungen teilnehmen oder bei Hinrichtungen von Ketzern zittern – gewöhnliche Kriminelle wurden außerhalb der Stadtmauern exekutiert.

Auf der Plaza Mayor von Madrid wurden Stierkämpfe bis 1846 veranstaltet, und im August finden sie noch heute auf der elliptischen Plaza Mayor von Chinchon 40 Kilometer südlich von Madrid statt. Hier und in Tembleque, 60 Kilometer südöstlich von Toledo, inspirierten die übereinander gelegenen Reihen von Galerien um die Plaza herum die Arenen, die seit dem 18. Jahrhundert zunächst in Ronda und Sevilla eigens für Stierkämpfe gebaut wurden.

Die erste rechteckige, einheitliche Plaza Mayor wurde 1561 auf Anordnung Philipps II. als Symbol königlicher Autorität in der kastilischen Stadt Valladolid angelegt. Sie blieb die einzige ihrer Art, bis sein Sohn, Philipp III., die Plaza Mayor in Madrid in Auftrag gab. Sie entstand zwischen 1617 und 1621 an der Stelle eines mittelalterlichen Festplatzes. Juan Gomez de Mora orientierte sich bei seinem Entwurf am Kloster-Palast Philipps II., El Escorial, und erzielte so eine strenge Größe. Er übernahm die steilen Schieferdächer und die Gaubenfenster über einer durchgehenden Arkade, die den Platz scharf von dem engen und gewundenen Gassengewirr um ihn herum trennt. Wie bei der zeitgleichen Place Royale in Paris war das beherrschende Merkmal des Platzes ein königlicher Pavillon, die Casa de la Pandería, von dem aus der König Zeremonien wie der Heiligsprechung Theresas von Avila (1622) beiwohnen und im Jahr darauf Charles Stuart, Prinz von Wales, empfangen konnte. Heute wirkt der Platz wie ein Überbleibsel aus dem Zeitalter des Absolutismus: steif, formell und offiziell, abgeschnitten vom Getriebe der nahegelegenen Puerta del Sol. Aber er dient als friedlicher Rückzugsort im Herzen der Altstadt und hält doch immer Überraschungen bereit. Im Mai ist er zehn Tage lang dicht gefüllt: Dann feiern ganze Familien mit Musik, Feuerwerk und Tanz auf dem Kopfsteinpflaster das Fest San Isidors, des Patrons von Madrid.

Auf der Plaza Mayor von Salamanca herrscht ständig eine festliche Stimmung. Sie wurde über hundert Jahre später geschaffen als die Plaza Mayor von Madrid, in einer ruhigeren Epoche, als die spanische Macht schon abzubröckeln begann. Sie wird von einem frohen, lyrischen Geist geprägt. »Sie summt, tanzt und singt«, schrieb der sowjetische Schriftsteller Ilja Ehrenburg bei seinem Aufenthalt in Salamanca im Jahre 1931, und er fuhr fort: »Die Einwohner der Stadt leben auf der Plaza und werden dort alt.«

Der Platz wurde während eines Besuches Philipps V. im Jahre 1710 geplant und von den Brüdern Churriguera entworfen. Sie schufen ansonsten vor allem Altäre mit überreichen Ornamenten. Nach ihnen wurde ein überladener Architekturstil benannt, der vor allem in der Neuen Welt außerordentlich beliebt wurde. In Salamanca gelang den Churrigueras zwischen 1728 und 1755 eine überraschend disziplinierte, jedoch elegante Komposition aus demselben scharf geschnittenen, gelblichen Stein, der überall in dieser Stadt für Kirche und Paläste verwendet wird.

Die Plaza ist so einheitlich wie ein einziges Gebäude, das um einen großen Innenhof herum angelegt ist. Der Raum, ein fast perfektes Rechteck, wird umschlossen von einer durchgängigen, dreistöckigen Häuserreihe, die über einer durchgehenden Arkade aufsteigt. Die Fassaden sind gegliedert durch flache Fensternischen und Läden und gekrönt von Geländern mit Blattknäufen. Vollplastiken ehren Helden und Herrscher; König Carlos und Königin Sophie wurden kürzlich neu in diese Galerie aufgenommen. Das vorherrschende Merkmal ist nicht der

Die elliptische Plaza Mayor von Chinchon. Die übereinander gelegenen Reihen von Galerien, die den Platz umgeben, werden vorübergehend durch hölzerne Sitzreihen und Barrieren ergänzt, wenn die Stierkämpfe im August herannahen. Ähnliche Reihen von Galerien umgeben auch die Plaza Mayor von Tembleque (links). Solche Galerien inspirierten den Bau von Arenen speziell für Stierkämpfe.

Pavillon des Königs, sondern das Ayuntamiento, das Rathaus, das kühn aus der nördlichen Reihe hervortritt. Erweiterte Bogen markieren die Zugänge von acht Straßen. Die Zurücksetzung der Bogen an den Ecken erlaubt, daß der Platz als dreidimensionale Struktur wahrgenommen wird, und schafft eine optische Verbindung zu kleineren, angrenzenden Plätzen. Ein breiter Bogen und Treppen führen hinunter zu dem überdachten Markt. Während die Plaza von Madrid wirkt, als sei sie brutal in ihre Umgebung hineingegepreßt worden, ist die von Salamanca räumlich integriert. Der Platz ist für die Stadt, was die Stadt für das umgebende Land ist: ein wichtiges Zentrum für soziale, gesellschaftliche und kulturelle Aktivitäten.

Aus ganz Europa strömen Studenten an die Universität von Salamanca wie stets seit dem 13. Jahrhundert, und sie füllen die Cafés und Restaurants in und vor den Arkaden. Ein paar wenige Glückliche können durch heruntergekommene Treppenhäuser zu Zimmern hinaufsteigen, die zum Platz hin liegen. Ein Buchmarkt schafft sein eigenes Karree von Ständen innerhalb des großen Gevierts und ist um zehn Uhr abends gut von leselustigen Kunden besucht. Um sie herum wogt eine dichte Masse von Spaziergängern bei ihrem Abendbummel. Kinder sind ebenso unermüdlich wie ihre Eltern, und die Arkaden hallen wider vom Geschrei der kleinen Engel, die gerade ihre Erstkommunion in der Kathedrale erhalten haben. Laternen werfen ein weiches Licht auf die Fassaden. Unsichtbar in der Dunkelheit

Die Plaza Mayor von Salamnca ist so einheitlich und klar wie ein einziges Gebäude, das um einen großen Innenhof herum angelegt ist.

ist der Schutzgeist des Platzes: ein Storch, der sein Nest im romanischen Turm von San Martin gebaut hat.

Spanien zwang all seinen Ländereien ein ähnliches Muster auf. In den Niederlanden polierte es die freien freien Handelsstädte zu wahren Kleinodien auf. Vom 15. Jahrhundert an arbeiteten die Herzöge von Burgund, damals Statthalter des spanischen Königs, mit den Stadträten zusammen, um Marktplätze in geeignete Szenarien für Bürgerfeste zu verwandeln. Nach Pierre Deyon blendeten aufwendige Festivals und Auftritte des Königs die Massen, absorbierten den Ehrgeiz führender Bürger und trösteten beide Gruppen über den Verlust ihrer politischen Macht hinweg. Mittelalterliche Feste waren häufig eine ungebärdige Mischung des Frommen und des Obszönen gewesen. Vom 16. Jahrhundert an übte die Elite Kontrolle aus und schuf symbolische *tableaux vivants*, Triumphbögen und andere kunstvolle Dekors als Rahmen, vor dem der Herrscher die Huldigungen seiner Untertanen entgegennahm und formell versprach, ihre Rechte zu respektieren.

Eine Blaskapelle spielt vor dem Rathaus auf der Plaza Mayor von Salamanca.

Die Grand' Place von Brüssel, die Victor Hugo als »den schönsten Platz der Welt« bezeichnete, wurde von einer Reihe von Herrschern verschönert. Der Platz begann als Markt auf einer trockengelegten Marsch neben der Pfalz aus dem 10. Jahrhundert, die den Kern der Stadt bildete. Brüssel wurde zu einer wohlhabenden Handels- und Textilstadt und ein Sitz des Hofes der Herzöge von Brabant (1348) und später von Burgund. Der Stolz der Bürger fand seinen Ausdruck im gotischen Hôtel de Ville, dem Rathaus mit seinem 90 Meter hohen Belfried (1402-54), und dem 1515 begonnenen Maison du Roi. Als die Stadt ihre wirtschaftliche Bedeutung verlor, wurde der Platz zu einem Prunkstück des Luxus umgestaltet. Die Märkte wurden auf angrenzende Straßen und Plätze verlegt.

Alles bis auf den Turm wurde beim französischen Bombardement im Jahre 1695 zerstört, aber nach vier Jahren war der Platz glanzvoller als je zuvor wieder aufgebaut. Die Stadtregierungen machten Neubauten genehmigungspflichtig. Nun mußten die Häuser aus Stein gebaut werden, glatt und ohne vorspringende Stockwerke. 39 Zunfthäuser umgeben den Platz. Die meisten haben Giebel in der flämischen Version des italienischen Barock und sind mit Statuen von Tugenden, Zunftzeichen, vergoldeten Säulen und allegorischen Reliefs geschmückt. Die Reihe üppiger Fronten erinnert an eine Versammlung freier Bürger, die am Rand einer großen Halle in Samtwämsern mit Goldborten stehen. Die letzte Ergänzung war das Maison du Roi. Nachdem eine frühere Rekonstruktion eingestürzt war, unternahm man im späten 19. Jahrhundert einen weiteren Versuch, der auf dem ursprünglichen, gotischen Entwurf basierte. Während die Arbeiten noch im Gange waren, wurde der Plan so verändert, daß das Haus einer mittelalterlichen Festung glich und einen passenden Hintergrund für ein Ritterturnier abgab, das 1891 stattfand.

Auf der Grand' Place ersteht mittelalterlicher Glanz an jedem ersten Donnerstag im Juli wieder. An diesem Tag findet dort der Ommegang statt, eine Prozession in altertümlichen Kostümen, die im Jahre 1348 von der Gilde der Armbrustschützen zu Ehren der Jungfrau Maria eingeführt wurde. Ähnliche Attraktionen sind die sommerlichen Ton-und-Licht-Veranstaltungen. Der spärliche Autoverkehr auf dem Platz wird angehalten, und wenn die Musik einsetzt, verstummen alle Geräusche auf dem Platz. Die Cafés bieten Orchestersessel für das Schauspiel. Im Hôtel de Ville glühen die senkrecht stehenden Dachfenster scharlachrot wie in Erinnerung an die Bombardierung, Lichter funkeln von Bleiglasfenstern zurück und werfen geheimnisvolle Schatten auf die überreich verzierte Fassade. Der in Scheinwerferlicht getauchte gotische Spitzturm hebt sich von der Dunkelheit ab wie eine

Das Gemälde Sonntagsmarkt in Brüssel *aus der Mitte des 19. Jahrhunderts von Charles Dommerhuyzen zeigt das gotische Rathaus an der Grand' Place.*

Im Sommer werden die Fassaden an der Grand' Place jeden Abend angestrahlt, nachdem die tägliche Ton-und-Licht-Show beendet ist.

Am ersten Sonntag im Juli ist die Grand' Place Schauplatz des Ommegangs (unten), einer Prozession zu Ehren der Jungfrau Maria, die bis auf das Jahr 1348 zurückgeht.

startbereite Rakete. Der Mond steigt über das Dach empor, verschleiert und fern. Wenn die Musik endet, strahlen Lichter aus den im ersten Stockwerk gelegenen Restaurants. Jede Fassade wird beleuchtet, so daß phantastisch kunstreiche Strukturen sichtbar werden und die gezackte Silhouette der Dächer den Platz säumt.

Die Grand' Place von Brüssel und die Plaza Mayor von Salamanca sind im Geiste klassisch und im Schmuck barock: Ebenso wie die Piazze der italienischen Renaissance sind sie ausgeglichen und geschlossen wie Palasthöfe. Die französischen *places royales* aus dem 17. Jahrhundert gehören derselben Tradition an und wurden zu einem ähnlichen Zweck geschaffen: als Symbole für Macht und Ruhm in einer ungeordneten Welt.

Paris hatte im Jahre 1600 eine Bevölkerung von einer halben Million und lediglich zwei öffentliche Plätze: den Vorhof von Notre-Dame und die Place de Grève, heute Place de l'Hôtel-de-Ville, aber damals waren beide viel kleiner als im 19. Jahrhundert. Offener Raum war der Nutzung durch die Kirche, die Krone und den Adel vorbehalten; die breite Masse der Bevölkerung war in ein unhygienisches Gewirr von engen Gassen und Mietshäusern innerhalb der mittelalterlichen Mauern eingepfercht. Von dem engen Dreieck der Place Dauphine auf der Ile de la Cité, 1606 begonnen von Heinrich IV., bis zur weitläufigen Place de la Concorde, eingeweiht von Ludwig XV. im Jahre 1763, war es der erklärte Zweck dieser Bau-

Die Place des Vosges im Pariser Bezirk Marais wurde 1612 als Place Royale eingeweiht. Sie bot exklusiven Wohnraum und einen freien Platz für königliche Feste.

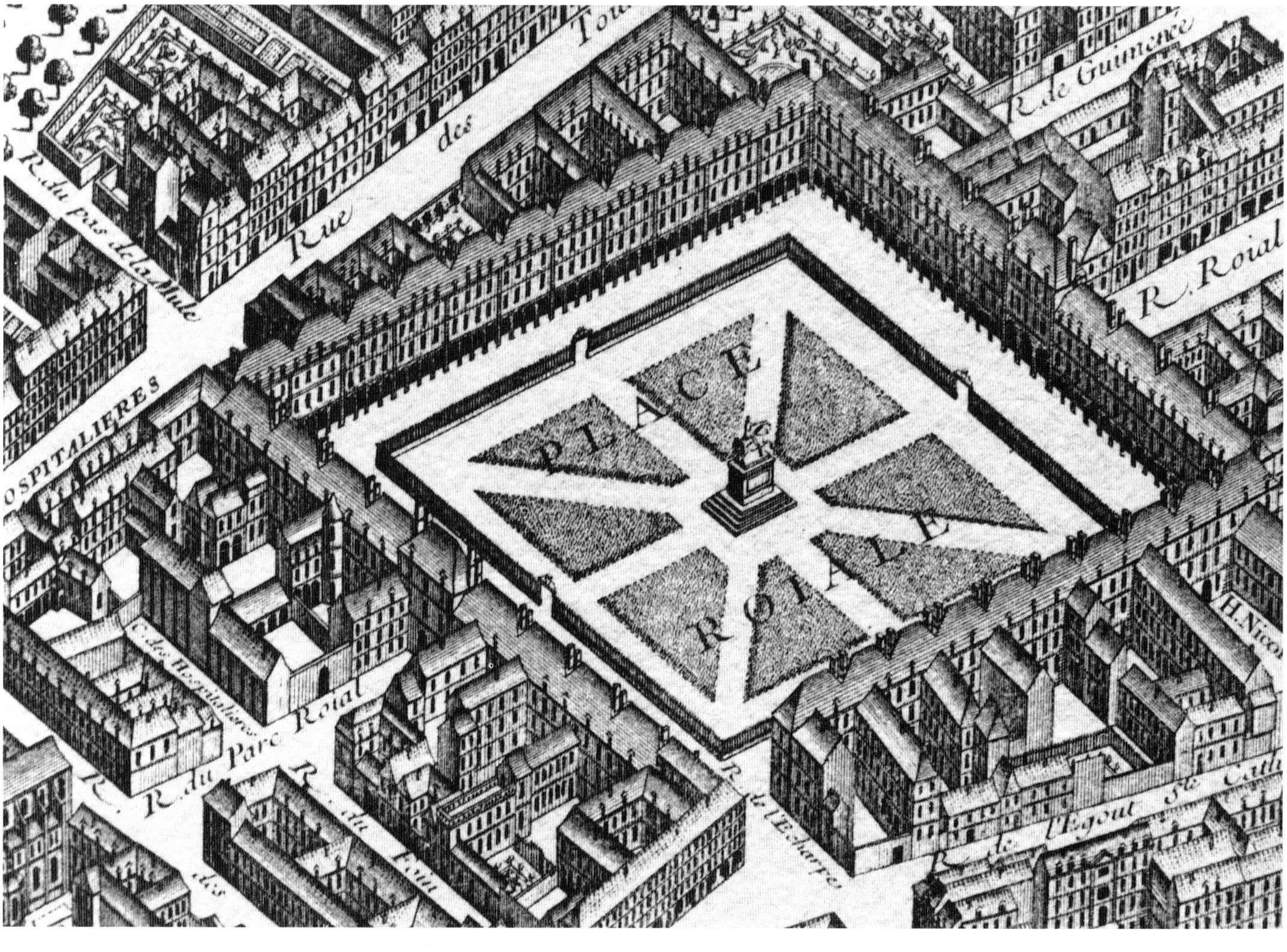

werke, die Monarchie zu verherrlichen. Damit leisteten sie auch einen Beitrag dazu, die Stadt zu entwickeln und nutzbaren öffentlichen Raum zu schaffen.

Der erste geplante Platz in Paris war die Place Royale, heute Place des Vosges, die Heinrich IV. 1605 als Schauplatz für königliche Feste und als Zentrum des Bezirks Marais in Auftrag gab. Das Marais war ein aristokratischer Vorort, in dem Adelshäuser kirchliche Gebäude verdrängt hatten, die im 12. Jahrhundert auf trokkengelegtem Sumpfgebiet errichtet worden waren. Der Platz wurde auf dem Grundstück des ehemaligen Palastes Hôtel de Tournelles angelegt, auf dessen Gelände Heinrich II. bei einem Turnier fünfzig Jahre zuvor ums Leben gekommen war und wo sich inzwischen ein Pferdemarkt befand. Mark Girouard meint, der symmetrische, arkadengeschmückte Platz sei durch die kurz vorher vollendete Piazza von Livorno, einer nach Plan gebauten florentinischen Hafenstadt, inspiriert worden. Italien übte ohnehin einen starken Einfluß auf Frankreich aus, und Heinrich war zudem mit Maria von Medici verheiratet. Der erste Plan sah noch die Ansiedlung von Handel und Gewerbe vor: An einer Flanke sollte eine Seidenspinnerei liegen und nicht wie in Livorno eine Kirche; an den anderen Flanken sollten unter den Arkaden Geschäfte eingerichtet werden und in den oberen Stockwerken Wohnungen

Der Platz wurde schließlich von Clément Métezeau als reiner Wohnbereich ohne Mietshäuser entworfen. Métezeau hatte schon am königlichen Palast in Fontainebleau mitgearbeitet. Sein Plan sah 36 Häuser mit einheitlichen dreistöckigen Ziegel- und Steinfassaden, eine durchgehende Arkade und Gaubenfenster in steil geneigten Schieferdächern vor. Jede Seite ist etwa 135 Meter lang, und der Platz ist zugänglich durch Bogen unter dem Pavillon du Roi auf der Nordseite und dem Pavillon de la Reine direkt gegenüber. Ursprünglich gab es auch einen Zugang an einer Ecke, und 1765 lief eine Durchgangsstraße an der Nordseite entlang. Die Place Royale war ein durchschlagender Erfolg. Sie wurde 1612 mit einem dreitägigen Fest und Turnier anläßlich der Hochzeit Ludwigs XIII. mit Anna von Österreich eingeweiht. Kardinal Richelieu, Molière, Corneille, Minister und Adelige

Der Bezirk Marais hat nach einer langen Zeit des Niedergangs neuerdings einen spektakulären Aufschwung genommen (links). Heute florieren Restaurants in den Arkaden der Place des Vosges.

Während der französischen Revolution wurden Bäume auf der Place des Vosges gepflanzt (oben); später stellte man eine Statue von Ludwig XIII. auf, die eine 1792 gestürzte Statue ersetzte.

Die Place Ducale ist das Herzstück der nach Plan gebauten Stadt Charleville im Nordosten von Frankreich. Sie wurde nur wenige Jahre nach der Place des Vosges vom selben Architekten entworfen.

gehörten zu den ersten Anwohnern, und der weite, mit Kies bestreute Platz wurde zu einer Promenade für elegante Wagen und Reiter, ein Muß für Besucher der Stadt. Richelieu gab 1639 eine Reiterstatue von Ludwig XIII. für den Platz in Auftrag, die später eingezäunt und mit geometrisch bepflanzten Blumenbeeten umgeben wurde.

Der Platz begann an Status zu verlieren, als Ludwig XIV. seinen Hof im Jahre 1686 nach Versailles verlegte, und am Ende des 18. Jahrhunderts war das Marais zu einem Bezirk mit Handwerksbetrieben und armen Einwanderern abgesunken. Victor Hugo lebte dort noch in dem Haus, das heute ein Museum zu seinen Ehren beherbergt. In der Revolution wurde die Statue gestürzt und eine Lindenallee gepflanzt. Der Platz änderte nun seinen Namen mit jedem Regierungswechsel: Fédérés, Indivisibilité, Vosges nach dem *département*, das nach der Revolution zuerst seine Steuern bezahlte, dann abwechselnd Royale und République, wann immer die Monarchie wieder eingeführt und abgeschafft wurde.

1966 wurde das Marais zum historischen Bezirk erklärt, und ein Großteil seines Glanzes aus dem 17. Jahrhundert ist seitdem wiederhergestellt worden. Die Place des Vosges hat neuerdings wieder einen spektakulären Aufschwung genommen. Ihre Arkaden, die bis vor wenigen Jahren verlassen dalagen, sind mit den Tischen von Restaurants gefüllt, Galerien und Antiquitätenhändler machen gute Geschäfte, und die Fassaden – aus echten oder imitierten Ziegeln – werden sorgfältig restauriert. Die Kastanien, die sich um die wieder aufgestellte Statue gruppieren, sind so hoch geworden, daß sie den freien Blick auf den Platz als Ganzes verdecken, die Grünanlagen spiegeln den Geschmack des 19. Jahrhunderts, und die Straße ist von parkenden Autos verstopft. Dennoch ist dieser Platz außergewöhnlich.

Als sich die Place des Vosges der Vollendung näherte, entwarf Clément Métezeau die Place Ducale als Herzstück von Charleville in Nordostfrankreich. Die Stadt wurde von Charles de Gonzague nach einem Schachbrettraster geplant. Die

Elemente sind ähnlich, aber die Wirkung ist völlig anders: Bei der Place des Vosges sind die Straßenzugänge verborgen; hier schneiden sich zwei Achsenstraßen an der zentralen Statue. Die arkadengeschmückten Häuser werden in der Differenzierung ihrer Fassaden von Schieferdächern akzentuiert. Sie sind steil wie der Hut eines Zauberers. Ein häßliches Rathaus hat den Herzogspalast ersetzt, der früher die Westseite schloß. Die Ziegelwände sind von gemalten Aushängeschildern bedeckt. Der Platz erinnert an eine vom Raufen mitgenommene Promenadenmischung, der ein Ohr fehlt und die eine Pfote verbunden hat, sonst aber voller Leben steckt und Charakter hat.

Charleville zeigt, wie die Franzosen die italienischen Prinzipien neu interpretierten. Sie betonten die geraden Linien als Ausdruck von Vernunft und Willen des Menschen und stellten eine Statue des Herrschers in die Mitte. Sie symbolisierte dessen Autoriät und schloß die Blickfelder der Achsen. Diese *places royales* waren eine französische Erfindung des 17. Jahrhunderts, die noch im 18. Jahrhundert bei einer Reihe von Plätzen in Provinzhauptstädten nachgeahmt wurde. Ihre Spuren finden sich bis in Lissabon und Kopenhagen.

Adelige Landbesitzer nutzten die Gelegenheit, dem König einen Platz zu widmen, um bei Siedlungsprojekten Beschränkungen zu umgehen. So stellte der Duc de la Feuillade in Paris das Land für die runde Place des Victoires zur Verfügung,

Jules Hardouin-Mansarts Vorschlag aus dem Jahre 1688 für einen Königsplatz vor dem Herzogspalast in Dijon. Der Platz existiert noch immer, allerdings ohne Statue, als Place de la Libération.

die 1685 von Jules Hardouin-Mansart entworfen wurde. Der französische Architekturhistoriker Pierre Lavedan nannte sie »ein Heiligtum für den König«. Derselbe Architekt entwarf den Platz in Dijon, heute Place de la Libération (1688-1725), mit seiner halbkreisförmigen Abgrenzung, die einen öffentlichen Vorhof als Ergänzung des Herzogspalastes bildet. Von der Place des Victoires sind nur noch Bruchstücke übrig. In Dijon ist die Statue vom Platz verschwunden, und der Verkehr braust über ihn hinweg.

Hardouin-Mansarts Meisterwerk und noch immer der nobelste Platz in Frankreich ist die Place Vendôme, die 1699 als Place Louis le Grand auf einem Gelände eingeweiht wurde, das früher dem Herzog von Vendôme gehört hatte. Sie liegt nördlich der Tuilerien. Der Platz sollte zum Fokus für die westliche Ausdehnung von Paris ins offene Land hinaus werden. Wenige Überlegungen haben sich als so weitsichtig erwiesen. Der Architekt entwarf eine Reihe von Palastfassaden auf einem Rechteck von 126 mal 132 Metern mit abgeschrägten Ecken. Wie die Place des Vosges war der Platz für den Durchgangsverkehr gesperrt, und die kurzen Ausblicke nach Norden und Süden hin wurden von Klöstern begrenzt. Die Reiterstatue Ludwigs XIV. von François Girardon wurde im August 1699 mit einem glanzvollen Fest eingeweiht, aber es dauerte noch weitere zwanzig Jahre, bis die vollständigen Gebäude hinter den Fassaden fertiggestellt waren.

Auf diesem Ehrenplatz des Königs und der Residenz von Herzögen wurden im Juni 1792 in einem Jubelfeuer die königlichen Titeldokumente verbrannt. Köpfe, die unter der Guillotine gefallen waren, wurden auf Spieße gesteckt und aufgestellt.

Hardouin-Mansarts Meisterwerk war die Place Vendôme in Paris. Dieser Stich von Aveline aus dem 18. Jahrhundert zeigt, wie sie ursprünglich als Place Louis le Grand aussah.

Die 44 Meter hohe Säule auf der Place Vendôme, die 1806 errichtet wurde, um Napoleons Sieg bei Austerlitz zu feiern, ist auf diesem Stich aus dem Jahre 1830 von Berger in ihrer ursprünglichen Form zu sehen.

Die zerstörte Statue wurde 1808 durch eine 44 Meter hohe Säule ersetzt, die aus erbeuteten Geschützen gegossen worden war, und mit einer Statue von Napoleon gekrönt. Sie ist mit Kupferreliefs von der siegreichen Schlacht bei Austerlitz geschmückt, die sich wie bei der Trajanssäule in Rom spiralförmig in die Höhe winden. 1871 stachelte der Maler Gustave Courbet die Kommunarden, die in Paris die Macht an sich gerissen hatten, dazu an, die Säule zu stürzen – aus ästhetischen ebenso wie aus politischen Gründen. Leider – denn sie paßt in der Proportion nicht zu dem Platz – wurde die Säule wieder aufgerichtet.

Seither war die Place Vendôme Tummelplatz der Reichen, literarischer Größen von Proust bis Hemingway und von allerlei Käuzen. Der Scharlatan Franz Mesmer und der Verleger von Henry Millers *Wendekreis des Krebses* lebten hier. Chopin starb in Nr. 12, und der spätere Eduard VII. kaufte als Prinz von Wales seine Krawatten bei Charvet in Nr. 28. Das Ritz belegt seit 1896 die Hausnummer 15 neben dem Justizministerium; Schiaparelli und Chaumier sind tonangebend für die Geschäfte. Die Überheblichkeit des Reichtums hat die der edlen Geburt ersetzt. Die übelste Veränderung kam mit der Revolution, denn damals wurden die Klöster abgerissen, die den Platz vom Durchgangsverkehr abschnitten. Jetzt fließt ein endloser Strom von Touristenbussen, Autos und Lastwagen über den Platz und zerstört die beabsichtigte Stille.

Zwei sehr wenig bekannte Königsplätze Frankreichs liegen Seite an Seite in Rennes, der Hauptstadt der Bretagne. Die Stadt ist charmant, wenn auch verschlafen, da sie jedoch keine gotische Kathedrale, kein Schloß und keine Aussicht auf die Berge bietet, wird sie im Blauen Führer äußerst knapp abgehandelt. An der Place du Parlement de Bretagne, früher die Place Louis XIV., steht der Justizpalast aus dem 17. Jahrhundert mit seinem breiten Schieferdach und auf den anderen drei Seiten Jacques Gabriels vierstöckige Häuserreihe mit ihrer ionischen Kolonnade, die von einer hohen Bruchsteinbasis aufragt. Der Platz wurde 1720 begonnen, aber

In Rennes, der Hauptstadt der Bretagne, feiert die Feuerwehrkapelle Harmonie Municipale ihren 125. Geburtstag. Nachdem sie im Triumphzug durch die Stadt marschiert ist, kehrt sie zur Place de la Mairie (oben links) zurück, wo sie sich vor dem Theater aufstellt. Menschenmengen schieben sich über den Platz (oben rechts), während sich neben dem Theater ein Karussell dreht.

die Südseite wurde erst nach dem Ersten Weltkrieg fertiggestellt. Lavedan zählt den Platz »zu den vollkommensten Werken der französischen Architektur«.

Einen Block weiter liegt die größere und lebhaftere Place de la Mairie, die ursprünglich Ludwig XV. gewidmet war. Dort steht Gabriels Hôtel de Ville (1734-1743) und gegenüber das Theater (1856), zwischen ihnen liegt eine kopfsteingepflasterte, weite Fläche. Die beiden getrennt geplanten Gebäude ergeben ein perfektes Ensemble: Mann und Frau neigen sich einander zu, als wollten sie sich umarmen. Das Rathaus besteht aus zwei rechteckigen und strengen Gebäudeteilen und hat einen zurückgesetzten Turm in der Mitte; das Theater ist gerundet und sinnlich. Dazwischen liegen unterschiedliche, aber harmonisch zusammenpassende, klassizistische Blocks, die meist eine blasse Stuckfassade haben. Die stark befahrenen Straßen, die an den Seiten und an der breiten Querachse entlanglaufen, enden optisch alle an Gebäuden, die die geschlossene Wirkung des Platzes bewahren.

In Frankreich ist es Tradition, daß ein Platz der Öffentlichkeit zugänglich sein muß; selbst auf der eleganten Place Vendôme fand einmal im Jahr ein Markt statt.

Rennes bekam im 18. Jahrhundert zwei Königsplätze: die Place Louis XIV. (heute Place du Parlement du Bretagne) und die Place de la Mairie.

Der St. James's Square in London in einem Aquatintastich aus dem Jahre 1812 von Thomas Ackerman. Der Platz wurde ab 1670 vom Earl of St. Albans als Enklave für einfache, aber moderne Häuser entwickelt, die nur wenige Minuten vom königlichen Hof entfernt lagen.

Das ist nach Mark Girouards Ansicht der Grund, daß nur wenige Pariser Plätze elegante Wohnorte wurden oder lange blieben, denn die Oberschicht wollte ein Stadthaus, das durch einen Vorhof und einen geschützten Zugang von der Straße abgesetzt war. Da diese Annehmlichkeiten fehlten, wurden die Häuser an der Place des Vosges und der Place Vendôme bald in Mietwohnungen aufgeteilt. Girouard weist darauf hin, daß in London die Reichen und Hochwohlgeborenen völlig zufrieden waren, wenn sie ein einfaches Reihenhaus mit Zugang vom Bürgersteig her und nach hinten gelegenen Stallungen für Pferde und Kutschen hatten. In England hielt die gehobene Gesellschaft die Stadt für einen Ort, den man nur zeitweilig von den Landsitzen aus besuchte. Man verbrachte dort jedes Jahr ein oder zwei Monate und kümmerte sich um seine Geschäfte.

Nach einem zaghaften Anfang im 17. Jahrhundert wurden Plätze bald wichtigstes Element der Ausdehnung Londons nach Westen und avancierten zu den beliebtesten Wohnorten. Abgesehen vom Trafalgar Square und dem Sloane Square waren alle nur für Wohnungen an dem offenen Raum gedacht, auf dem später eingezäunte Parkanlagen entstanden. Eine Übersicht aus dem Jahre 1907 nennt einhundert solcher Plätze; die meisten wurden zwischen 1750 und 1850 angelegt. Viele waren von den gleichen bescheidenen Reihenhäusern umgeben, die auch die Nachbarstraßen säumten. Dennoch konnte ein Augenzeuge des 18. Jahrhunderts über den 1695 begonnenen Grosvenor Square schreiben, er sei »geradezu der Brennpunkt von feudaler Großartigkeit, Mode, Geschmack und Gastfreundlichkeit«.

In Oskar Wildes Theaterstück *Ernst sein ist alles* führt Jack Worthington sein Haus am Belgrave Square 149 als Beweis dafür ins Feld, daß er ein würdiger Freier sei. Die Mutter des Mädchens, das er gerne heiraten möchte, zeigt sich wenig beeindruckt:

> »Lady Bracknell: Die unmoderne Seite. Ich dachte mir schon, daß etwas dran ist. Doch das könnte leicht geändert werden.
> Jack: Meinen Sie die Mode oder die Seite?
> Lady Bracknell (streng): Vermutlich beides, wenn nötig.«

Das gesellschaftliche Zentrum Londons hat sich wie in Paris in den letzten 300 Jahren stetig weiter nach Westen verschoben. Seine Plätze florierten, denn sie nährten in ihren Anwohnern die Illusion, in einem Palast zu wohnen und auf einen privaten Park hinauszuschauen – die Romantik des Landlebens, verbunden mit den Annehmlichkeiten der Stadt. Wichtig war auch, daß die englischen Monarchen in London Hof hielten, anstatt sich in ein fernes Versailles zurückzuziehen. St. James's Square wurde ab 1670 vom Earl von St. Albans, einem Günstling Charles' II., entwickelt. Der Platz liegt nur wenige Minuten vom Königspalast entfernt. Im Jahre 1721 zählten sechs Herzöge, sieben Grafen und eine Reihe von Botschaftern zu seinen Anwohnern. Und doch waren die Häuser, wie Sir John Fielding 1776 notierte, »eher für die Annehmlichkeit ihrer wohlhabenden und noblen Eigentümer gebaut als dafür, beim Betrachter Entzücken auszulösen«. Die Anwohner beurteilten die Häuser an der Südseite als »skandalös grob und unregelmäßig«. Verschwenderische Innenausstattungen wurden hinter einfachen und eintönigen Fassaden verborgen.

Den großen Plätzen im West End von London erging es in diesem Jahrhundert schlecht. Steuern fraßen die Privatvermögen auf, und adelige Familien verkauften ihre Häuser, um ihre Landsitze zu erhalten. Die Aristokraten, die als erste Plätze anlegten und nach ihren Familien benannten, ersetzten Wohnhäuser durch Büros, die doppelt so groß und viel weniger vornehm waren. So erging es schon frühzeitig dem Leicester Square, der in den Times Square verwandelt wurde. Seit 1930 wurden am Berkeley, Hanover, Russell und Cavendish Square fast alle alten Häuser abgerissen. Der Grosvenor Square wird von der amerikanischen Botschaft und von einer acht Stockwerke hohen Wand neo-georgianischer Mietshäuser beherrscht. Der Verkehrslärm um den St. James's Park herum ist so ohrenbetäubend, daß man sich nur schwer vorstellen kann, daß 1899 die größte Sorge der Verwalter Lady Strafford war, die »den Platz fortwährend zum Radfahren benutzte«.

Es ist sattsam bekannt, daß die Engländer Bäume mehr schätzen als Häuser, so wie sie Hunde den Menschen vorziehen. Als ein Sturm 1986 die uralten Eichen in Südengland fällte, wurde das als nationale Tragödie betrauert. Die Londoner haben die Entweihung ihres architektonischen Erbes geduldet, hüten jedoch eisern die parkähnlichen Gärten, die Neubauten verbergen oder von ihnen ablenken. Fremde sind schon seit langem von diesen einzigartigen englischen Arrangements entzückt. 1791 drückte ein italienischer Besucher seine Überraschung darüber aus, »weite Plätze mit Gärten zu sehen, in denen die Bewohner der umliegenden Häuser, die einen Schlüssel zu dem Garten besitzen, spazierengehen können«.

Der Städtekenner Steen Eiler Rasmussen schwärmte in den 30er Jahren dieses Jahrhunderts von Bloomsbury, als dort noch eine stabile Gemeinschaft mit ausgeprägten literarischen und künstlerischen Interessen lebte. In *London: the Unique City* schrieb er:

> »An einem sonnigen Sommertag kann man stundenlang unter frischen grünen Bäumen von einem Platz zum anderen gehen und Tausende von kleinen, runden Flecken sehen, die die Sonne auf die grünen Rasenflächen wirft. Aber in der dunklen Jahreszeit sind die alten Plätze nicht minder attraktiv. Am Nachmittag, wenn die Lichter in den Häusern angezündet werden, wenn der Tee serviert wird – dieses Ritual, das den Engländern so heilig ist –, wenn London verschluckt wird von der Feuchtigkeit und dem Nebel derselben gelblichen Farbe wie der Tee, wirkt der Londoner Platz, als läge er am Grunde des Meeres, unter Ästen, deren undeutliche Umrisse ein Muster bilden, das wie Seetang aussieht, der über einem schwimmt.«

Das war zweihundert Jahre lang das Image des Londoner Platzes, seit die ersten

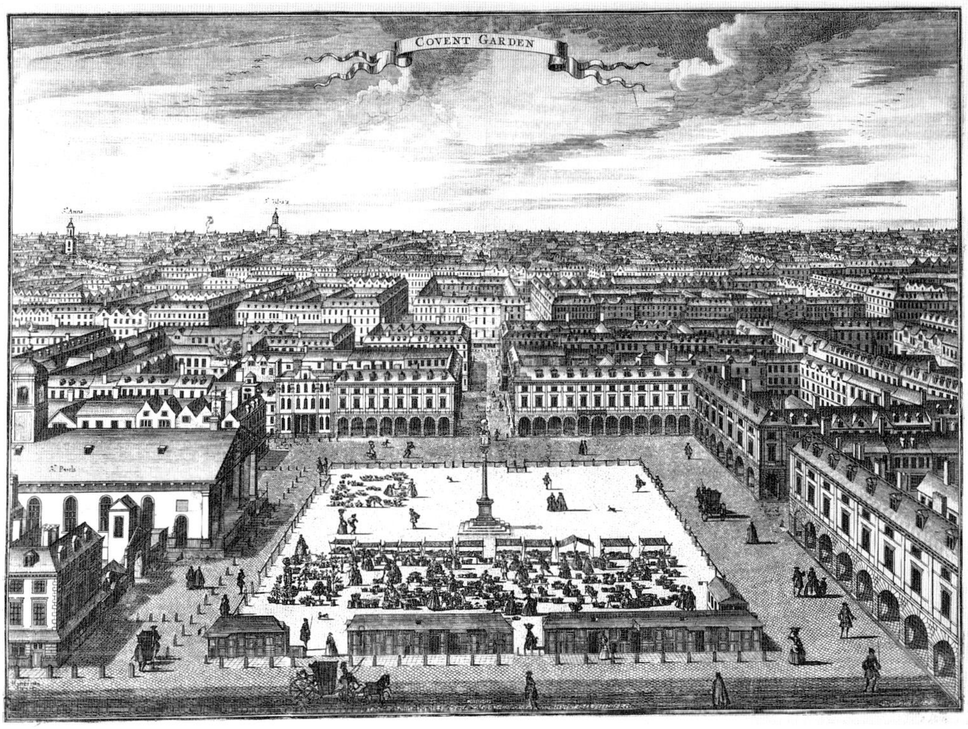

Stich von Sutton Nicholls (links), ca. 1728, von Covent Garden in London. Der Platz wurde von Inigo Jones für »Personen höchsten Standes« entworfen, verkam aber rasch zum Gemüsemarkt und verlor seinen gesellschaftlichen Rang.

Die Arkaden (rechts) – eine Neuheit aus Italien – wurden als Piazza von Covent Garden bekannt. Stich von John Boydell, 1770.

Platanen innerhalb eines Eisenzaunes gepflanzt wurden. Die ersten Verbesserungen wurden vom Vorbild Paris inspiriert: Sutton Nicholls' Stiche nach 1720 zeigen säuberlich eingezäunte Blumenbeete und Büsche mit axialen Fußwegen nach französischem Geschmack. Entweder wurden sie später nur mittelmäßig gepflegt, oder der Künstler betrachtete die Stadt durch eine rosarote Brille. Im Jahre 1771 bemängelte ein Kritiker am Hanover Square, er sei weder offen noch geschlossen: »Jede Annehmlichkeit wird ausgesperrt und jedes Ärgernis hereingenommen. Für Wagen gibt es eine schmale, schlecht gepflasterte Straße, und die Mitte sieht aus wie ein Viehhof, in dem sich im Winter Lumpenpack zum Glücksspiel versammelt, bis zu den Knöcheln im Schmutz.«

Die frühesten Londoner Plätze waren Spekulationsobjekte: Covent Garden im Jahre 1631, Leicester Square 1635 und die Lincoln's Inn Fields im Jahre 1638. Covent Garden verdankte seinen Namen dem Obstgarten des Klosters St. Peter in Westminster, das die Krone konfisziert und der Familie Russell geschenkt hatte. Ein Jahrhundert später bat der Earl of Bedford um Erlaubnis, diese Ländereien nördlich von seinem Stadthaus am Strand gestalten zu dürfen. Karl I. forderte, der Platz müsse ein Schmuck für die Stadt werden. Der Herzog beauftragte Inigo Jones, den berühmtesten englischen Architekten seines Zeitalters, Londons erste und einzige italienische Piazza zu bauen. Jones griff bei dem Entwurf der beiden Häuserreihen mit ihren Arkaden aus Buckelstein und der tempelartigen Kirche mit den flankierenden Hauserblocks auf das Vorbild von Livorno und die Place des Vosges zurück. Der Garten von Bedford House grenzte an die Südseite an.

Aber Covent Garden, gedacht als Wohnort für »Personen des höchsten Standes«, entwickelte sich anders. Im Bürgerkrieg kamen die Royalisten um, die dort hätten wohnen sollen. Händler stellten Stände unter den Arkaden und vor der Gartenmauer auf. Im Jahre 1670 erhielt der Earl vom König das Privileg, in Covent Garden einen Blumen, Obst- und Gemüsemarkt einrichten zu dürfen, und die Stände breiteten sich gleichmäßig über die Piazza aus. Die Arkaden wurden zu einem beliebten Treffpunkt, und Tavernen und Kaffeehäuser florierten. Die Besucher kamen meist vom Drury Lane Theater, das 1663 seine Pforten geöffnet hatte. Öffentliche Bäder folgten, und der Platz wurde später als »der Aufenthaltsort von heruntergekommenen Lebemännern und schamlosen Dirnen« bezeichnet. Ein Gemälde von Hogarth aus dem Jahre 1738 zeigt die Ausschweifungen in liebevollen Details.

Angesehene Maler hatten zu den ersten Anwohnern gehört. Volkstümlichere Künstler zogen ein, als die vornehmen auszogen. Die Historikerin Celina Fox identifizierte sogar eine »Covent Garden Group« überwiegend eingewanderter Künstler, die nach der realistischen flämischen Tradition arbeiteten. Sie befriedigten die Nachfrage nach Stadtansichten, malten den Markt und dokumentierten sein buntes, pulsierendes Leben. Bedford, inzwischen Herzog geworden, zog 1700 nach Bloomsbury um. Im 18. Jahrhundert wurde der Platz immer chaotischer. Häuser wurden planlos ohne Arkaden neu gebaut und als Geschäfte und billige Hotels genutzt. Schon in den 20er Jahren des 19. Jahrhunderts war die Gegend ein Slum. Die Bedfords kauften benachbarte Straßen auf und bauten sie neu. Der Platz wurde beseitigt, indem man eine Markthalle errichtete, die Londons wichtigster Blumen-, Obst- und Gemüsemarkt wurde.

Bloomsbury sollte nach dem Wunsch der Bedfords all das werden, was Covent Garden nicht war: respektabel, diskret und scharf kontrolliert. Donald Olsen schildert in *Die Stadt als Kunstwerk*, wie die Bedfords auf dem Weideland von Nord-Bloomsbury einen optisch einheitlichen Vorort für die Mittelklasse schufen. Den Anfang machte der Bedford Square im Jahre 1776, den Schluß bildete die Vollen-

Covent Garden Piazza und Markt, gemalt von John Collet um 1770. Der Markt war ein beliebtes Motiv für die Maler, die an dem Platz oder in seiner Nähe wohnten.

dung des Gordon Square im Jahre 1860. An anderen Orten trat an die Stelle der nüchternen georgianischen Architektur die schwere und üppige viktorianische, und die Gesellschaft zog weiter nach Westen. Die Bedfords blieben unerschütterlich bei ihrer früheren Strategie, bestanden auf den ausgesuchtesten Materialien und den größten Häusern, die der Markt zu bieten hatte, und schlossen unerwünschte Personen wie Händler und Kutscher durch Tore und strenge Vorschriften aus. Rund um die Plätze und an den breiten Straßen entlang liefen schlichte Reihenhäuser. Um 1800 kam die Sitte auf, die Fenster als Kontrast zu den rußgeschwärzten Ziegeln beige zu bemalen – eine Mode, die Rasmussen mit der maßvollen Eleganz des klassischen Dandys Beau Brummel mit seinen gebleichten Leinensokken und Anzügen aus dunklem Stoff verglichen hat.

Vorher waren die meisten Plätze in unterschiedlichen Stilen von unabhängig arbeitenden Architekten entwickelt worden. Beim Bedford Square arbeiteten dagegen zwei Baufirmen eng mit Thomas Leverton und der Verwaltung der Bedfords zusammen. Man wollte vier identische Seiten schaffen, in denen die einzelnen Häuser wie Teile einer Palastfassade behandelt wurden. Die Zentralgebäude sind aus weißem Stuck und haben dunkle Seitenpartien aus Ziegeln, die von cremefarbenen Türeingängen und Schlußsteinen abgesetzt werden. Die Fassaden bestehen im Erdgeschoß aus massigem Bruchstein, haben Ziergiebel und sind mit ionischen Pilastern geschmückt, aber die Großartigkeit ist nur oberflächlich. Ein paar gußeiserne Balkone an einer Ecke und bunt gestrichene Türen mildern die Nüchternheit des Stils.

Die meisten Innenräume sind dem Vernehmen nach so wenig bemerkenswert wie ihre Bewohner. Zu den Großkaufleuten und Anwälten, die hier ihre Kinder großzogen, gesellte sich für kurze Zeit die Bloomsbury Group, ein exklusiver Zirkel von Künstlern und Schriftstellern mit avantgardistischen Tendenzen. Heute sind sie alle durch die Büros internationaler Handelsfirmen, Werbeagenturen und

Der private Garten des Bedford Square in London (links), für den nur die Anwohner einen Schlüssel besitzen. Er ist eine der zahlreichen grünen Oasen, die London seinen eigentümlichen Charakter geben. Der Platz wurde 1776 als einheitliches Ganzes geplant, bei dem die einzelnen Häuser wie Teile einer Palastfassade behandelt wurden (rechts). Er war der erste von vielen solchen geplanten Plätzen in Bloomsbury und ist als letzter heute noch intakt.

Verleger verdrängt worden. Der Platz selbst ist unverdorben erhalten geblieben: eine Oase des kultivierten Geschmacks in einer Stadt, die auf dem besten Weg ist, rasch eine der häßlichsten Städte Europas zu werden. Das *chiaroscuro* des Bedford Square an einem stürmischen Tag, wenn Regen mit Sonnenschein von gleißender Helligkeit wechselt, ist wirklich sehenswert. In dem grünen, feuchten Schoß des Gartens hat sich in dem halben Jahrhundert, seit Rasmussen hier spazierenging, wenig verändert. Der gedämpfte Verkehrslärm scheint einer anderen Welt anzugehören.

Auch Bath gehört noch heute zu einer anderen Welt, obwohl es durch Schnellzüge mit London verbunden ist. Nach seiner ersten Blütezeit als römischer Badeort dämmerte Bath in Vergessenheit dahin, bis im 18. Jahrhundert John Nash es in den elegantesten Badeort Englands verwandelte. Als einzige Provinzstadt hat Bath öffentliche Plätze, die denen der Hauptstadt Konkurrenz machen können. Sie wurden von zwei begabten Architekten und Stadtplanern geschaffen. John Wood, der bei der Gestaltung Londoner Plätze Erfahrung erworben hatte, schlug eine völlig neue Kette von Promenaden, Plätzen sowie kreis- und halbkreisförmigen Anlagen vor, und dieses Programm wurde von seinem Sohn noch erweitert. Das System breitet sich vom mittelalterlichen Kern her in die Hügel aus, mit immer weiter auseinander liegenden Schritten. Auf geschlossene Formen folgen offene, auf klassischen Stil pittoreske Bauten.

In *Heavenly Mansions* beschreibt John Summerson den ersten, allzu phantastischen Vorschlag von Wood senior für eine Wiederbelebung des römischen Badeortes. Er sah ein Royal Forum für Versammlungen, einen Grand Circus für Sportveranstaltungen und ein Imperial Gymnasium für körperliche Ertüchtigung vor. Dieses Programm wurde bald zugunsten einer stärkeren Entwicklung von Wohngebieten aufgegeben. Zuerst kam der Queen Square (1728-1735), dessen palastartige Nordseite viel großartiger und einheitlicher war als an allen Plätzen in London. Von hier aus führt eine breite Straße den Hügel hinauf zum Circus, einem Angelpunkt in dem großartigen Entwurf, der 33 Häuser in drei symmetrischen Bogen umfaßt. Die Fassaden aus warmem Bath-Stein sind von klassischer Vornehmheit, inspiriert von Inigo Jones. Ihre drei Stockwerke sind mit dorischen, ionischen und korinthischen Säulen geschmückt.

Tobias Smollet teilte Woods romantisches Mißverständnis vom alten Rom. In seinem Roman *Humphrey Clinker* sagt eine Figur: »Der Circus ist eine hübsche Spielerei und sieht aus wie das umgekrempelte Amphitheater Vespasians.« Heute ist ein Gesamteindruck nur aus der Luft möglich, denn die weite Kopfsteinfläche ist durch einen grasbewachsenen Hügel mit fünf riesigen Platanen ersetzt worden, die einen Großteil der Sicht verstellen. Diese Modifikation von Woods Plan schätzen die Anwohner sehr, und obwohl die Häuser in Wohnungen unterteilt wurden, haben sie ihren Status behalten. Der Durchgangsverkehr wird so weit wie möglich gedrosselt, und es würde nicht einmal allzu sehr überraschen, wenn von den Assembley Rooms her eine Kutsche einbiegen oder eine Sänfte um die Ecke getragen würde.

Vom Circus führt die Achse schräg zum Royal Crescent hinüber, der 1767 nach dem Entwurf von John Wood junior begonnen wurde. Der Circus ist ein geschlossener Raum und darf als Ableger des Queen Square betrachtet werden. Der Crescent dagegen bricht mit dem Schema und erreicht ein Gleichgewicht zwischen Mensch und Natur, das sich als beliebtes Vorbild für Wohngebiete bewährt hat.

Bath ist in seiner Art unerreicht geblieben, und Summerson erklärt, warum:

»Die Woods waren gleichzeitig praktisch und romantisch; sie standen mit beiden Beinen auf der Erde und hatten den Kopf in den Wolken. Sie haben nie versucht, Bath in ein großes Modell zu verwandeln, weil sie wußten, daß der Mann auf der Straße eine Stadt nie als Modell sieht, sondern nur als eine Perspektive von dem Punkt aus, an dem er zufällig steht. Andererseits wußten sie, daß Gebäude selbst dann, wenn sie Gruppen von ganz gewöhnlichen Häusern sind, die besondere Wirkung erzielen können, die monumentale Architektur kennzeichnet.«

Diese Lektion wurde in Bloomsbury und im gesamten West End von London angewendet, in Plätzen und in der gebogenen Offenheit von John Nashs Gestaltung der Regent Street. Schlichtheit und Zurückgezogenheit blieben dort auch in einer Zeit charakteristisch, als die Herrscher auf dem europäischen Festland nach immer großartigeren und autoritäreren Bühneneffekten strebten.

Der Circus und der Royal Crescent in Bath, die Vater und Sohn John Woods Mitte des 18. Jahrhunderts als Teil einer spekulativen Entwicklung entwarfen. Das Detail (oben) zeigt den eleganten Bogen der Fassaden am Circus.

Der Hauptplatz von Mexiko City, gemalt von Antonio Gualdi im Jahre 1835, bald nachdem Mexiko die Unabhängigkeit von Spanien erlangt hatte.

4

Die Neue Welt

Jeden Morgen um sechs Uhr marschieren Soldaten vom Nationalpalast in Mexiko City aus auf den Zócalo, den größten Platz Amerikas, und stellen sich dort in einem offenen Rechteck auf. Dann wird auf dem verlassenen, von Laternen beleuchteten Platz eine riesige Flagge gehißt. Eine Musikkapelle schmettert, Degen blitzen, die Soldaten salutieren und marschieren ab. Feuerwerkskörper werden auf dem Dach des Palastes abgebrannt. An derselben Stelle hatten schon aztekische Priester und spanische Eroberer ebenso feierliche Rituale vollzogen, denn seit der Stadtgründung vor sechshundert Jahren befindet sich hier das Herz der Nation.

Als Hernan Cortés und seine Truppen im Jahre 1519 in der Aztekenhauptstadt Tenochtitlán eintrafen, waren sie völlig überwältigt. Denn sie fanden – wenn auch nicht dem Namen nach – eine ideale Renaissancestadt vor, die planmäßig auf Inseln in einem See angelegt war und einen über Dämme zu erreichenden Zeremonienplatz im Zentrum hatte. Die Stadt war doppelt so groß wie Sevilla, damals die größte Stadt Spaniens. Paläste und Tempel ragten hoch über die Plaza aus poliertem Stein auf. Eine Vorstellung ihrer Pracht kann man anhand der zapotekischen Ruinen von Monte Albán in der Nähe von Oaxaca gewinnen, zu denen eine geschlossene Plaza von 270 auf 135 Metern gehört. Cortés' Hauptmann, Bernal Diáz del Castillo, schätzte, daß auf dem Marktplatz von Tlatelolco, der damaligen Nachbarstadt von Tenochtilán, 60 000 Händler Platz hatten; er stellte die Plaza von Salamanca weit in den Schatten. Innerhalb von drei Jahren hatten die Spanier die Hauptstadt zerstört und begannen, aus den Steinen der Ruinen eine eigene Stadt zu bauen.

Zuerst errichtete man ein militärisches Ausbildungslager aus 16 Blocks, die um eine *plaza de armas,* den Paradeplatz, herum gruppiert waren, einfach wie ein römisches *castrum.* Die Plaza wurde über dem alten Platz der Azteken angelegt, die Kathedrale neben dem Haupttempel, und Cortés baute seinen Palast an der Stelle des Palastes von Moctezuma. Die ersten festen spanischen Siedlungen in der Neuen Welt, angefangen bei Santo Domingo im Jahre 1502, waren weitgehend improvisiert. Panama City (1513) wurde nach offiziellen Richtlinien aus Spanien angelegt, die im Laufe der folgenden sechzig Jahre immer detaillierter wurden. Aber Cortés' Soldaten hielten sich vorwiegend an das, was sie vorfanden, sowie an die Notwendigkeit, sich zu verteidigen und zu schützen. Praktische Bedürfnisse, nicht in erster Linie Theorie, bestimmten die Gestaltung von Mexiko City.

Während der drei Jahrhunderte spanischer Herrschaft blieb die Plaza das Zentrum des politischen, religiösen und wirtschaftlichen Lebens. Hier wurden, wie Robert Payne bemerkte, die Annehmlichkeiten der westlichen Zivilisation eingeführt. Direkt am Platz oder in seiner Nähe wurden die erste Kathedrale, das erste Krankenhaus, die erste Schule, Universität, Druckerei, Bibliothek, Münze und die ersten Kasernen der Neuen Welt errichtet.

Zur Feier des Friedens zwischen Kaiser Karl V. und König Franz I. von Frankreich im Jahre 1538 wurde auf dem Platz ein Gehölz angelegt. Wilde Tiere streiften umher, nackte Indianer bekämpften einander, juwelengeschmückte Neger nahmen zu Pferde an einem Umzug teil. Zu weiteren Turnierkämpfen und inszenierten Scharmützeln wurden dann die Bäume gefällt und durch eine hölzerne Nachbildung einer Festung ersetzt; ein Kanal stellte das Meer dar. Cortés verteidigte das Fort gegen gestellte Angriffe der Ungläubigen und wurde schließlich zum Sieger erklärt.

Plan von Tenochtitlán nach den Schilderungen der spanischen Eroberer aus Delle Navigationi e Viagge *von Ramusio aus dem Jahre 1556.*

Der Palast des Vizekönigs wurde ersetzt, nachdem er 1692 von Aufständischen mit Fackeln in Brand gesteckt worden war; der Bau der Kathedrale zog sich bis zum Vorabend der Unabhängigkeit im Jahre 1819 hin. Der staubige, weite Platz, auf dem früher die Vornehmen mit ihren Kutschen spazierengefahren waren, verkam immer mehr zu einem schmutzigen Markt. Nach 1790 wurden die Stände verboten, der Platz drainiert, und neue Gebäude mit Portikus entstanden gegenüber der Kathedrale und dem Palast. Kaiser Maximilian (1864-1867) verwandelte den Platz vorübergehend in einen Park. Inzwischen hatte man ihm den Spitznamen Zócalo, also Sockel, gegeben – eine ironische Anspielung auf den Sockel, der hier von 1843 bis 1920 stand und auf ein Monument zur Erinnerung an die Unabhängigkeitserklärung wartete.

Sein offizieller Name ist Plaza de la Constitución, doch alle nennen ihn den Zócalo – und dieser Name wurde sogar in fast jeder Provinzstadt kopiert. Aber der Zócalo von Mexiko City ist anders als die übrigen. Auf ihm ruht die Last der Geschichte. Hier kommen eine halbe Million Menschen zusammen, wenn am 15. September, dem Unabhängigkeitstag, der Präsident seine Ansprache hält oder politische Kundgebungen stattfinden. Die riesige Fläche schattenlosen Pflasters von etwa 250 mal 150 Metern verlangt einfach nach Massen: Er ist ein Ort, an

Professionelle Briefschreiber gehen seit dem frühen 18. Jahrhundert unter den Arkaden der Plaza Santo Domingo in Mexiko City ihrem Gewerbe nach.

Volksmassen drängen sich am 15. September auf dem Zócalo von Mexiko City, um den Tag der Unabhängigkeit zu feiern.

dem die Menge durch den Ausdruck von Macht und die Aura der Geschichte beeindruckt werden soll.

Diese Rückkehr zur Vergangenheit ist doppelt bedeutsam, weil sich das Leben in der Hauptstadt an andere Stellen verlagert hat. Der Zócalo und das historische Zentrum in seiner Umgebung werden in eine Art Museum und Gedenkstätte verwandelt. Der Verkehr wurde auf eine einzige Ecke beschränkt, um die Denkmäler vor schädigenden Erschütterungen zu schützen. Der Zócalo ist zu ehrwürdig, als daß er Raum für alltägliche Aktivitäten böte. Straßenhändler und Tortillaverkäufer sammeln sich auf einem Nebenplatz zwischen dem kürzlich ausgegrabenen Templo Mayor der Azteken und der Sakristei. Der Alamedapark bietet nur wenige Blocks weiter schattige Wege und brodelndes gesellschaftliches Leben. Und gleich um die Ecke ist ein wirklich beliebter Treffpunkt: die Plaza Santo Domingo.

Mexiko City hat Plätze für jeden Geschmack und jeden Zweck. Es hat am Stadtrand gelegene Dörfer wie San Angel und Coyoacán mit ihren ländlichen Plätzen geschluckt. Es hat neue Plätze geschaffen wie die monumentale Plaza de las Tres Culturas an der Stelle des aztekischen Kultzentrums Tlatelolco. Die Plaza Garibaldi ist Treffpunkt für Mariachi-Musiker, und auf dem Platz vor der Kirche Santo Domingo kann man einen Brief schreiben lassen. Diese Tradition begann im frühen 18. Jahrhundert. Damals suchten die Angestellten des nahegelegenen Zollamtes Hilfe, wenn sie Inventare der Güter erstellen mußten, die verschifft werden sollten. Heute sitzen unter der Arkade ungefähr ein Dutzend professionelle Briefschreiber an altmodischen Schreibmaschinen und verfassen romantische Episteln, Stellenbewerbungen, Bittschriften an Beamte und Tischreden. Gleich daneben werden auf schweren Handpressen Einladungen und Visitenkarten gedruckt.

Diese Vielfalt wurde von den Spaniern keineswegs geplant oder vorhergesehen.

In Guadalajara, der zweitgrößten Stadt Mexikos, stammt das State House auf der Plaza de Armas (oben links) aus dem 17. Jahrhundert.

Die Plaza de la Borda in Taxco (oben rechts) erhielt ihren Namen nach einem Silbermagnaten des 18. Jahrhunderts, der die Kirche Santa Prisca stiftete, die den Platz beherrscht.

In jedem Frühling und Herbst werden in ganz Guanajuato traditionelle Stücke aufgeführt, besonders auf der Plazuela San Roque (rechts), deren Kirche als Hintergrund dient.

Rathaus, früher der Palast des spanischen Gouverneurs in der mexikanischen Hafenstadt Veracruz. Es steht am Zócalo, der bis spät in die Nacht hinein belebt ist.

Herrenlose Hunde bei ihrem Morgenrundgang über die Plaza von Taxco. Wenn die Stadt zum Leben erwacht, wird der Platz zum Verkehrsknotenpunkt und Zentrum geselligen Lebens.

Sie betrachteten die Plaza als ein Symbol der Autorität und als Kern, von dem aus die Stadt wachsen sollte. Die Neue Welt war ein unbeschriebenes Blatt, und die Spanier hatten die Chance – und sahen sich ebenso in der Pflicht vor Gott und dem König –, es zu beschreiben. Angetrieben wurden sie von der Gier nach Reichtümern und einer wahren Bekehrungswut – der Städtebau diente beiden Zwecken. Jahrhundertelang hatten die spanischen Könige die Mauren immer weiter zurückgedrängt. Die letzte Festung fiel 1492, dem Jahr, in dem Columbus Amerika entdeckte. Nun konnte der Kreuzzug fortgesetzt werden.

Soldaten und Mönche eigneten sich die Grundzüge der Stadtplanung an. Als im Jahre 1573 der Indienrat, das oberste Regierungsorgan der spanischen Kolonien, in Sevilla detaillierte Anweisungen herausgab, waren die wichtigsten Städte Lateinamerikas bereits aufgebaut. Ebenso wie Alberti die mittelalterliche Praxis in seinen Vorschriften für die Renaissance zusammenfaßte, kodifizierten die spanischen Behörden nun, was bereits an Ort und Stelle erprobt worden war. Historiker streiten darüber, wie genau die ersten Anweisungen waren, ob gar Modellpläne aus Spanien geschickt wurden, und wie vertraut die Conquistadoren mit italienischen Städten und Theorien gewesen sein mögen. Lasen sie Vitruvius, und hatten sie den römischen Plan von Barcelona studiert?

Zwei Dinge sind sicher: Mit ihrer Größe und Regelmäßigkeit nehmen die großen Plätze von Lateinamerika die Entwicklung im Mutterland um hundert Jahre vorweg. Und die Indiengesetze von 1573 wurden aufgrund praktischer Überlegungen nur eingeschränkt befolgt. Sie konzentrierten sich vor allem auf die Wahl eines gesunden, wirtschaftlich günstigen Platzes, seine geographische Ausrichtung und die Möglichkeiten zur Verteidigung. Die Gesetze schrieben für Hafenstädte einen Platz am Meer vor; die Plaza von Veracruz ist jedoch ein gutes Stück von der Kaimauer zurückgesetzt. Sie empfahlen Proportionen von drei zu zwei wie bei Vitruvius, »da diese Form die beste für Feste ist, bei denen Pferde beteiligt sind«; die berühmtesten kolonialen Plätze sind dagegen beinahe quadratisch. Es wurde vorgeschlagen, daß Straßen an den Ecken und in der Mitte jeder Flanke auf die Plaza einmünden sollten; meist sind die Flanken jedoch nicht unterbrochen, da die Plaza einen Block im Schachbrettraster der Straßen einnimmt. Unter Mißachtung eines weiteren Gesetzes lag die Hauptkirche häufig direkt an der Plaza und war nicht zurückgesetzt oder erhöht gebaut.

Aber die Gesetze schrieben auch viel Vernünftiges vor, und oft wurden sie eingehalten. Die Baugrundstücke um den Platz herum waren reserviert für die Kirche, den *cabildo,* Sitz des spanischen Gouverneurs, Zollgebäude und Krankenhaus. Die restlichen Grundstücke bekam die Stadt, die einige für Läden und Handelslager freigab. Die Plätze wurden mit Säulenhallen umgeben, die an den Ecken offenblieben, damit freier Zugang möglich war. Im Gegensatz dazu waren die Arkaden in den spanischen Städten meist ganz geschlossen. Kleinere Kirchplätze wurden über die ganze Stadt verteilt. Man versuchte auch, die Größe der Plätze nach dem erwarteten Bevölkerungswachstum zu bemessen.

Gesetze regelten auch die Verwendung der Plazas. Indianern war allgemein der Zutritt zur Plaza de Armas in den Städten mit spanischer Besatzung verboten, und Märkte wurden gewöhnlich von den Verwaltungszentren getrennt. Mexiko City zählt dabei allerdings zu den Ausnahmen. Die Monumente auf der Plaza symbolisierten die Rechte und Pflichten der Stadtbewohner, die gelegentlich auf dem Platz zusammengerufen wurden, um politische Entscheidungen zu bestätigen. Wie sehr sich die Städte mit ihrer Plaza identifizierten, wird graphisch in einer Reihe von Skizzen zum Ausdruck gebracht, die der einheimische Künstler Huaman Poma de Ayala um 1600 von peruanischen Städten anfertigte. Spanien zwang fremden Kulturen so nachhaltig seine Normen auf, daß diese noch lange nach dem Untergang des spanischen Weltreiches fortbestanden.

Nirgendwo in der Welt blüht die Plaza so prächtig wie in Mexiko. Man kann sie als Quintessenz des nationalen Charakters ansehen – als Ausdruck der Liebe zu Geselligkeit und Schauspielen, der Fähigkeit, das Alltägliche in etwas Besonderes zu verwandeln, der Energie und des Fatalismus, der engen Bindungen, die Freunde und Familie zusammenhalten. Fernando Juarez, ein mexikanischer Architekt, der in Los Angeles lebt, erinnert sich, wie ihn seine Mutter mit auf die Plaza nahm, als er noch klein war, und wie er als Teenager jeden Abend dort mit anderen jungen Burschen verbrachte, um Mädchen zu treffen – doch damals wurden unverheiratete Frauen noch von Anstandsdamen begleitet. Er schildert, wie aufregend es war, durch Mexiko City zu fahren und spät nachts auf einer Plaza anzukommen, die noch immer hell erleuchtet und so belebt war, als wäre man in eine Party hineingeplatzt.

Der Reiz der Plaza schwindet in den größeren Städten jedoch, weil die Jugendlichen mehr private Treffpunkte finden, Familien in die Vororte ziehen und die Mittelschicht sich abseits hält – wie in Europa und den Vereinigten Staaten. Aber im eigenen Wohnviertel und in kleinen Städten übt die Plaza noch immer magnetische Anziehungskraft aus und verlockt die Leute zum Schlendern, Plaudern oder einfach zum gemütlichen Dasitzen. Sie bietet ein harmonisches Gleichgewicht zwischen Aktivität und Ruhe, Gemeinschaft und Distanz. Die Intensität der geselligen Kontakte schenkt auch dem prosaischsten Platz die Aura der Vitalität.

Nichts Prosaisches haftet dem Zócalo der heißen Hafenstadt Veracruz an, die stets ein wichtiges Tor zu Mexiko war, seit Cortés 1519 dort landete. Der schöne *cabildo,* heute das Rathaus, stammt aus dem Jahre 1600, die Kathedrale wurde im 18. Jahrhundert neu gebaut, die anderen beiden Seiten nehmen Hotels, Bars und Restaurants ein. Die Plaza wurden in den letzten zehn Jahren aufgemöbelt, frisch gepflastert und mit einem Brunnen geschmückt; es ist weniger laut dort, seit der Autoverkehr auf eine Seite beschränkt wurde und die alten, klapprigen Straßenbahnen nicht mehr fahren. Aber die Atmosphäre ist noch immer unvergleichlich. Graham Greene würde sich hier zu Hause fühlen und genüßlich unter den morschen Arkaden einen Rumcocktail schlürfen – im Hauch eines trägen Ventilators, während die Marimba-Spieler von einem Café zum anderen zögen. Die Kinder scheinen noch quirliger zu sein als sonstwo, die Stärlinge schreien noch unermüdlicher und schriller. Alles kann man vom Tisch aus kaufen, an dem man sitzt: Nahrung, Nutten und Zigarren, Nüsse, Luftballons und Modeschmuck, von den Meeresfrüchten ganz zu schweigen.

In kleineren Städten ist das Leben auf den Plätzen gedämpfter, aber nicht weniger fesselnd. In Taxco bildet die Plaza de la Borda das Zentrum der Geselligkeit. Die koloniale Bergstadt liegt 180 Kilometer südwestlich von Mexiko City. Sie wurde von Cortés gegründet und verdankt ihren Wohlstand zwei weiteren Ausländern: dem französischen Grafen José de la Borda, der in der Mitte des 18. Jahrhunderts dort eine ergiebige Silbermine entdeckte, und dem amerikanischen Schriftsteller William Spratling, der sich im Jahre 1929 dort niederließ und vor allem das Silberschmuckgewerbe voranbrachte. Die Plaza ist ein idealer Kleinstadtplatz: weit im Gegensatz zu dem engen Labyrinth der Straßen, aber bescheiden in Größe und Charakter. Die Stadt liegt an einem so steilen Berghang, daß die Spanier gar nicht erst versuchten, sie nach einem Schachbrettraster anzulegen, und die Plaza ist der einzige ebene und einigermaßen geordnete Ruhepunkt an einem mühsamen

Für die Spanier war die Plaza ein Symbol der Autorität und der Kern, von dem aus eine neue Stadt wuchs. Ihre Bedeutung wird graphisch sichtbar in diesem Holzschnitt von Lima in Peru, einem Bild aus einer Serie, die der einheimische Künstler Huaman Poma de Ayala etwa um 1600 angefertigt hat.

Anstieg – ein Strudel von Taxis und Minibussen sowie Treffpunkt für Einheimische und Touristen.

Der Platz wird beinahe erdrückt von der ausladenden Kirche Santa Prisca im churrigueresken Stil, die de la Borda um die Mitte des 18. Jahrhunderts errichten ließ. Sie ist größer und großartiger als viele Kathedralen. Ihre Westtürme ragen hoch über den Platz auf und beherrschen das gesamte Stadtbild. In der Sonne des Spätnachmittags flammen sie in warmem Gold, im Scheinwerferlicht der Nacht stehen sie wie eine überirdische Erscheinung vor dem schwarzen Himmel. Die Türme strotzen vor Verzierungen und würden kopflastig wirken, wären die Verkleidungen und die Kartuschen, die Putten und die Heiligen weniger filigran gearbeitet. Das Rathaus ist unauffällig, und den Rest des Platzes füllen Restaurants, Bars und Schmuckgeschäfte.

Ein erhöhter Fußgängerbereich, von Lorbeerbäumen beschattet und durch eiserne Bänke abgegrenzt, nimmt ein Drittel des Platzes ein. Der Bereich ist mit der Straße durch ein Schachbrettmuster von dunklen Pflastersteinen mit weißen Rahmen verbunden, das dem perspektivischen Muster von Pienza gleicht. Die Plaza fungiert als öffentlicher Clubraum: am Morgen für die alten Männer, später für komplette Familien und am Abend als Treffpunkt der Jugend.

Guanajuato liegt 350 Kilometer nordwestlich von Mexiko City ähnlich wie Taxco an einem steilen Berghang und hat einen unregelmäßigen Grundriß. Sie war eine der reichsten Silberstädte in ganz Amerika. Die Universität und ein jährliches Kunstfestival halten Guanajuato lebendig. Es hat seinen kolonialen Charakter bewahrt, dokumentiert in vielen gewundenen Bergstraßen und winzigen *plazuelas*. Der Jardin de la Union dient als Hauptplatz und ähnelt in seiner Keilform und der Eingliederung in die unregelmäßig bebaute Umgebung einem mittelalterlichen Markt; eine dicht beschattete Promenade liegt vor dem neoklassizistischen Teatro Juarez und der üppig gestalteten Kirche San Diego. Aber der charaktervollste Platz der Stadt ist die Plazuela de San Roque, ein herrlich theatralischer Platz, der im Mai und Oktober als Freilichtbühne benützt wird. Eine schmale Straße führt von der Hauptgeschäftsstraße steil hinauf, erweitert sich zum Vorhof für die Kirche und verzweigt sich dann in verwinkelte Gäßchen im Viertel. Im Schatten einer edlen, aber verwitternden Kirche aus rosa Sandstein werden dort kurze Stücke von Cervantes und Lope de Vega vor Tribünen im engen Teil des Trichters aufgeführt.

Eine Stunde entfernt liegt die Kolonialstadt San Miguel de Allende, die 1926 zum Nationaldenkmal erklärt wurde und seither zur mexikanischen Version von Santa Fe oder Saint Paul de Vence geworden ist. Dort wohnen Künstler und Vertreter der oberen Zehntausend aus Europa und den Vereinigten Staaten. Die kopfsteingepflasterten Straßen sind so schwierig zu begehen wie Bergschluchten voller Geröll, aber für den Neuankömmling liegt der größte Reiz der Stadt in ihrer Resistenz gegen jede Veränderung. Nichts könnte traditioneller sein als der Jardin de Allende mit seinen Arkaden, dem Rathaus, dem Hotel und der erhöhten Promenade, die von gestutzten Lorbeerbäumen eingefaßt wird. Nur die Kirche hebt sich ab: Ihre überreiche neugotische Fassade wurde in den Jahren nach 1890 von einem indianischen Steinmetz geschaffen, dessen Entwurf lediglich auf Postkarten von europäischen Kirchen beruht, die er nie besichtigt hatte.

Das Bemerkenswerteste an diesem Platz ist, daß sich dort die ansonsten rasch verschwindende Sitte des getrennten *paseo* am Sonntagabend erhalten hat. Um acht Uhr abends sind alle Bänke besetzt, und die Balz beginnt. Junge Mädchen und Frauen flanieren im Gegenuhrzeigersinn um den Platz, immer in Dreiergrüppchen und Arm in Arm, plaudernd, aber aufmerksam. Ihre Schritte sind so rasch und

Guanajuato war wie Taxco eine blühende Silberbergwerksstadt, aber zu steil am Hang gelegen, um einen typisch spanischen Schachbrettplan mit einem zentralen Platz zu erhalten. Sein winziger Jardin de la Union fungiert als Hauptplatz.

stilisiert wie beim Cotillon. Die Jungen gehen andeutungsweise im Uhrzeigersinn, aber die meisten schließen sich den Reihen der Mädchen an oder ziehen diese beiseite. Die ganz Jungen oder Schüchternen tun so, als seien sie nicht interessiert. Ausländer und Paare mischen sich unter die jungen Leute, die Luftballonverkäufer versuchen ihr Glück bei den Familien auf den Bänken, eine Kapelle schmettert im Pavillon. Bis spät in die Nacht dauert der Reigen der Jugendlichen an.

In Oaxaca, 520 Kilometer südöstlich der Hauptstadt, gibt es den *paseo* schon nicht mehr. Aldous Huxley schilderte noch in *Beyond the Mexique Bay,* wie die jungen Mädchen von damals – mit hohen Absätzen, in jeder denkbaren Schattierung von Kunstseide, kichernd, hüftenschwingend und die Augen verdrehend – im Schein des elektrischen Lichts spazierengingen, während die jungen Männer in der entgegengesetzten Richtung schlenderten und auf der Straße die korrektesten der *correctos* sehr langsam mit ihren Autos immer im Kreis herumfuhren. Heute pulsiert das Leben der Stadt weit über ihren Zócalo hinaus.

Der Platz ist nach wie vor einer der bezauberndsten und eindrucksvollsten von Mexiko. Er hat noch die Form, die er 1529 erhielt: ein Quadrat in einem regelmäßigen Schachbrettmuster breiter Straßen, auf allen vier Seiten von Arkaden gesäumt. Eine Seite wurde durchbrochen, um den Blick auf die Kathedrale freizugeben. Diese ist zurückgesetzt und schaut auf eine eigene Plaza von einem halben Block Große, die heute Alameda genannt wird. Die Verbindung zwischen diesen beiden schattigen Platzen schafft ein gepflasterter, offener Raum, der die Kathedrale an zwei Seiten berührt und für Konzerte und öffentliche Versammlungen, für Feuerwerke und Feste benützt wird. Der Palacio del Gobierno ist streng, die Kathedrale reich verziert, aber gedrungen. Der vielen Erdbeben wegen wurde sie niedrig gehalten. Obwohl Oaxaca inzwischen eine viertel Million Einwohner hat, ist es eine flach gebaute Stadt geblieben. Die umgebenden Berge sind vom Ende eines jeden Portikus aus zu sehen. Die Gebäude an dem Platz und das historische Zentrum werden durch die Verwendung von *cantera verde,* einem grünlichen, einheimischen Stein, zusammengehalten.

Der Zócalo von Oaxaca wurde wie andere mexikanische Plätze Ende des 19. Jahrhunderts von einem ungepflasterten, offenen Raum in einen formell angelegten französischen Garten mit filigranen gußeisernen Bänken, einem zentralen Musikpavillon und darunterliegendem Kiosk verwandelt.

Während der gesamten Kolonialzeit waren die Plazas ungepflastert und schattenlos: neutraler Boden für alle praktischen Zwecke. Die Unabhängigkeit weckte den Bürgerstolz, und der Gouverneur von Oaxaca ließ den Platz seiner Stadt 1868 pflastern, Bäume pflanzen und Brunnen und Lampen installieren. Erst in der stabilen Ära des Diktators Porfirio Diaz (1876-1910), in der das Land zu Wohlstand kam, verwandelten sich die mexikanischen Plätze in Parks mit zentralen Musikpavillons, von denen strahlenförmig Wege ausgingen. Dieses von Frankreich übernommene Muster wurde zuerst in der Hauptstadt eingeführt und dann vielfach kopiert. Der Zócalo von Oaxaca mit Straßenlaternen, einem französischen Garten, Spazierwegen und filigranen gußeisernen Bänken atmet so den Geist der Belle Epoque. Der Musikpavillon, der 1882 zur 350-Jahr-Feier der Stadt gebaut wurde, ist der Star des Platzes. Seine hoch gewölbte Kuppel wirkt wie ein Ballon, und man kann sich gut vorstellen, wie er sich langsam in die Lüfte erhebt, getragen vom Luftstrom der Blaskapelle. Ein paar Stufen tiefer im unteren Teil befinden sich Geschäfte, eine Bar, ein Zeitungskiosk und eine Imbißstube. Ernste Musik spielt die Staatskapelle am Sonntagnachmittag, allerdings unter den Bäumen. Es gibt ein gedrucktes Programm, auf dem Beethoven und Saint-Saëns neben weniger berühmten, aber beliebten Komponisten aufgeführt sind.

Alle Elemente des Zócalo sind auch in den im Norden gelegenen Städten Morelia und Guadalajara zu finden, doch der Geist der Plaza von Oaxaca ist von einzigartiger Beschaulichkeit. Indianer kauern schon am frühen Morgen auf dem Bordstein und ruhen sich auf dem Weg zum Markt aus. Die Cafés und die mit Balkonen versehenen Restaurants sind um die Mittagszeit voll, aber der Betrieb wird im Laufe des Nachmittags immer geringer. Die Leute strecken sich auf den Bänken aus, um Siesta zu halten, oder genießen das sorgsam gehütete Ritual des Schuheputzens. Das ist kein oberflächliches Aufpolieren, sondern eine Generalüberholung, bei der die Schuhe gewichst und gewienert werden, bis sie spiegelblank sind. Für ein paar hundert Pesos kann sich jeder Mann als König auf einem hohen Thron fühlen und sich in eine Zeitung vertiefen, die ihm als Teil des Service in die Hand gedrückt wird. Am Abend kommen die Indianer wieder und verkaufen kunsthandwerkliche Artikel sowie Rosen, die sie mit Tabletts auf dem Kopf tragen.

Der mexikanische Platz ist eine Bühne für alltägliche Ereignisse und für hochdramatische Augenblicke. In Taxco gipfelt die Feier der Karwoche in einer schauerlichen Darstellung der Passion Christi, die an den Fanatismus und die Grausamkeit der Eroberung von Mexiko erinnert. Auf der Plaza Grande von Patzcuaro findet am Totentag ein Devotionalienmarkt statt, bei dem das Thema Sterblichkeit mit Zuckerguß- und bemalten Figürchen behandelt wird. In der Woche vor Weihnachten werden in San Miguel de Allende traditionelle *posadas* veranstaltet, die an die Herbergssuche von Maria und Josef erinnern und in einem Umzug auf der Plaza gipfeln.

Die Fiestas von Oaxaca sind am zahlreichsten im Dezember. Carol Miller, Schriftstellerin und Bildhauerin in Mexiko City, erinnert sich an ihren ersten Besuch in Oaxaca als Korrespondentin für *Life,* um über das dreitägige Fest der Virgen de la Soledad zu berichten. Dann blieb sie noch zu einem »einzigartigen Festival, bei dem die gigantischen Rettiche gefeiert werden, die unten im Tal wachsen. In der Nacht vom 23. auf 24. Dezember schnitzt man aus ihnen Figuren und

Am Sonntagnachmittag spielt die Staatskapelle von Oaxaca auf dem Zócalo unter einem Cempozuchitl-Baum, dessen orangefarbene Blüten den Platz aufhellen.

montiert sie auf Ständer oder fügt sie zu Skulpturen zusammen: manche obszön, manche genial, manche völlig grotesk. Gleichzeitig flaniert die Bevölkerung um den Platz zu einer ohrenbetäubenden Symphonie von Blasmusik, Drehorgelspielern, Kofferradios und kreischenden Kindern, die *buñuelos* verspeisen, diese blasigen Pfannkuchen, die in grünen, irdenen Schalen in Sirup getränkt werden. Anschließend werden die Schalen zu Boden geschmettert. Bis Mitternacht ist der Platz knöchelhoch mit Tonscherben gefüllt.« An Weihnachten werden außerdem handgemachte Krippen um den Platz herum aufgestellt. Die Figuren wurden von den Indianern inspiriert, die in den umliegenden Bergen leben.

Die Vitalität seiner Plätze spiegelt vielleicht die anhaltende Stabilität, den relativen Wohlstand und die Sicherheit der Straßen von Mexiko wider. Das Land steht hierin im Gegensatz zu den Unruhen und der quälenden Armut so vieler anderer südamerikanischer Länder. Am härtesten war in den letzten Jahren Peru betroffen. Seine Plätze können denen Mexikos in Größe und architektonischer Pracht Konkurrenz machen, aber nicht unbedingt in der Lebendigkeit.

Die Plaza de Armas im peruanischen Cuzco wurde im Jahre 1533 an der Stelle des zentralen Platzes der Inkas angelegt, der doppelt so groß war. Drei Kirchen und die Kathedrale wurden auf den Grundmauern von Monumenten errichtet, die Pizarro zerstört hatte. Er war dem Beispiel von Cortés in Tenochtitlán gefolgt. In

Die Plaza de Armas von Cuzco in Peru wurde von den Spaniern an der Stelle eines noch größeren Platzes in der Inkahauptstadt angelegt.

Die Plaza de Armas von Antigua Guatemala: Ein Stich aus dem 19. Jahrhundert, der zeigt, wie der Platz aussah, ehe die Hauptstadt von Spanisch Zentralamerika durch die Erdbeben von 1917 zerstört wurde.

der Hauptstadt Lima wurden die meisten Gebäude um die Plaza de Armas in diesem Jahrhundert rekonstruiert. Viel eindrucksvoller sind die Hauptplätze der nächstkleineren Großstädte Perus: Trujillo mit seinen kolonialen Herrenhäusern und der weißen Kathedrale und Arequipa, wo der Vulkan El Misti hinter der Kathedrale und zweistöckigen Säulengängen aufragt.

Bald nach der Eroberung Mexikos unterwarf Pedro de Alvarado die Indianer Mittelamerikas südlich von Panama und wurde erster Generalkapitän des Spanischen Königreiches Guatemala. Die Stadt, die von 1541 bis 1773 Hauptstadt dieses Königreichs war, heißt heute Antigua Guatemala zur Unterscheidung von der Hauptstadt des wesentlich kleineren heutigen Staates Guatemala. Vor seiner Zerstörung bei einem Erdbeben war Antigua Guatemala die drittwichtigste Stadt Neuspaniens. Heute ist es ein Ort mit 15 000 Einwohnern, halb in Ruinen, halb wieder aufgebaut und ständig von neuen Erdstößen bedroht, aber unwiderstehlich in seiner atemberaubenden Schönheit. Im Kern liegt der Parque Central, früher die Plaza de Armas, ein Paradebeispiel der Kolonialregierung.

Die Gebäude um den Platz herum wirken niedrig im Verhältnis zu dem weitläufigen Park. Vor den drei im Süden gelegenen Vulkanen sehen sie geradezu winzig aus. Alle stammen aus der Zeit nach dem Erdbeben von 1917 und wurden mehrmals wiederaufgebaut. Die Fassade der Kathedrale wurde stückweise fertiggestellt, aber ihr Mittelschiff blieb zweihundert Jahre lang ohne Dach. Die anderen drei Seiten des Platzes werden von Stein- oder Holzfassaden eingesäumt, die das Rathaus im Norden, den Palast der Generalkapitäne, die Königliche Münze im Süden und die niederen Geschäftshäuser dazwischen verbinden. Breite kopfsteingepflasterte Straßen flankieren den Park, und wenn gelegentlich ein Fahrzeug vorbeikommt, wirbelt es in der klaren Luft des Hochlandes eine Staubwolke auf.

Dieser Park ist nach den Gartenstadtprinzipien der 30er Jahre unseres Jahrhunderts angelegt. Ihn zieren eine winzige Büste eines bärtigen Revolutionärs sowie ein unbeholfen nachempfundener barocker Brunnen. Bei Tage wird er jedoch seiner Ausstattung nicht gerecht. Dann ist er bevölkert von Indianern, die Wolldecken an Touristen verkaufen wollen, und von Globetrottern, die immer so tun, als wären sie gerade auf dem Absprung nach Katmandu. Wenn die Nacht anbricht, ändert sich die Szene. Man kann sich vorstellen, man sei in einem Kinoprachtpalast,

Die Plaza von Antigua Guatemala (links) hat heute einen modernen Garten, um seine wiederhergestellten historischen Gebäude zur Geltung zu bringen; der Vulkan erinnert daran, daß stets mit zerstörerischen Erdbeben zu rechnen ist.

Betende und Händler auf den Treppen von Santo Tomás auf der Plaza von Chichicastenango (rechts), einem Bergdorf in Guatemala, das für seinen indianischen Markt berühmt ist.

wie sie John Eberson am Vorabend der Depression überall in den Vereinigten Staaten baute. Die dekorativen Bänke mit Schnörkelverzierung ähneln den Sofas in den Theaterfoyers jener Zeit. Die von hinten beleuchteten Arkaden, der plätschernde Brunnen, die Schemen der Vulkane und der Sternenhimmel erscheinen nun exotisch und unwirklich.

Für die Indianer legten die Spanier getrennte Städte mit Marktplätzen an. Patzcuaro in Mexiko ist eine davon, Chichicastenango in Guatemala eine weitere. Die Indianer strömen von weither zum Donnerstags- und Sonntagsmarkt zusammen, und viele nehmen dazu noch heute wie seit jeher stundenlange Fußmärsche auf sich. Ihre Waren tragen sie auf dem Kopf oder in Tüchern auf dem Rücken und breiten sie auf der großen Plaza zum Verkauf aus. Nützliches und Dekoratives sind bunt gemischt, Töpfe und Spielzeug, Webarbeiten und Werkzeuge, Seifen und Masken. Einen getrennten, arkadengesäumten Hof gibt es für Lebensmittel und lebende Küken.

Steile Treppen auf beiden Seiten der Plaza von Chichicastenango führen hinauf zu den weiß getünchten Kirchen Santo Tomás und El Calvario. Die Stufen dienen als Altäre für traditionelle indianische Riten. Wolken von verbrannten Duftstoffen schweben über den Pilgern und den Frauen, die ihnen Blumen als Opfergaben verkaufen. Der Reiz des Marktes liegt keineswegs nur darin, daß man einkaufen oder die Fürsprache eines Heiligen erbitten kann. Wie im mittelalterlichen Europa bietet er Käufern und Verkäufern eine Abwechslung von der Routine der harten, gleichförmigen Arbeit und die Gelegenheit, sich auf dem Laufenden zu halten wie auch zum Klatsch.

Große Gebiete im heutigen Süden der Vereinigten Staaten gehörten früher zu Spanien oder Mexiko. Doch weil es dort kein Gold oder Silber gab, das Abenteurer angelockt hätte, entstanden in dem Gebiet nur wenige Siedlungen. St. Augustine in Florida etwa war lediglich ein typischer militärischer Vorposten, der 1565 angelegt wurde, um die Franzosen und die Engländer am weiteren Vordringen nach Süden zu hindern. Der Exerzierplatz am Meer ist noch erhalten, wenn auch wesentlich verändert und häßlich kommerzialisiert.

Die Plaza von Santa Fe in New Mexico ist trotz ihrer bewegten Geschichte kaum eindrucksvoller. Santa Fe wurde 1610 als Provinzhauptstadt von Neuspanien gegründet, verlor dann seine Bedeutung und blieb bis vor kurzem eine arme Stadt in abgelegenem Gebiet. Im 19. Jahrhundert schrieb ein Besucher, es ähnele »mehr einer Siedlung von Präriehunden als einer Hauptstadt«. Die Plaza war von der Planung her großartig: ein Rechteck von 240 mal 120 Metern, gesäumt von Gouverneurspalast, Garnisonskirche, Kasernen, Gefängnis und Rathaus mit ringsherum geführten Holzarkaden. Aber die eingeschossigen Häuser aus Holz und Adobe-Ziegeln waren schlecht gebaut und paßten in den Proportionen nicht zu der Weite des staubigen Platzes.

Nach 1840 war die Stadt unter mexikanischer Herrschaft; die Plaza wurde für Stierkämpfe, als Viehpferch, Markt und Sammelplatz für Wagenzüge nach Mexiko City benützt. Die Reise dorthin und zurück dauerte drei Jahre – so abgeschieden lag Santa Fe. Englischstämmige Siedler begannen 1866 eine langfristige Umgestaltung: Sie pflanzten amerikanische Pappeln, zogen einen Lattenzaun und bauten einen überreich verzierten Musikpavillon.

Die eindrucksvollste *plaza de armas* der Vereinigten Staaten befindet sich in New Orleans. Sie wurde 1721 von einem Ingenieur des französischen Militärs als Exerzierplatz direkt am Ufer des Mississippi angelegt. Sie ist Mittelpunkt des 75 Block großen Stadtkerns, heute das Vieux Carré oder French Quarter. Das Gelände ging 1763 von Frankreich an Spanien über. Zwei der eindrucksvollsten Gebäude entstanden erst später: der Cabildo und das Presbytère. Sie flankieren eine wiederaufgebaute Kathedrale an der Kopfseite des Platzes. New Orleans wurde im Jahre 1803 von den Vereinigten Staaten im Rahmen des Louisiana Purchase erworben, und der Platz wurde später zu Ehren des Präsidenten und Kriegshelden Andrew Jackson in Jackson Square umbenannt. Er wurde dann sofort eingezäunt und bepflanzt, aber die entscheidenden Verschönerungen erfogten erst in dem Jahrzehnt des Wohlstandes vor dem Bürgerkrieg.

Im Jahre 1850 erhielt der Platz seinen heutigen gußeisernen Zaun und konzentrische Wege. In der Mitte erhob sich anstelle des Galgens, der während der Herrschaft der Spanier dort gestanden hatte, Clark Mills kühne Reiterstatue von Jackson – eine Reproduktion des Standbildes, das den Lafayette Square in Washington, D. C., schmückt. Die Kathedrale wurde in prächtigerem Stil erneuert. Zu beiden Seiten des Platzes schlossen die dreistöckigen Pontalba Buildings aus rotem Backstein die Lücken, die seit dem Abriß der spanischen Kasernen offen waren. Diese identischen Reihenhausblocks wurden aus Spekulationsgründen von der Baronin Micaëla Pontalba gebaut, die als eine echte Scarlett O'Hara beschrieben wurde. Sie hatte sich von Pariser Plätzen inspirieren lassen und wollte ihre Vision mit eiserner Entschlossenheit in die Tat umsetzen, aber ihr Vorhaben schlug fehl: Die bessere Gesellschaft zog weiter nach Westen, und die Häuser wurden in Mietwohnungen unterteilt. Kurz nach 1930 gelangten sie in städtischen Besitz und wurden von Grund auf renoviert. Heute reißt man sich um die Wohnungen.

Die Pontalba Buildings haben die Höhen und Tiefen des Platzes jeweils gespiegelt. Ein Stich aus dem Jahre 1858 zeigt sie als Oase der Vornehmheit inmitten des rauhen Handelsbetriebes um die Schiffe am Kai. Als der soziale Verfall auf dem Platz voranging, trennten ihn Eisenbahnschuppen vom Fluß. Nach deren Abriß im Jahr 1929 wurde der Platz in den folgenden zehn Jahren wiederhergestellt und all die Menschen vertrieben, die in einem Leitartikel von damals als »Schnorrer, Drogenhändler, Marihuana-Raucher, Dirnen und ähnliches Gesindel« bezeichnet wurden. Später tummelten sich dort Hippies und Künstler, während die Anwohner in italienischen Spezialitätengeschäften einkaufen und unterwegs schauen konnten, was auf dem Platz los war. George Gureau, ein Künstler, der seit dreißig Jahren im French Quarter lebt, erinnert sich noch, daß es in den frühen 60er Jahren wie ein Dorf wirkte. Aber seitdem wehrt sich eine neue Generation von Moralisten gegen die Rückkehr von Schnorrern und Dealern, und der Platz wurde sogar schon während des Mardi Gras geschlossen, um ihn vor der Menge zu schützen.

Heute ist er eine makellos gepflegte Insel. Die Terrassen des Washington Artillery Park verbergen den Deich aus Beton und bilden einen weiteren Anziehungspunkt für Künstler aller Sparten und Zuschauertrauben, die sich auch auf den Fußgängerstreifen an den drei Seiten des Platzes drängen. Alles ist auf Besucher und Jazzmusiker, Gitarrenspieler und Pantomimen ausgerichtet, die die Leute unterhalten. Der Platz erlebt auch noch Augenblicke repräsentativen Glanzes. Er ist das offizielle Eingangstor zur Stadt; Präsident de Gaulle und der Papst zählen zu den berühmtesten Gästen, die hier willkommen geheißen und zum Gottesdienst in die Kathedrale gebeten wurden.

Der Platz ist schließlich ein friedlicher Rückzugsort vom Getriebe der Stadt und bietet schattige Spazierwege unter den amerikanischen Pappeln und Weiden. Überall kann man auf einer Bank einen Kaffee und einen Krapfen genießen. Aber nehmen Sie sich in Acht: Wenn Sie Tauben füttern, kann Sie das 25 Dollar Strafe kosten! In der Nacht wirkt der abgeschlossene Platz sehr geheimnisvoll und wird wie die vielen Innenhöfe der Stadt zu einem unergründlichen Ort.

Die kurzen, aber prägenden französischen und spanischen Einflüsse auf New Orleans unterscheiden die Stadt von anderen amerikanischen Städten, und sie hat ihren Ruf als »Big Easy« weidlich genutzt, auch wenn sich heute die Geschäftswelt immer mehr den üblichen Standards anpaßt. Der Jackson Square wurde von einer Vielfalt von Kulturen geformt und in seiner Atmosphäre beeinflußt. Erst in den letzten Jahren hat er sein Flair eines unkonventionellen Zentrums geselligen Lebens verloren und ist zu einem geordneten, strengen Regeln unterworfenen Touristenziel geworden. Andere amerikanische Städte hatten nie einen solchen Platz. Die Erklärung dafür liegt teilweise in den radikal verschiedenen Mustern der städtischen Entwicklung in Nord- und Südamerika.

Die Spanier kamen hundert Jahre früher als die Engländer und die Franzosen. Innerhalb von fünfzig Jahren nach der Entdeckung von Mittel- und Südamerika hatten sie riesige Landstriche unter ihre Kontrolle gebracht. Sie führten einen heiligen Kreuzzug: Sie wollten Seelen für die Kirche gewinnen, Schätze und Land für den König, Ruhm und Reichtum für sich selbst. Die Soldaten waren schnell und gnadenlos, die Mönche eisern entschlossen. Sie waren Kinder der stärksten europäischen Macht der damaligen Zeit und der Renaissance. Städte waren für sie Werkzeug der Bekehrung und der weltlichen Herrschaft, eine Methode, große Gebiete zu organisieren und auszubeuten.

Im Gegensatz dazu ermutigte die französische Krone zwar die einzelnen und die Gesellschaften, die ab 1608 Handelsposten am Sankt-Lorenz-Strom entlang einrichteten, unterstützte sie materiell jedoch wenig. Der Städtebau blieb den Siedlern selbst überlassen. So kam es – wie J. W. Reps schrieb –, daß Cadillac im Jahre 1701 Detroit nach dem Vorbild der *bastides* anlegte, die er aus seiner Heimat, der Gascogne, kannte. Ähnliche Schachbrettraster mit einer Place des Armes am Wasser legte man auch für Mobile (1711), New Orleans und St. Louis (1764) zugrunde. Pragmatismus und individuelle Bemühungen leiteten die Besiedlung, nicht zentralisierte Planung oder staatliche Regelungen.

Die ersten britischen Kolonien waren ebenso verstreut und improvisiert. Die Bauern und Händler, die ab 1607 von Jamestown aus den Süden besiedelten, taten das im Namen des Königs, aber sie hatten nicht vor, ein Weltreich zu errichten. Die reichen Pflanzer unter ihnen waren wie Jefferson der Ansicht, daß »Städte

Der Jackson Square in New Orleans im Jahre 1858 bald nach seiner endgültigen Verwandlung von einem spanischen Exerzierplatz in einen amerikanischen Park: eine Oase der Vornehmheit.

Blick über den Jackson Square zur Kathedrale und zum Gerichtsgebäude von einem Balkon der Pontalba Buildings aus, identischen Blocks von Reihenhäusern aus Backstein, die aus Spekulationsgründen 1849-1850 gebaut wurden (unten links).

In der Fußgängerzone um den Platz herum (unten rechts) können Besucher Jazz hören, einkaufen und die Atmosphäre der Stadt einsaugen, die sich selbst als »Big Easy« bezeichnet.

Wunden im Körper der Politik« seien. Fast hundert Jahre lang verhinderten sie die Entwicklung von städtischen Zentren, die sie als schädlich für ihre Interessen ansahen. Die Puritaner, die 1620 in Plymouth landeten und später Massachusetts, Connecticut und Rhode Island gründeten, waren vor religiöser Verfolgung und sozialer Diskriminierung geflohen. Ihr größter Wunsch war es, auf ihre eigene Weise leben und beten zu dürfen, unabhängig von Kirche und Krone. Zwar sahen sie die Notwendigkeit zum Bau von Dörfern ein, damit man einander in einer rauhen und feindseligen Einöde beistehen konnte. Sobald jedoch diese Siedlungen über ihre ursprünglichen Grenzen hinauszuwachsen drohten, errichtete man lieber neue Ortschaften. So waren Philadelphia, New York und Boston die einzigen nennenswerten Kolonialstädte.

Diese Neigung zur ländlichen Gemeinschaft fand ihren Ausdruck in den *village greens* der Dörfer Neuenglands. Zuerst nannte man sie die *commons,* entsprechend der alten Tradition des Gemeindelandes, das von allen Bauern gleichermaßen in Anspruch genommen werden konnte. In England war es mit der Tradition vorbei, als sich die Großgrundbesitzer diese Allmende angeeignet hatten. Die Puritaner wollten sicherstellen, daß das in der Neuen Welt nicht wieder geschähe, und überschrieben die Commons gemeinschaftlich den ersten Siedlern eines Dorfes. Jeder von ihnen erhielt Bauland an diesem Gelände oder in seiner Nähe, das dabei für alle zugänglich blieb – als Pferch für Vieh, das auf die Felder vor dem Dorf getrieben werden sollte, als Weide für die Pferde und als Übungsplatz für die Dorfmiliz.

Der Platz konnte jede beliebige Form oder Größe haben; entscheidend dafür waren mehr die topographischen Gegebenheiten als Planung. Bald wurde er zum Zentrum des Gemeindelebens – so vielseitig wie die griechische Agora oder der venezianische Campo. Als wichtigste Einrichtung wurde das *meeting house* gebaut, das Kirche, Rathaus und Gemeindezentrum in einem war und seinen Platz neben dem Friedhof hatte. Man richtete ein Mittagshaus als Bleibe für Kirchenbesucher ein, die zu weit entfernt wohnten, um zwischen den beiden obligatorischen Sonntagsgottesdiensten zum Essen nach Hause zu gehen. Diese Häuser wurden später durch Gasthäuser ersetzt, die jedermann Unterkunft und Verpflegung anboten. Zu den späteren Neuerungen gehören auch Gerichtshof, Schule, Markthalle, Schmiede, Pulvermagazin und öffentliche Einrichtungen wie eine Waage, Lagerräume und ein Anschlagbrett. Der Boden des Platzes blieb während der ganzen Kolonialzeit unbefestigt, in der Regel mit Steinen übersät und ausgefahren.

Die Verwandlung des nützlichen, aber unansehnlichen Dorfplatzes in eine dekorative Rasenfläche begann im frühen 19. Jahrhundert und ist immer noch im Gange. Die Vereinigten Staaten richteten im Krieg von 1812 ein stehendes Heer ein, die regionalen Milizen wurden aufgelöst, und damit waren auch die Exerzierplätze in den einzelnen Gemeinden nicht länger nötig. Das Monopol der Puritaner wurde durchbrochen, und Kirchen anderer Religionsgemeinschaften wurden neben den ihren errichtet. Häufig verlegte man das ursprüngliche Meeting House mit dem Friedhof an eine andere Stelle. Der Platz wurde gesäubert, eingezäunt und mit Ulmen oder Pappeln eingerahmt. Der Stadtplaner Ronald Lee Fleming schreibt, daß es um 1870 in Neuengland zweihundert Gesellschaften zur Dorfverschönerung gab, die hauptsächlich Bäume pflanzten und offenkundige Schandflekken beseitigten.

Die Greens von Neuengland sind die ländlichen Vettern der Stadtplätze. Inzwischen sind viele von ihnen vom Verkehr überflutet. Andere wurden in Landschaftsparks verwandelt, so daß es viel Phantasie erfordert, sie als Keimzellen städ-

Harvard Green in Massachusetts: ein Dorfplatz, der die meisten seiner nützlichen Funktionen eingebüßt hat und zu einem Landschaftspark verwandelt wurde.

tischer Plätze zu erkennen. Massachusetts bietet eine reiche Auswahl an solchen Greens. In Harvard und Cohasset sind sie lange Rechtecke, flankiert von Kirchen, Behördengebäuden und Wohnhäusern, die sich anmutig den natürlichen Konturen des Geländes anpassen. Der Platz von Salem, ein großes Trapez aus dem Jahre 1626, wurde anläßlich eines Besuches des ersten Präsidenten Washington Square genannt. Als Teil einer erst kürzlich erfolgten Umgestaltung benannte man ihn in The Green um. Das dreieckige Green von Lexington wird als Geburtsstätte der amerikanischen Revolution angesehen. Touristen lassen sich dort fotografieren, und Kinder erhalten Unterricht in Heimatkunde. Markierungen kennzeichnen die Strecke, die die Freiwilligen des Unabhängigkeitskrieges auf ihrem Rückzug von der Buckhead Tavern Richtung Boston nahmen. In Form, Funktion und Proportion sind sie jedoch eher Parks.

Kleinere, regelmäßigere Dorfplätze vermitteln eher ein urbanes Lebensgefühl, so illusionär es auch sein mag. Der Moravian Church Square in Lititz in Pennsylvania wird auf drei Seiten säuberlich von der Schule, der mit Schindeln verkleideten Kirche und Häusern eingerahmt und auf der vierten Seite von der Einkaufsstraße begrenzt. Das Green in New Castle, der ersten Hauptstadt von Delaware, wurde 1651 von Peter Stuyvesant, einem Siedler aus New Amsterdam, angelegt. Es umfaßt ein zwei Blocks großes, rasenbewachsenes Rechteck, das sich von der Immanuel-Kirche mit ihrem von einer Mauer umschlossenen Friedhof und der Academy, dem heutigen Pfarrhaus, auf der einen Seite bis zum Alten Gerichtshof und dem Alten Rathaus am anderen Ende erstreckt. Zwischen beiden steht ein Gasthaus. Diese weißverputzten, öffentlichen Gebäude aus Ziegelstein mit Schindelverkleidung bilden einen visuellen Halt für den Raum, der von durchgehenden Häuserreihen aus dem 18. und 19. Jahrhundert an den Längsseiten hübsch geschlossen wird.

Eine Anwohnerin sinnierte beim Fegen vor der Haustür: »Heute kommen nicht mehr viele Leute auf den Platz, nur die alten Herren, die gern hier sitzen. Natürlich gibt es noch den Osterumzug, Hochzeiten und im Sommer einen Kunstmarkt. Aber alles ist anders, seit sie den Zaun weggemacht haben, der das Vieh zusammenhielt.«– »Wann war das?«– »Ach, ungefähr vor 150 Jahren.«

Im puritanischen Neuengland waren das Meeting House und später die Kirchen das wichtigste Zentrum. Im Quäkerstaat Pennsylvania, im Süden und später im Mittleren Westen stand oft das Gerichtsgebäude im Mittelpunkt. Nach Meinung von Edward T. Price hielten neue Siedlungen häufig Platz für ein Gerichtsgebäude frei, weil sie hofften, Kreishauptstadt zu werden. Wenn dies gelang, wurde in der Mitte des leeren Gevierts das Gerichtsgebäude errichtet, ähnlich wie in Polen im Mittelalter das Rathaus. Der ursprüngliche Platz wurde so zur Umrandung, die das wichtigste Gebäude der Stadt umschloß. Dort wohnten der Stadtdirektor, Richter und Geschworene, und dort waren auch das Stadtarchiv und das Gefängnis. Alle hatten an diesem Platz geschäftlich zu tun: Anwälte ließen sich dort nieder, Bauern trafen sich, um über Preise zu reden oder Pferde zu kaufen, und für Fremde wurde ein Hotel eröffnet. Andere Geschäfte folgten, und manchmal entstand ein Wochenmarkt. In der Blütezeit des Platzes im 19. Jahrhundert war er mehr als ein wirtschaftliches Zentrum. Wie Spiro Kostof in seinem Buch *America by Design* schrieb, war der Platz »politischer Boden. In seinem Bereich waren sich die Menschen ihrer Stellung bewußt und schöpften Kraft aus ihrer regionalen Tradition.«

Der Platz rings um das Gerichtsgebäude wurde als Nutzbereich betrachtet, und die Geschäftshäuser waren reine Zweckbauten. Öffentlicher Raum mußte nützlich sein, wenn er in amerikanischen Städten überleben wollte, sogar in der

Das Green in New Castle ist ein Rechteck, das Kirche, Rathaus und Gerichtsgebäude verbindet. An den Seiten stehen Häuser aus Backstein mit Schindelverkleidung.

Das Gemälde Salem Common on Training Day *aus dem Jahre 1808 von George Ropes zeigt den neuenglischen Dorfplatz in seiner ursprünglichen Funktion als Übungsgelände für die Milizen und Versammlungsort für die Gemeinde – ein ländlicher Vetter des Stadtplatzes.*

Thomas Hart Bentons Lithographie County Politics *aus dem Jahre 1973 zeigt das Kreisgericht in Buffalo, Missouri. Das Gerichtsgebäude und der umgebende Platz wurden das gesellschaftliche und wirtschaftliche Zentrum der Kreishauptstädte im Süden und im Mittleren Westen.*

Kolonialzeit. Auch Philadelphia sündigte bald: Einer von William Penns vier Erholungsplätzen wurde in einen Friedhof verwandelt, ein anderer in ein Lager für Ziegelsteine. Erst Anfang des 19. Jahrhunderts wurden sie von der Stadt wieder ihrem ursprünglichen Zweck zugeführt. In Charleston, South Carolina, wurde 1788 der einzige Platz zugebaut.

Savannah in Georgia war einzigartig, denn es verwirklichte und erweiterte die Vision seines Gründers, eine mehrzellige Stadt zu bauen, in der ein Schachbrettmuster mit einem Netz von Plätzen in einzelnen Wohnvierteln verbunden ist. Savannah war die erste Siedlung in Georgia, der letzten der dreizehn ursprünglichen Kolonien. Der Visionär war James Oglethorpe, General und Philanthrop. Er gründete die Siedlung im Jahre 1733, um in Schulden Geratenen und anderen Pechvögeln einen neuen Anfang zu ermöglichen. Was mag den ungewöhnlichen Plan inspiriert haben? Historiker, unter ihnen J. W. Reps, haben so vielfältige Quellen wie Palmanova, englische Kolonialstädte in Nordirland und Sir Robert Montgomerys nicht realisiertes Projekt von 1717 für das Margravate von Azilia genannt – das dort liegen sollte, wo später Georgia entstand. Auch sie zeigen Netze aus kleinen Plätzen, aber kein Plan kommt dem von Savannah gleich, der für Edmund Bacon »eines der feinsten Diagramme der Stadtgliederung und -erweiterung« ist.

Der ursprüngliche Plan sah vier Bezirke vor. Jeder war um einen Platz von 95 mal 80 Metern herum angelegt. Er diente als Marktplatz und Zufluchtsort für Menschen und Vieh im Falle eines Angriffs von Indianern oder von den Spaniern aus Florida. Die ersten Gebäude waren grob gebaute Holzhäuser, die 1796 einem Brand zum Opfer fielen. Der Friede von 1815 brachte Wohlstand, und eine bessere Bauweise setzte sich durch. Die Plätze wurden eingezäunt und mit Bermudagras bepflanzt. Reiche Kaufleute errichteten Häuser aus Ziegeln und Stein; für öffentliche Einrichtungen reservierte Grundstücke wurden mit Kirchen und Banken, Akademien und Behördengebäuden überbaut. Bis 1856 waren aus den ursprünglichen vier Plätzen 24 geworden. Dann brach der Sezessionskrieg aus; Shermans

Der Stich von Peter Gordon aus dem Jahre 1734 zeigt Savannah in Georgia ein Jahr nach seiner Gründung mit den ersten vier Bezirken und ihren zentralen Plätzen.

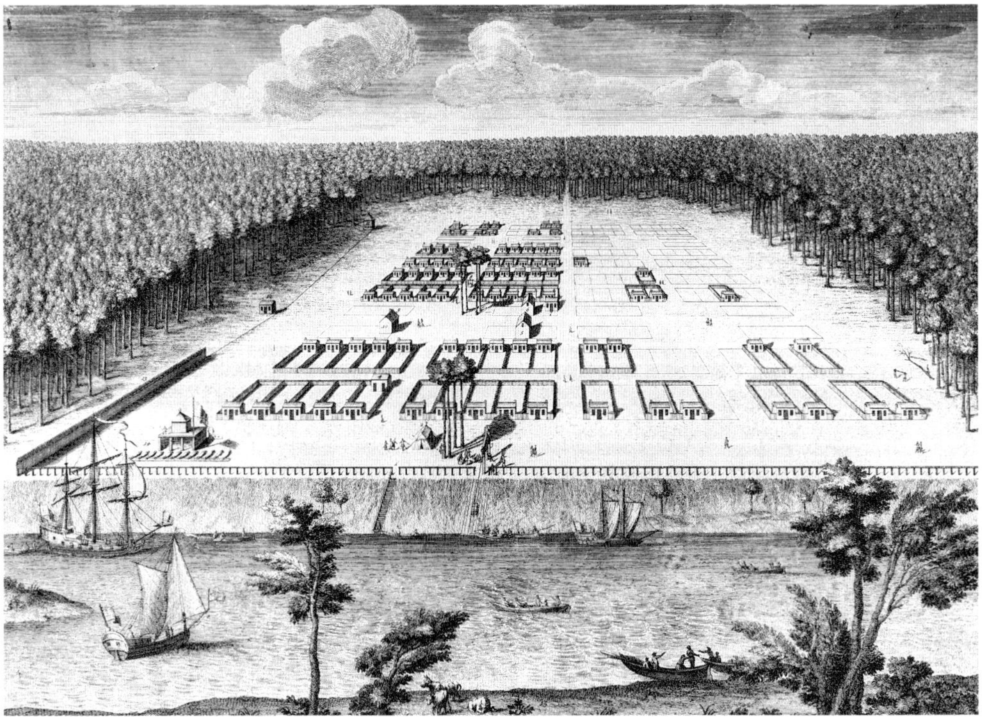

Savannah aus der Vogelperspektive, dargestellt von J. W. Hills im Jahre 1855. Blick vom Monterey Square nach Norden, die Bull Street hinauf zum State House

Truppen schlugen auf den Plätzen ihre Lager auf und verschonten die Stadt. Zwar erholte sich der Baumwollhandel nach dem Krieg rasch wieder, aber Savannah erlangte nie wieder seine einstige Bedeutung.

Die Expansion nach dem Krieg ignorierte den alten Plan; die Plätze wurden vernachlässigt und verkamen. Unansehnliche Gebäude wurden errichtet, Gärten verschwanden und klassische Häuser wurden um der grauen Ziegelsteine willen zerstört. 1954 wurde die Historic Savannah Foundation gegründet, die sich seither um die Restaurierung von Gebäuden und Plätzen in der ganzen Altstadt bemüht. Sie erreichte sogar eine Wiederherstellung und Verschönerung, ohne ein Ghetto für die Reichen zu schaffen. Heute gibt es noch zwanzig der alten Plätze, sonnengesprenkelte Oasen, die mit Glyzinien, Azaleen, Hartriegel und Magnolienbäumen bepflanzt sind, und Spanisches Moos fällt in Kaskaden von immergrünen Eichen.

Den großartigsten Ausblick hat man vom State House, das hoch über dem Fluß Savannah liegt. Es schaut nach Süden die Bull Street entlang. Die Straße schneidet die fünf wichtigsten Plätze in zwei Teile. Ziegelwege auf den Plätzen setzten die Bürgersteige der axialen Straßen fort, so daß man auf einer geraden Linie von Norden nach Süden und von Osten nach Westen durch die ganze Stadt gehen kann. Dabei hat man den Eindruck, daß jede Straße in einer grünen Wand endet, denn die Bepflanzung ist so dicht, daß man kaum durch sie hindurchsieht.

Alle fünf Plätze von Savannah haben ihr eigenes Gepräge. Öffentliche Versammlungen fanden auf dem Johnson Square statt, der als erster fertig war. 1776 wurde

Unitarierkirche und Chatham Academy am Chippewa Square in Savannah. Auf jedem der 24 Plätze, die vor 1856 angelegt wurden, waren die Grundstücke auf den kurzen Ost- und Westseiten ursprünglich für öffentliche Gebäude reserviert.

dort vor einer begeisterten Menge die Unabhängigkeitserklärung verlesen. Heute ist er ein nüchterner Bankbezirk. Am Wright Square stehen die Gerichtsgebäude des Kreises und des Bundesstaates, das Postamt, eine Kirche und ein Granitdenkmal für den Indianerhäuptling Tomo-chi-chi. Chippewa – der Name geht auf einen Sieg über die Engländer zurück – ist vielleicht der schönste: Riesige immergrüne Eichen bilden einen Baldachin über Daniel Chester Frenchs Denkmal für Oglethorpe. Der nadelspitze Turm der Unitarierkirche, die einen halben Block weiter steht, ergänzt die Erste Baptistenkirche, die Chatham Academy mit ihrem Ziergiebel und mehrere herrschaftliche Häuser. Der Madison Square verbindet eine gotische Kirche der Erweckungsbewegung und ein gotisches Herrenhaus mit einem riesigen romanischen Arsenal, in dem heute eine Kunstschule untergebracht ist. Der letzte und rustikalste Platz ist der Monterey Square, benannt nach einem Sieg über die Mexikaner. Ein Obelisk ehrt einen polnischen Helden des Unabhängigkeitskrieges, Casimir Pulaski. Dahinter liegt der Forsyth Park; zu beiden Seiten der Mittelachse liegen weitere Plätze, ordentliche und ungepflegte, bescheidene und eindrucksvolle.

Savannah war zu abgelegen, um andere amerikanische Städte zu beeinflussen; Washington D. C. war dafür zu ausgefallen. Die Hauptstadt der Nation wurde von Pierre L'Enfant, einem Ingenieur der französischen Armee, gestaltet. Er ließ sich von dem barocken Plan von Versailles anregen, wo er aufgewachsen war. Erste Vorläufer der diagonalen Achsen, der weiten Ausblicke und der Verkehrskreisel fanden sich bereits in Annapolis, Hauptstadt von Maryland, und in Williamsburg, der früheren Hauptstadt von Virginia. Beide wurden zwischen 1690 und 1700 von ihrem englischen Gouverneur, Francis Nicholson, gegründet. Auch St. Mary's City, für kurze Zeit die erste Hauptstadt von Maryland, war um 1660 nach barocken Prinzipien angelegt worden. Diese Städte waren jedoch von der Größenordnung her provinziell.

Der Plan, den L'Enfant 1791 für die junge Demokratie vorlegte, war so raumgreifend, daß ein ganzes Jahrhundert lang keine Erweiterung nötig war. Nach J. W. Reps hatte L'Enfant fünfzehn Plätze vorgesehen. Jeder sollte von einem anderen Bundesstaat gebaut und ausgeschmückt werden. In ihrem heutigen Erscheinungsbild werden die Plätze und Kreisel vom Schwung der großen Straßen mitgerissen. Washington ist eine Stadt der weiten Ausblicke, nicht der geschlossenen Räume. Lafayette Square, der parkähnliche Vorhof zum Weißen Haus, ist die einzige nennenswerte Ausnahme.

Die älteren Städte im Osten richteten sich nach traditionelleren Vorbildern. Der Louisburg Square in Boston ist so dicht umschlossen und so maßvoll wie jede georgianische Enklave in London. Er wurde von 1834 bis 1848 angelegt und ist der Inbegriff der Wohngegend Beacon Hill über dem Common – mit gediegenen und vielfältigen Reihenhäusern aus Backstein um einen privaten, eingezäunten Garten herum und Standbildern von Columbus und Aristides an beiden Enden. Die Straßen sind kopfsteingepflastert, die Bürgersteige aus Backstein haben hohe Granitbordsteine, und die ursprünglichen Gaslampen wurden beibehalten. Die Häuser sind auf der Westseite höher; manche haben vorgewölbte Mittelteile, andere sind glatt, aber sie bilden eine einzige harmonische Komposition. Der Garten ist eher ein Symbol der Privatsphäre als eine nutzbare Annehmlichkeit für die Anwohner. Er ist zu schmal und zu exponiert, um die heilige Ruhe eines Bedford Square zu bieten. Trotzdem haben die Anwohner ihre Eigentumsrechte zäh verteidigt, seit sie um 1850 die erste Vereinigung von Hausbesitzern in den USA gründeten.

In Baltimore markiert das Washington-Denkmal die Schnittstelle von zwei länglichen Plätzen. Mount Vernon ist ein ruhiger Bezirk mit Häusern aus der Mitte

Der Louisburg Square in Boston. Der Heilige Abend wird mit Weihnachtsliedersingen und Glockenläuten gefeiert.

Die nüchterne Reihe von Backsteinhäusern und der private, eingezäunte Garten sind der Inbegriff der Gediegenheit der Bostoner Wohngegend Beacon Hill.

Washington Place und Denkmal in Baltimore; Lithographie von E. Sachse aus dem Jahre 1850. Zwei längliche Plätze überschneiden sich bei der Säule auf der Spitze des Hügels.

des 19. Jahrhunderts, die auf dem Kamm eines Hügels hoch über dem Hafen liegen. Washington Place verläuft den Hügel hinauf und hinunter, an der Nord-Südachse der Charles Street entlang, und wird vom Peabody Institute und der angrenzenden Musikschule eingerahmt sowie von der Walters Art Gallery und einer aggressiv neugotischen Methodistenkirche aus grünem Stein. Washington blickt von seiner Marmorsäule auf ein wunderbar phantasievolles, städtisches Ensemble hinunter, dessen Würde selbst den Angriffen des Durchgangsverkehrs trotzt.

In New York überleben nur die Stärksten. Die Plätze im Zentrum haben Stürme erlebt, denen nur die wenigsten städtischen Räume standhalten können. Aus der begrenzten Grundfläche einer Insel den letzten Dollar herauszupressen, war das Leitprinzip, seit die ersten holländischen Siedler den Plan fallenließen, der ihnen aus den Niederlanden verordnet worden war, und ihr eigenes chaotisches, aber profitables New Amsterdam improvisierten. Nachdem die Engländer die Stadt übernommen und sie sich über ihre Mauern hinaus ausgedehnt hatte, zog jede Generation der vornehmen Gesellschaft weiter die Insel Manhattan hinauf, um der Masse eine Nasenlänge voraus zu sein. Diese Entwicklung und die Bautätigkeit wurde durch den von einer Regierungskommission festgelegten Plan von 1811 kanalisiert, der für eine noch grüne und hügelige Insel ein streng geometrisches Gittermuster von Straßen vorschrieb. Nur der Broadway wurde nicht in diese Zwangsjacke gesteckt und durfte weiterhin dem unregelmäßigen Verlauf eines alten Indianerpfades folgen. Fast alle Plätze der Stadt, die nördlich der 14. Straße liegen – die echten und die Hochstapler wie der Herald Square und der Times Square – sind am Broadway entlang aufgereiht.

Alle stammen aus der ersten Hälfte des 19. Jahrhunderts. Der Washington Square wurde kurz nach 1820 an der Stelle eines Armenfriedhofs und eines Galgens als öffentlicher Park und Exerzierplatz angelegt. Auf der Nordseite sind hübsche Reihenhäuser aus den 30er Jahren des 19. Jahrhunderts erhalten geblieben – Henry James schrieb *Washington Square,* als er in Nr. 1 wohnte. Die New York University wurde im selben Jahrzehnt gegründet und hat inzwischen die übrigen Seiten des Platzes mit häßlichen, viel zu großen Gebäuden verschandelt. Der Platz ist die Agora von Greenwich Village, ein Spiegel seiner kulturellen und ethnischen Vielfalt und ein Mikrokosmos New Yorks. Der Platz zittert regelrecht unter der Intensität und Gewaltsamkeit seiner Nutzung und stellt einen gleichermaßen unansehnlichen wie unverzichtbaren Spielraum dar: Er ist ein Ort, an dem man feiert und protestiert, im Amphitheater in der Mitte Musik hört, faulenzt, joggt oder plaudert. Die Vitalität der Menschen findet ihre Entsprechung in einer der bewegendsten Ansichten von New York: dem Blick durch den Memorial Arch von 1892 die Fifth Avenue hinauf. Sie verläuft pfeilgerade elf Kilometer nach Norden zum Harlem River und teilt unterwegs einen weiteren Platz in zwei Teile, den Marcus Garvey Park bei der 120. Straße.

Von der Lexington Avenue biegt man an der 17. Straße zum Gramercy Park ab. Er entstand ungefähr gleichzeitig wie der Washington Square und hat seine Exklusivität mit dem verschlossenen Privatgarten behalten. Der Union Square an der Kreuzung der 14. Straße und des Broadway wirkt auf einer Lithographie aus dem Jahre 1849 ebenso vornehm: Man sieht dort einen eingezäunten Garten mit Rasenflächen und einem Brunnen, private Kutschen, eine Kirche und solide gebaute Häuser. Zwanzig Jahre früher war er nur eine Kreuzung von Radspuren im Schlamm gewesen, zwanzig Jahre später machten sich dort Menschenmengen und der Handel breit. Ein Druck aus dem Jahre 1882 zeigt eine »Große Demonstration von Arbeitern«, und von da an war der Platz ein Symbol für radikale Politik, Heimat des *Daily Worker* und von Aktivisten jeder Couleur, Schauplatz von Maikundgebungen, Protesten gegen die Hinrichtung von Sacco und Vanzetti und von Auseinandersetzungen in der Zeit der Depression. Nur der Name blieb gleich: »Union« bezog sich auf die Vereinigung zweier Straßen und hatte nichts mit Gewerkschaften zu tun. Der Charakter des Platzes hatte sich völlig verändert: Er war heruntergekommen. Bis 1882 waren alle ehemals vornehmen Häuser des Platzes ersetzt durch ein Theater, ein Hotel und Restaurants, die German Savings Bank und den *New York Mirror,* einen Theaterkostümverleiher und einen Klempner. Die Bürgersteige waren verstopft, die Straße voll von Brauereifuhrwerken und Omnibussen. Bis 1919 war der Platz geworden, was der Herald Square und der Times Square schon immer waren: ein glorifizierter Verkehrsknotenpunkt, dem jede Kohärenz und jede Wirkung von Geschlossenheit fehlt, ein Sammelsurium von beziehungslosen Häusern mit ungepflegten Rasenstücken dazwischen.

In seinem Buch *Travels in New York and New England* aus dem Jahre 1821 klagte Timothy Dwight, Präsident der Yale University: »Es ist schon erstaunlich, daß der Hang zur Anlage öffentlicher Plätze fast überall in Vergessenheit geraten zu sein scheint, obwohl sie doch so schön und in großen Städten der Gesundheit

Lower Manhattan vom Union Square aus gesehen, eine Lithographie von C. Bachmann, ca. 1849. Als die New Yorker begannen, weiter nach Norden zu ziehen, wurde dieser Platz zu einem belebten Geschäftszentrum und einem Forum für radikale Demonstrationen.

so zuträglich sind. Nichts anderes ist derart aufheiternd, köstlich und empfänglich für die vereinigte Harmonie von Natur und Kunst.« Der Historiker J. B. Jackson, der sich mit Landschaftsarchitektur beschäftigte, stellte fest, daß im 19. Jahrhundert die kommunalen Aktivitäten abnahmen und der städtische Platz viel von seinem Prestige einbüßte. Als die Stadtplanung immer schnörkelloser ausfiel und sich zunehmend auf reine Schachtbrettmuster beschränkte, verlangte die Öffentlichkeit immer mehr nach Parks und nicht nach Plätzen, um dem Dschungel der Stadt zeitweise entfliehen zu können.

Romantisch gestaltete Friedhöfe und später die großen Stadtparks von New York, Chicago und San Francisco waren berühmt für das zwanglose Verhalten, das hier zugestanden wurde. Man mußte sich nicht gut anziehen oder vornehm tun, um dorthin zu gehen, wie Jackson schreibt: »Das war öffentlicher Raum einer neuen Art ... Er spiegelte die Ablehnung von Gebäuden und der klassischen Stadtplanung mit ihren historischen Anspielungen sowie des architektonisch gestalteten, öffentlichen Raumes wider.« Die Amerikaner des 19. Jahrhunderts assoziierten Schönheit mit Sittlichkeit. Frederick Law Olmstedt, der größte und einflußreichste Landschaftsarchitekt seiner Zeit, empfahl szenische Nachbildungen der Natur »aufgrund ihres harmonisierenden und verfeinernden Einflusses auf die unglücklichsten und gesetzlosen Klassen der Stadt – ein Einfluß, der die Höflichkeit, die Selbstkontrolle und die Mäßigung fördert«. Und Jackson wies darauf hin, daß die Stadtplätze immer mehr wie Parks behandelt wurden, die »wenig oder gar keine Verbindung zu ihrer städtischen Umgebung haben«. Es nimmt nicht Wunder, daß der Stadtplatz, eingeklemmt zwischen Schachbrettraster und Park, ein gefährdetes Objekt privater Begierde und öffentlicher Bedürfnisse wurde.

Union Square von Süden her im Jahre 1919. Die meisten Plätze in den amerikanischen Großstädten verloren ihren ursprünglichen, europäischen Charakter durch eine unkoordinierte Bauweise und überdimensionale Gebäude.

Mit Rom als Vorbild legten die Herrscher von Salzburg in Österreich im frühen 17. Jahrhundert drei große Plätze an. Sie flankierten einen neuen Dom und eine neue Residenz am Rand der Altstadt.

5

Die Stadt als Bühne

Salzburg, heute in erster Linie als die Stadt Mozarts und der Festspiele bekannt, sollte nach dem Willen seiner Herren früher einmal das Rom des Nordens werden, und die drei Plätze, die den Dom umgeben, haben einen Hauch päpstlicher Grandeur. Seit ihrer Gründung im Jahre 682 wurde die Stadt zunächst von Erzbischöfen regiert. Im Mittelalter reichte ihre Macht zeitweise bis nach Italien. Die Salzminen brachten den Reichtum, und die Festung Hohensalzburg bot die notwendige Sicherheit. Zwischen der Burg und dem Fluß lag dicht zusammengedrängt die mittelalterliche Stadt. Sie wurde von drei Herrschern in ein Paradebeispiel der Renaissancearchitektur verwandelt.

Den Anstoß gab Wolf Dietrich von Raitenau (1587-1612), ein wahrer Renaissancemensch. Er war in Rom aufgewachsen und hatte eine jüdische Frau von großer Schönheit geheiratet, für die er Schloß Mirabell baute. Sie gebar ihm zwölf Kinder. Seine letzten Lebensjahre mußte er aufgrund eines Urteils des Heiligen Offiziums in Rom unter Arrest auf seiner Familienfestung verbringen. Trotz – oder vielleicht gerade wegen – seiner Neigung zum Weltlichen gab er Scamozzi den Auftrag, den alten brandgeschädigten Dom durch einen neuen zu ersetzen, der die Peterskirche in den Schatten stellen sollte, und auf einem benachbarten Platz begann er den Bau einer neuen Residenz.

Marcus Sitticus, sein Nachfolger, begann mit dem Bau des Doms, allerdings in erheblich kleineren Dimensionen, als ursprünglich geplant. Unter Paris Lodron (1619-53) wurden Dom und Residenz fertiggestellt und die drei Plätze angelegt. Sie sollten die Aufmerksamkeit des Betrachters auf die beiden Symbole geistlicher und weltlicher Macht lenken. Hundert Bürgerhäuser wurden abgerissen, um Raum zu schaffen, und aus der Luft gesehen bilden die großen Plätze heute noch einen scharfen Kontrast zur drangvollen Enge der Altstadt. In ähnlicher Weise wurden Plätze überall in Europa unter dem zunehmenden Einfluß des päpstlichen Rom und später von Versailles angelegt.

Alle Plätze Salzburgs bringen den kühnen Bau des barocken Doms zur Geltung und lenken den Blick auf die dahinterliegenden Räume. Man kann sie als eine einheitliche, dreidimensionale Komposition von Materie und Raum betrachten: Die Festung auf ihrem Felsen, die grünen Hügel über dem Fluß und eine Reihe untergeordneter Plätze bilden ein harmonisches Ganzes. Die schlichten, mit grauem Stuck verkleideten Gebäude der Kirchenverwaltung schließen den Domplatz und bringen die hochragende Westfront des Doms mit ihren Heiligenstatuen und der Mariensäule aus dem Rokoko zur Geltung. Bei den Festspielen im Sommer wird auf dem Platz Hugo von Hofmannsthals *Jedermann* aufgeführt, eine Tradition, die in den 20er Jahren mit Inszenierungen von Max Reinhardt begann. Die Ecken des Platzes sind durch Loggien mit den benachbarten Plätzen verbunden.

Der Kapitelplatz ist ein lockerer, offener Raum. Er wird von der Feste Hohensalzburg beherrscht, die sich 120 Meter über ihm erhebt. Noch immer rollen Kutschen am Neptunbrunnen vorbei, der früher als Pferdetränke diente. Der weiteste und lebensfrohste ist jedoch der Residenzplatz, früher ein Friedhof. Er bringt den Dom, die Residenz, die spielzeugrosa gestrichene Michaelskirche und das Neugebäude mit dem Glockenspiel zur Geltung. Der Standplatz der Kutschen befindet sich neben dem Hofbrunnen, einer Hochzeitstorte aus behauenen Felsblöcken, tänzelnden Pferden und sich windenden Titanen, gekrönt von einem Triton, der ein Muschelhorn bläst. Auf der einen Seite schließt sich der Mozartplatz an mit einer Statue des Komponisten, Sitzbänken und Cafés. Auf der anderen Seite führt eine Straße zu dem engen, mittelalterlichen Alten Markt. Er ist von in Rosa- und Grüntönen gehaltenen Rokoko-Fassaden gesäumt. Mit ein paar Schritten kann der Besucher 900 Jahre Baugeschichte durchmessen und eine betörende Folge städtischer Räume erfahren. Trotz ihres Glanzes schaffen die Salzburger Plätze einen maßvollen Übergang vom ruhigen Gleichgewicht und den geschlossenen Räumen der Renaissance zu der kraftvollen Spannung und den ausgreifenden Räumen des Barock.

Die Urheimat der Stadtplanung in großem Stil und der in ihrem Zuge entstandenen dynamischen Plätze ist Rom. Päpste haben die mutigen Schritte zur Wiederbelebung einer ruinierten Stadt unternommen. Die Gegenreformation des 16. Jahrhunderts orientierte sich am Theater. Sie schuf mit ihren Tempeln und öffentlichen Plätzen raffinierte Bühnen, um die Gläubigen zu bezaubern und die Skeptiker zu gewinnen. Größe, prunkvolles Ornament und Illusion wurden miteinander kombiniert, um die Emotionen unmittelbar anzusprechen. Die Werke von Architekten, Malern und Bildhauern waren von religiöser Ekstase und von weltlichem Pomp erfüllt.

Michelangelo beherrschte alle drei Künste, und er war ein tiefreligiöser Mann.

Die Festung Hohensalzburg, mit deren Bau 1077 begonnen wurde, beherrscht den Kapitelplatz im Süden des Doms.

Blick über den Residenzplatz in Salzburg Richtung Mozartplatz mit der Michaelskirche, dem Brunnen und dem Glockenspiel.

Trotzdem spricht die Piazza del Campidoglio den Intellekt stärker an als das Gefühl und war eher politisch als religiös inspiriert. Es dauerte über hundert Jahre, bis das Projekt vollendet war. Begonnen wurde es 1536. Papst Paul III. wollte für Kaiser Karl V. eine angemessene Bühne schaffen, damit er seinen bei Tunis über die Türken errungenen Sieg mit einem Triumph in Rom feiern konnte. Die Stadt war ein knappes Jahrzehnt zuvor beim Sacco di Roma von kaiserlichen Truppen geplündert worden und litt noch immer unter den Folgen. In der kurzen Zeit bis zu Karls Ankunft waren deshalb nur kosmetische Verbesserungen möglich.

Hinter der provisorischen Pracht lag ein schlammiger Hügel, und an dem Ort, wo sich einst die erste Festung des alten Roms erhoben und das Heiligtum befunden hatte, in dem die siegreichen Feldherren den Göttern opferten, standen jetzt zwei verfallende mittelalterliche Gebäude. Michelangelos Plan, der später von Giacomo della Porta und Girolamo Rainaldi modifiziert und bis 1640 ausgeführt wurde, ergänzte die Topographie und die bestehenden Gebäude so geschickt, daß ein völlig eigenständiges Kunstwerk entstand: eine Bühne für feierliche Ereignisse und ein symbolisches Bindeglied zu den Ruinen des Forums unterhalb des Platzes.

Dreh- und Angelpunkt der gesamten Komposition war das bronzene Reiterdenkmal des Mark Aurel, eines der großartigsten Standbilder der Antike. Man hatte es lange Zeit für eine Darstellung des christlichen Kaisers Konstantin gehalten; deshalb war es der Zerstörung durch Fanatiker entgangen. Der Senatorenpalast wurde unter teilweiser Verwendung mittelalterlicher Gebäudeteile wiedererrichtet und mit einem Turm, einer Treppe und einem Brunnen versehen. Der Palazzo Nuovo wurde gebaut, um die mittelalterliche Kirche Santa Maria d'Aracoeli abzuschirmen und ein Gegengewicht zum Palazzo dei Conservatori zu schaffen, der eine neue Fassade erhielt. Michelangelo folgte den Linien der bereits existierenden Gebäude und schuf einen trapezoiden Platz. Er gleicht in Grundriß und Gebäudestruktur dem Platz von Pienza, ist aber in der Wirkung völlig verschieden. Dieser ist klein, statisch und

Bernardo Bellottos Gemälde der Campidoglio aus dem 18. Jahrhundert zeigt den dramatischen Kontrast zwischen der steilen mittelalterlichen Treppe der Aracoeli und der breiten, flachen Cordonata, die zur Statue Mark Aurels und zum Senatorenpalast hinaufführt.

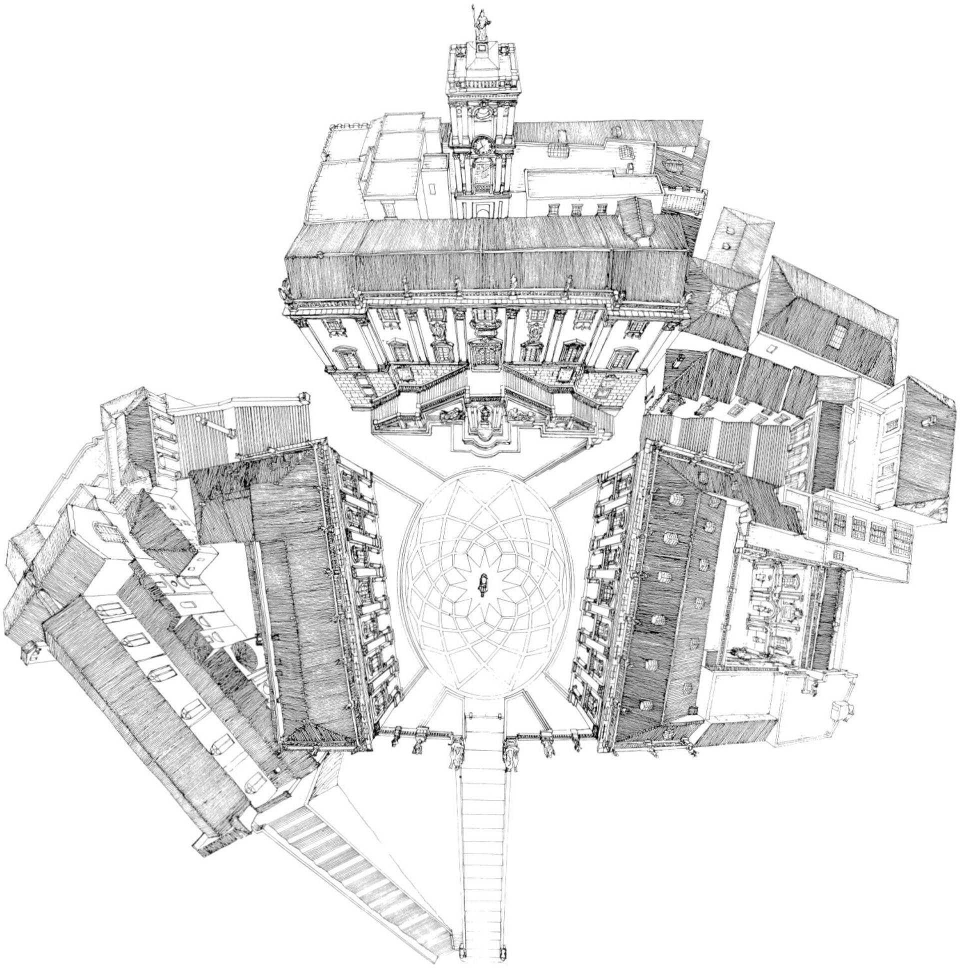

Im Zentrum der Campidoglio stand die Statue Mark Aurels, eines der wertvollsten noch erhaltenen Standbilder der Antike. Sie wurde 1980 wegen der Luftverschmutzung entfernt.

Die multiperspektivische Skizze von J. H. Aronson zeigt den Palazzo Nuovo, der von Michelangelo entworfen wurde. Er schließt die linke Seite des Platzes, schirmt die mittelalterliche Kirche Aracoeli ab und schafft so einen trapezoiden Platz.

Blick auf die Campidoglio von der Rampe, die am Senatorenpalast vorbei zu den Ruinen des Forums hinabführt.

geschlossen; er kann von einem einzigen Blickwinkel aus verstanden werden. Dagegen erschließt sich die Piazza del Campidoglio nur, wenn man sie überquert und um sie herumgeht.

Von der darunterliegenden Straße führen zwei Treppenanlagen mit ganz unterschiedlichem Charakter auf den Platz. Die Anlage der Aracoeli wurde 1348 gebaut, um die Errettung vor der Pest zu feiern. Ihre steilen Stufen erinnern an »das mittelalterliche Verständnis des Lebens als einer beschwerlichen Pilgerschaft, die schließlich in den Himmel führt«, wie es Georgina Masson formuliert hat. Die *cordonata,* Michelangelos Treppe auf die Piazza, ist breit und hat niedrige Stufen. Sie wurde für den zeremoniellen Aufstieg eines berittenen Kaisers zur Begrüßung seines antiken Kollegen geschaffen. Die Treppe und der Turm des Senatorenpalasts führen das Auge weiter nach oben und begrenzen abrupt den Blick. Innerhalb der Trapezform befindet sich ein ovales Pflaster mit einem zwölfzackigen Stern aus schwarzem und weißem Marmor, das erst 1940 restauriert wurde. Es bietet ein kaleidoskopartiges Bild, das die einzelnen Elemente fragmentiert und neu ordnet. Das Pflaster ist zugleich gewölbt und symbolisiert die Kuppe des Hügels. Die Stufen aus Travertin am Senatorenpalast sind auf beiden Seiten scharf abgesetzt. Alles scheint in Bewegung. Die Piazza del Campidoglio ist mit 72 Metern Länge und 38 bis 55 Metern Breite der kleinste von Roms wichtigsten Plätzen, hat aber die größte Energie.

Während ich dies schreibe, befindet sich Mark Aurel in Schutzhaft. Er ist ein Opfer der Luftverschmutzung geworden. Vierzig Jahre Fortschritt haben größeren Schaden verursacht als die Kriege und die Vernachlässigung der Bauwerke und Denkmäler in 18 Jahrhunderten. Aber das ist der einzige Wermutstropfen. Der Platz ist nicht mit Autos verstopft – dicke Ketten verwehren sogar den Senatoren die Zufahrt. Er bietet trotz des leeren Denkmalsockels ein atemberaubendes Schauspiel. Jede Form und jeder Raum, jede Veränderung der Ebene oder der Richtung des Blicks läßt das Genie erkennen.

Auch die ältere Vergangenheit kann man sich hier leicht vergegenwärtigen. Zu Weihnachten kommen die Schafhirten von den Hügeln herunter und spielen vor dem Beginn der Mitternachtsmesse auf den Stufen der Aracoeli auf ihren Dudelsäcken. In Sommernächten lassen sich nur ein paar Schritte hinter dem Palazzo Senatorio die angestrahlten Ruinen des Forums bewundern – ein Anblick, der die Humanisten der Renaissance tief bewegte. Georgina Masson ruft auch die »blutgetränkten Erinnerungen an das mittelalterliche Rom« wach, in dem der heutige Platz als Markt und Hinrichtungsstätte genutzt wurde: »In einer Winternacht, wenn eine eiskalte *tramontana* durch die Kolonnaden des Platzes fegt, fällt einem die Vorstellung von dem Hügel zu jener Zeit leichter, als noch die Festung der Corsi zwischen den antiken Ruinen kauerte und in den Straßen unter ihr die Wölfe kämpften.«

Kein Papst hat so viel für die Verschönerung Roms getan wie Sixtus V. (1485-1490). Er stellte Obelisken aus der Antike auf, um Alleenachsen und Plätze zu definieren, die erst lange nach seinem Tod fertiggestellt werden sollten. Der Obelisk, den er in dem ungeordneten Raum vor der noch unvollendeten Peterskirche aufstellen ließ, war von Caligula nach Rom gebracht worden. Im Mittelalter hatte man geglaubt, der Obelisk habe in der Mitte von Neros Zirkus gestanden und eine goldene Urne mit der Asche Julius Caesars auf seiner Spitze getragen. Der Transport des Monolithen dauerte vier Monate und erforderte 900 Männer und 140 Pferde.

Es dauerte 120 Jahre, bis die Peterskirche auf den Fundamenten der konstantinischen Basilika aus dem 4. Jahrhundert errichtet war. Bramante hatte 1506 mit dem Projekt begonnen. Er plante einen symmetrischen Bau in Form eines griechischen Kreuzes mit einer flachen Kuppel, umrahmt von einer Piazza mit Kolonnaden. Er konnte diesen für die Renaissance typischen Zentralbau jedoch nur en miniature in dem runden Tempietto realisieren, das auf dem Janiculum an der Stelle steht, wo der Legende nach der Apostel Petrus gekreuzigt wurde. Im nächsten Jahrhundert wurde aus dem ursprünglich geplanten Zentralbau eine Kirche mit einer hohen Kuppel und einem langen Hauptschiff, die auf Entwürfe von Michelangelo und Carlo Maderna zurückgehen.

Im Gegensatz zur langwierigen Baugeschichte der Kirche wurde der Petersplatz von einem einzigen Baumeister in nur drei Jahren gebaut: von Gianlorenzo Bernini, dem angesehensten Architekten und Bildhauer Roms im 17. Jahrhundert. Einer seiner ersten Aufträge war der große Baldachin in der Peterskirche unter ihrer Kuppel. Im Jahre 1655 wurde Bernini von Alexander VII. beauftragt, den ungeordneten Raum vor dem Dom so zu gestalten, daß er beim Empfang des päpstlichen Segens einen geeigneten Rahmen für die Pilgermassen bot und die Kirche mit den benachbarten Gebäuden des Vatikans in Einklang brachte. Bernini entwarf Kolonnaden, die im Gegensatz zu dem extravaganten Baldachin sehr streng wirken. Sie umschließen eine trapezförmige Treppenanlage, die als Vorhof zum Eingang von St. Peter dient, und umgreifen dann in zwei großen Halbkreisen den Petersplatz. Ursprünglich wollte Bernini den Platz mit einem halbkreisförmigen Vestibül vollends schließen und ihn von der Zufahrtsstraße abschirmen. Leider wurde es nie gebaut, und die schmalen mittelalterlichen Straßen, durch die ebenfalls ein Eindruck von Geschlossenheit entstanden war, wurden 1940 abgerissen, als man die Via della Conciliazione baute. So klafft ein Loch in der Umfriedung, und der beabsichtigte Überraschungseffekt blieb aus.

In jeder anderen Beziehung verwirklichte Bernini seine Vorstellungen – 200 Jahre nachdem Papst Nicholas V. die Autorität der Kirche mit der »Bestätigung durch grandiose Gebäude« hatte stärken wollen. Die Piazza weckt Ehrfurcht, aber

Zwischen 1655 und 1657 schuf Bernini zwei Loggien, die einen Rahmen für die Peterskirche (gegenüber) und die davor versammelten Pilgermassen bilden. Er plante, den Platz mit einem Vestibül vollends zu schließen, aber es wurde nie gebaut.

Die vier Säulenreihen, die die Piazza di San Pietro umgeben, sind auf die Fassade der Peterskirche abgestimmt.

Die Piazza di San Pietro, wie sie sich auf einem Fresco im Vatikan aus dem späten 16. Jahrhundert darstellt. Der 1586 aufgestellte Obelisk beherrscht einen noch ungestalteten Platz und die noch im Bau befindliche Kirche.

sie kommt dem Betrachter auch entgegen, sie empfängt ihn sozusagen mit weit geöffneten Armen wie die Mutter Kirche selbst. Mit meisterhaftem Geschick hat der Architekt ein Amphitheater geschaffen, in dem sich der Boden zum Zentrum hin neigt, so daß jedermann über die Köpfe der Menge hinweg den Papst sehen kann, wenn er den Segen erteilt. Verstand und Gefühl sind in dem Bauplan harmonisiert. Zwei runde Marmorplatten zeigen die Mittelpunkte der beiden ineinander verschränkten Kreise an, und von einem dieser Zentren aus gesehen erscheint die jeweils näher gelegene vierfache Kolonnadenkette, als stünden dort nur vier einzelne Säulen: Die Marmorkreise sind Ruhepunkte auf der Querachse zwischen dem Obelisken und den Brunnen, von wo aus man die Größe des Platzes von 179 mal 130 Metern am besten würdigen kann. Seine Grandeur ist häufig imitiert worden – die klassizistische Piazza Plebiscito in Neapel zum Beispiel hat eine ähnliche halbkreisförmige Kolonnade –, aber sie wurde nie erreicht.

Zuvor hatte Bernini zur Verschönerung von Roms ältestem geschlossenen Platz, der Piazza Navona, beigetragen. Sie hat ihren Namen und ihre längliche Form vom Circus Agonalis, einem von Domitian (81-96 n. Chr.) erbauten Stadion. Auf dessen Galerien waren Häuser errichtet worden wie im Amphitheater von Lucca, aber noch im Jahre 1450 schaute die Bevölkerung von den antiken Bänken aus bei Turnieren zu. Danach wurde der Boden gepflastert und der Markt der Stadt vom Fuß des Kapitolinischen Hügels hierher verlegt, um das ehemalige Stadion als öffentlichen Platz zu nutzen. Über den verbliebenen Sitzreihen wurden Gasthäuser und Kantinen errichtet. Die Familie Pamphili baute ihren Palast an der Piazza, und 1645 begann einer ihrer Nachkommen, Papst Innozenz X., mit ihrer Umgestaltung. Innerhalb von zwanzig Jahren sollte daraus der malerischste Platz Roms werden, und es kam in Mode, dort zu wohnen oder zu promenieren.

Die Piazza Navona auf dem Druck eines unbekannten Künstlers um 1630. An dieser Stelle Roms befand sich früher ein antikes Stadion. Es wurde Ende des 15. Jahrhunderts gepflastert und diente als Marktplatz.

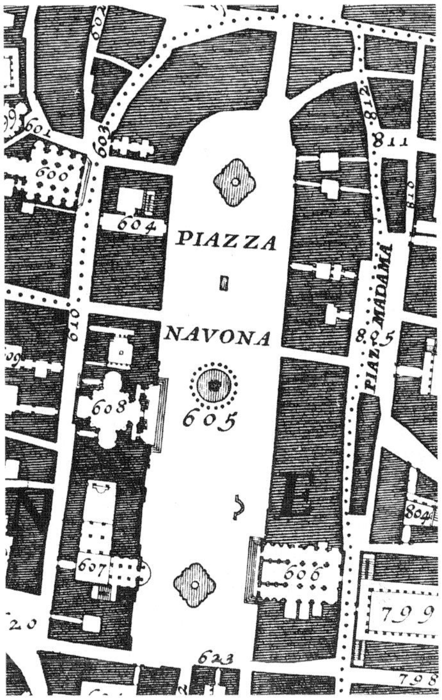

Zur Erneuerung wurde ein zerbrochener Obelisk von der Via Appia herbeigeschafft, der den Blick auf das Zentrum des langgestreckten Platzes lenkt. Mit Steinmetzarbeiten belebte Bernini den gesamten Raum: Am Fuß des Obelisken legte er um 1650 den Vierströmebrunnen mit allegorischen Figuren an, die den Nil, den Ganges, die Donau und den Rio de la Plata darstellen. Dem bereits vorhandenen Brunnen am südlichen Ende des Platzes fügte der Architekt die Gestalt eines Mohren hinzu. Der Neptunbrunnen am Nordende wurde erst 1878 aufgestellt. Ein Gegengewicht zu dem Brunnen im Zentrum bildet die Kirche Sant'Agnese in Agone. Ihre von Francesco Borromini gestaltete Fassade zeigt eine wunderbar abgestimmte Wechselwirkung zwischen kuppelförmigen und durchbrochenen Dachaufsätzen über einer konkaven Einbuchtung in der Mitte der Gebäudefront mit scharf ziselierten Verzierungen.

Die Piazza wurde der Schauplatz der Festspiele des barocken Roms. Im August wurde sie im Zentrum einen halben Meter tief unter Wasser gesetzt, und unter musikalischer Begleitung fuhren Kutschen im Kreis herum – im antiken Zirkus waren dort noch Seeschlachten nachgespielt worden. Für Feiertage und spezielle Feste erhielt der Platz eine raffinierte Dekoration. Bevor man heute beklagt, er sei schmutzig und ein Tummelplatz des Pöbels geworden, sollte freilich bedacht werden, daß Rom nie so hübsch gepflegt war, wie es auf alten Drucken erscheint. Tobias Smollet schrieb schon 1765 in seinem Buch *Travels through France und Italy*: »Die edle Piazza Navona ist mit drei oder vier Brunnen geschmückt, deren einer vielleicht der schönste Europas ist, aber der Platz ist fast so dreckig wie West Smithfield, wo in London das Vieh verkauft wird.«

Ihr verbliebener Reiz ist in den frühen Morgenstunden am größten, wenn die Sonne die Brunnen nacheinander zum Leben erweckt und den verblaßten ockerfarbenen Fassaden Glanz verleiht. Ihre flachen, wie gemalt wirkenden Oberflächen erinnern an alte Fresken, und das Farbenspiel bringt den blitzenden Travertin und das bildhauerische Feuerwerk der Kirche und der Brunnen zur Geltung. Der Dialog zwischen Bernini und Borromini – die konkurrierenden Architekten haben im wirklichen Leben nie miteinander gesprochen – ist so dramatisch, daß man sich

Neun schmale Straßen führen auf die Piazza Navona, ohne den Eindruck der Geschlossenheit zu stören. Detail aus dem 1748 entstandenen römischen Stadtplan von Giambattista Nolli.

Piazza Navona, geflutet, *Giovanni-Paolo Pannini, 1756. Noch im 19. Jahrhundert wurde der Platz an Sommerwochenenden in einen flachen See verwandelt. Die vornehme Gesellschaft paradierte dort mit ihren Kutschen, und es wurden Wasserspiele vorgeführt.*

Berninis Vierströmebrunnen mit seinem Obelisken lenkt den Blick auf das Zentrum der langgestreckten Piazza Navona und belebt sie (oben).

Ein Parkplatz auf der Piazza di San Ignazio (rechts), Roms attraktivstem kleinen Platz, wo eigentlich Schauspieler flanieren sollten.

Der Barcaccia-Brunnen und die Spanische Treppe in der Via Condotti; sie wirken aus dieser Perspektive ungemein szenisch.

Der Überraschungseffekt ist das größte Kapital des Trevi-Brunnens: Man hört das Wasser rauschen und sieht Felsblöcke (unten links), bevor einen der Anblick des Brunnens mit seinem Reichtum überwältigt. Er füllt seine kleine Piazza (unten rechts) mit einem Überfluß an Geräuschen und bildhauerischen Formen.

Piranesis Stich von der Piazza di Spagna, Mitte des 18. Jahrhunderts. Die Treppenanlage ist als »eine Stein gewordene Form des tanzenden Rhythmus einer galanten Zeit« bezeichnet worden.

zum Zentrum des Platzes hingezogen fühlt. Man registriert kaum, daß er eigentlich ein langgezogener Korridor ist und gegen die konventionellen Regeln der Proportionalität verstößt. Von beiden Enden aus erscheint der Raum verkürzt und wohlausgewogen.

Die gleiche Dramatik herrscht auch auf der Piazza di Spagna und auf der Treppe, die zu der Kirche Trinità dei Monti hinaufführt. Wenn man die Piazza an einem schönen Sonntagnachmittag von der Via Condotti aus betritt, ist das so überwältigend, als geriete man auf der Bühne der Scala mitten in die Aufführung einer Verdi-Oper. Man muß zwar keine Vorstellung geben und erhält auch keinen Beifall, aber das Licht ist genauso strahlend, und die Ränge sind genauso überfüllt. Im Vordergrund liegt der marmorne Barcaccia-Brunnen. Er hat die Form einer Barke und wurde 1629 so konstruiert, daß er den niedrigen Wasserdruck jener Zeit effektiv ausnutzen konnte. Hinter dem Brunnen scheint die Spanische Treppe in drei großen Sprüngen den Hügel hinauf zu der Kirche und dem Obelisken zu tanzen. Zur Linken verläßt die Via del Babuino den keilförmigen Platz und führt schnurgerade zu einem weiteren Obelisken im Zentrum der Piazza del Popolo. Man möchte singen bei diesem Anblick.

Bis zum frühen 18. Jahrhundert führte nur ein Pfad den Hügel hinauf, auf dem Spanien seine Botschaft hatte. Die Kirche war jedoch 1495 von Karl VIII. von Frankreich gestiftet worden, und der französische Botschafter kam nun auch für den Bau der Treppe auf. Francesco de Sanctis' Plan erfüllte vier Bedingungen: Die Treppe konnte als eine Einheit gesehen werden, ihre Dreiteilung erinnerte an die Dreifaltigkeit und machte sie zum Promenieren und für festliche Ereignisse geeignet, und schließlich sorgte sie für eine effektive Entwässerung. Auf Michelangelos Platz stellt die *cordonata* lediglich eine Ouvertüre dar. An der Piazza di Spagna hingegen ist die Spanische Treppe – offiziell heißt sie Scalinata della Trinità dei Monti – das Hauptereignis: ein Zusammenklingen in drei Dimensionen.

In den Jahren 1723-1726 erbaut, wurde sie schnell zu einem Anziehungspunkt für Touristen und Exilierte. Stendhal, Balzac und Wagner, Dichter der Romantik und Lords auf großer Reise besuchten sie. Im 18. Jahrhundert wurde das Gebiet um die Treppe das »englische Ghetto« genannt, und die Via delle Carrozze trug ihren Namen wegen der vielen Reisekutschen, die dort repariert wurden. Sie war Roms wichtigster Hotelbezirk. Zu den Relikten aus jener Zeit gehören das Caffé Greco und Babington's Tea Room. In seinem Buch *Architektur-Erlebnis* bezeichnet Steen Eiler Rasmussen die Scalinata als eine Verkörperung der 20er Jahre des 18. Jahrhunderts, »eine Stein gewordene Form des tanzenden Rhythmus einer galanten Zeit«. Er stellte sich vor, wie Damen in Reifröcken und Herren in seidenen Kniebundhosen in einer Polonaise die Treppe hinauftanzen: Sie schreiten vorwärts, trennen sich, treffen sich mit Knicks und Verbeugung auf einem Absatz wieder, und so fahren sie fort, bis sie sich auf der obersten Terrasse umdrehen und die ganze Stadt überblicken können.

Die Piazza di San Ignazio wäre der passende Ort, sich eine Oper aus dem 18. Jahrhundert anzusehen – Mozarts *Cosi fan Tutte* wäre ideal. Filippo Raguzzini, einer der begabtesten und kreativsten Rokoko-Architekten, hat dieses kleine Meisterwerk im Jahre 1727 entworfen. Es liegt gegenüber der außen streng wirkenden und innen überaus prunkvollen Jesuitenkirche San Ignazio de Loyola. Mit einem geistreichen Kunstgriff, den man auf Nollis klassischem Stadtplan gut erkennen kann, hat der Architekt den Grundriß der Apsis der Kirche in seinem Platz gespiegelt und so das Innere der Kirche quasi ins Freie verlängert. Außerdem setzte er die vierstöckigen Blocks am Rand des Platzes in eine Linie mit dem Gesims der Kirche.

Der Ausschnitt aus Nollis Stadtplan zeigt, wie die Piazza di San Ignatio den Grundriß der Kirche widerspiegelt, der sie gegenüberliegt.

Platz und Kirche könnten in ihrem Geist nicht verschiedener sein. Das Heilige wird mit dem Weltlichen konfrontiert, ein feierliches Gebäude steht wechselnden Perspektiven und einem köstlichen Zusammenspiel von Licht und Raum gegenüber. Die Fassaden aus verblaßtem Stuck sind mit muschelartigen Ornamenten geschmückt. Man wartet förmlich darauf, daß auf beiden Seiten des Platzes Schauspieler aus den Kulissen treten, aber leider nahen stattdessen nur Autos auf der vergeblichen Suche nach einem Parkplatz. Und eigentlich müßte dort ein verliebter Galan seiner Angebeteten auf ihrem Balkon ein Ständchen bringen können, doch sind in dem Gebäude nur die Carabinieri untergebracht. Sogar die Trattoria an der Ecke ist heruntergekommen. Aber Rom ringt der Geißel des Autoverkehrs immer wieder ein Stück von seinem Erbe ab; dieser bezaubernde Platz sollte bald gerettet werden.

Der Trevi-Brunnen enttäuscht nie. Wie San Ignazio an Mozart erinnert, fällt einem bei diesem Brunnen Puccini ein: überlebensgroß, ungeheuer dramatisch und mit Melodien, die jeder mitsummen kann. Wer hätte da noch keine Münze in den Brunnen geworfen, in der Hoffnung, einmal an diesen Ort zurückzukehren? Und wer erinnerte sich nicht an die klassische Szene aus Fellinis *La Dolce Vita,* in der Marcello Mastroianni und Anita Ekberg in dem Brunnen herumplanschen, kurz bevor er für die Nacht abgestellt wird?

Alberti entwarf den ersten, noch einfachen Brunnen, der aus einem 1447 im Auftrag von Papst Martin V. restaurierten antiken Aquädukt gespeist wurde. In seinem Becken wurde Wolle gewaschen, und das Wasser galt als das sauberste der ganzen Stadt, so daß es in späteren Jahren die in Rom wohnenden Engländer zum Teekochen holten. Die Piazza di Trevi trägt ihren Namen, weil auf ihr drei Straßen zusammentreffen: *tre vie.* Der heutige Brunnen wurde erst 1732 bei Nicolò Salvi in Auftrag gegeben und 30 Jahre später nach dessen Tod vollendet. Salvis Entwurf stützte sich auf eine Zeichnung Berninis, die Neptun von Seepferden gezogen zeigt. Er ging jedoch viel weiter und schuf, wie es James Lees-Milne in *Roman Mornings* ausdrückte, »einen Palast, der sich in einen Brunnen auflöst«. Es ist flüssige Architektur. Das Wasser wird eingesetzt wie die Spiegel in den Interieurs des Rokoko,

Vergoldete, schmiedeeiserne Tore markieren die Ecken der Place Stanislas in der nordost-französischen Stadt Nancy. Der Platz wurde von Stanislas Leszczynski in Auftrag gegeben, der Herzog von Lothringen war, das später an Frankreich zurückfiel.

um wechselnde Muster zu schaffen und feste Gegenstände in schimmernde Illusionen zu verwandeln.

Der Überraschungseffekt verstärkt die Wirkung des Trevi-Brunnens erheblich. Man geht eine schmale Straße entlang, hört Wasser rauschen und erspäht Felsblökke, die auf den Gehweg herabzurollen scheinen. Plötzlich steht man auf der kleinen Piazza, und der Brunnen wirkt überwältigend mit seinem Überfluß an Formen und Geräuschen. Das Becken des Brunnens ist von Treppenstufen wie von Tribünenplätzen eingefaßt. Braune und gelbe Fassaden begrenzen den Raum. Zurückgesetzt in einer Ecke des Platzes befindet sich die sehr dichte Barock-Fassade der Kirche SS. Vicenzo e Anastasia. Giuseppe Valadiers törichter Plan aus dem frühen 19. Jahrhundert, den Platz in der Größe zu verdoppeln, wurde glücklicherweise aufgegeben.

Hatten die europäischen Städte im Mittelalter versucht, einander im Bau von Kathedralen zu übertreffen, so wetteiferten sie während des ganzen 18. Jahrhunderts im Bau von Plätzen. Die Rokoko-Piazze in Rom waren zu verspielt, um als Vorbild zu dienen; ein gerne kopiertes Modell war dagegen die französische *place royale* – sie war leicht zu adaptieren und erinnerte an das Prestige des damals mächtigsten Monarchen Europas. Die originellste Übertragung dieses Modells gelang einem polnischen König in Nancy, der Hauptstadt Lothringens.

Stanislas Leszczynski (1677-1766) versuchte dreimal, den polnischen Thron wiederzugewinnen, mußte sich jedoch mit dem bescheideneren Titel eines Herzogs von Lothringen begnügen. Diesen erhielt er 1737 von Frankreich, nachdem Ludwig XV. Leszczynskis Tochter geheiratet hatte. Wolfgang Braunfels wies darauf hin, daß es der Ehrgeiz von Stanislas war, was sich in Nancy stadtbildprägend niederschlug. Die Stadt ist das Gegenstück zu Dresden, das von Stanislas' Rivalen, August dem Starken, verschönert wurde. Leszczynski wollte der Stadt seinen Stempel aufdrücken, weil Lothringen nach seinem Tode an Frankreich zurückfallen sollte. Um seine Unabhängigkeit von Paris zu betonen, engagierte Stanislas einen lokalen Architekten, Emmanuel Héré de Corny. Dieser sollte die beiden ummauerten Städte, aus denen sich Nancy zusammensetzte – die eine mittelalterlich und die andere aus der Renaissance –, mit neuen Monumenten versehen. Erst 1753 begann Héré mit seinem Meisterwerk, einer Folge von drei Plätzen, mit der er die alte und die neue Stadt miteinander verband. Unter scharfer Aufsicht des alternden Herzogs brachte er das Projekt bis 1760 zu Ende.

Héré nutzte geschickt die bereits existierenden Gebäude und Räume aus. Die Place Royale wurde auf einem offenen Platz am Rand der neuen Stadt zu Ehren Ludwigs XV. angelegt. Das neuerrichtete Hôtel de Ville schloß ihre Südfront. Die beiden Seiten waren bereits von vier gleichgroßen Gebäuden festgelegt mit dem

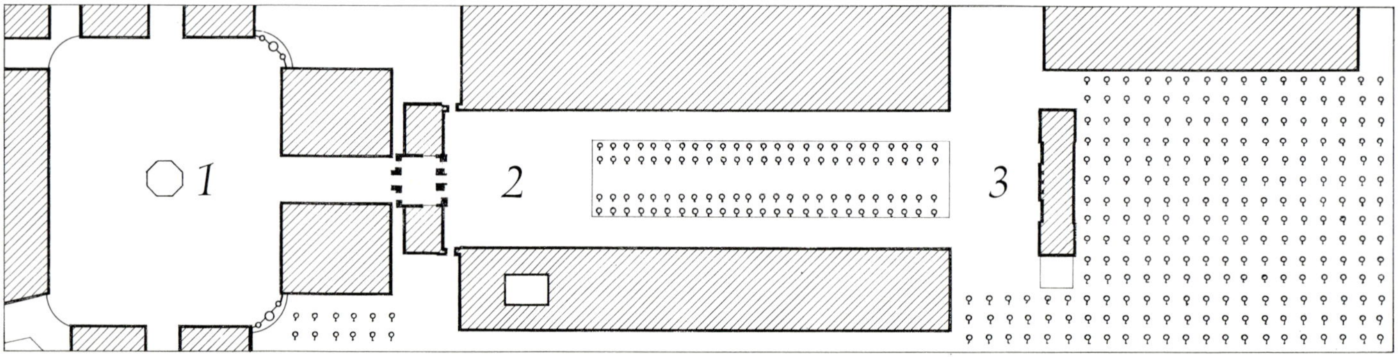

Der hier abgebildete Plan zeigt die Platzfolge, die in den 50er Jahren des 18. Jahrhunderts als Verbindung zwischen der alten und der neuen Stadt in Nancy angelegt wurde: Place Stanislas (1), Place de la Carrière (2) und den heute nach Général de Gaulle benannten Platz (3).

Die reich verzierten Bogen über allegorischen Brunnen verleihen der Place Stanislas theatralischen Charakter.

Zollamt, heute einem Hotel, und einer Musikakademie, heute einem Theater, sowie Wohnungen. An der Nordfront baute er eine niedrigere Häuserzeile, in der sich auch heute noch Cafés und Geschäfte befinden.

Im rechten Winkel münden Straßen auf den Plätzen und verbinden sie mit der Stadt. Die Hauptachse verläuft von Süden nach Norden, überbrückt den früheren Stadtgraben, fuhrt unter einem Triumphbogen hindurch, wo sich ursprünglich die Stadtmauer befand, und mündet in das langgestreckte Rechteck der Carrière. Dies war früher ein weiter mittelalterlicher Platz, auf dem Turniere stattfanden; jetzt ist er eine mondäne Promenade, flankiert von Gerichtsgebäuden und der Börse. Edmund Bacon wies darauf hin, daß das jüngste Gebäude an der Carrière, das Hôtel de Beauveau-Craon von 1715, das architektonische Modell für die Gebäude an der Place Royale darstellte; Héré vergrößerte lediglich den Maßstab und fügte eine Dachbalustrade mit Vasen und Skulpturen hinzu.

Die drei Plätze münden in zwei halbkreisförmigen Kolonnaden, die die heutige Place Général de Gaulle einfassen und gegen die ungeordnete alte Stadt und einen Park abschirmen. Sie bilden den Rahmen für den Regierungspalast, der anstelle des alten Herzogspalasts für den Repräsentanten Ludwigs errichtet wurde. An beiden Enden der Platzfolge befinden sich also Symbole der königlichen und bürgerlichen Autorität. Dagegen dient alles, was dazwischen liegt, der Verherrlichung der Großzügigkeit und Aufgeklärtheit von »Stanislas dem Wohltätigen«, wie die Inschrift an seinem Denkmal lautet, das eine frühere Statue Ludwigs XV. auf der Mitte des Platzes ersetzte, der auch nach seinem Stifter umbenannt wurde.

Allein schon die Gebäude wären Grund genug herzukommen, aber die vergoldeten Schmiedearbeiten von Jean Lamours sind ein noch größeres Wunder. Tore und Laternen säumen die Straßen zu beiden Seiten des Hôtel de Ville; an den gegenüberliegenden Ecken des Platzes erheben sich goldene Bogengitter über allegorischen Brunnen: Der Platz ist eine prunkvoll dekorierte Bühne, so einfallsreich und kostbar wie das Bühnenbild für ein königliches Maskenspiel. All seine Elemente, die leichten und die schweren, tragen zu seinem schwindelerregenden Glanz bei: die mit Kronen geschmückten Laternenpfähle, an denen sich goldene Blätter emporranken, die eleganten Kragsteine und Balkone, die posierenden Wassergottheiten und die mit Putten und Trophäen geschmückten einheitlichen Fassaden. Lamours bravouröser Rokokostil hebt Hérés nüchternen Klassizismus in eine Welt der Phantasie.

Im Licht der Morgensonne kommen die Harmonie der Proportionen und die Feinheit der Ornamente besonders zur Geltung. Der goldene Glanz wirkt so unwirklich wie ein Märchenschatz. Der gepflasterte Platz wird von einem Gitter aus weißen Steinen gegliedert. Die Silhouetten der Statuen auf den Dächern heben sich scharfgezackt gegen die aufgehende Sonne ab. Victor Hugo nannte die Place Stanislas »den vergnügtesten, hübschesten und vollendetsten Platz im Rokokostil, den ich je gesehen habe: eine Marquise unter den Plätzen«. Bei Tag erlebt man ein

Der Stich zeigt die Praça do Commércio, den an der Hafenfront von Lissabon gelegenen Platz, wie er nach dem Erdbeben von 1755 ursprünglich geplant war.

Abenteuer der Räume: Man verläßt den Platz, geht unter dem Triumphbogen hindurch, genießt durch Lamours eisernes Maßwerk den Anblick der mit Kies bestreuten Promenade der Carrière und tritt schließlich in die ausladende Kolonnade des Hémicycle Général de Gaulle. Dabei erfährt man wieder die schwebende Lebhaftigkeit und die dramatischen Offenbarungen des römischen Barocks.

Im Vergleich dazu fielen die übrigen französischen Plätze der gleichen Epoche nüchtern aus. Die Place Royale von Bordeaux, heute Place de la Bourse, wurde 1729 von Jacques Gabriel entworfen und 1754 von dessen Sohn Jacques-Ange in elegantem, aber strengem klassizistischen Stil fertiggestellt. Der Platz liegt an der Hafenfront: Er bildet ein einfaches Rechteck mit abgeschrägten Ecken am Ufer der Garonne. Ein Reiterstandbild Ludwigs XV. markierte den Schnittpunkt der Straßen, die von der Stadt her zu beiden Seiten eines separat stehenden Gebäudes auf den Platz führen. Eine Balustrade am Flußufer markierte seine vierte Seite. Inzwischen ist die Anlage kastriert: Der Raum ist mit parkenden Autos und Sträuchern gefüllt, ein entsetzlicher Brunnen hat das Standbild ersetzt, und statt der Balustrade befindet sich an der Wasserseite eine breite Autostraße.

Der Geist, den er einmal haben sollte, hat in dem Platz, dem er als Vorbild diente, besser überlebt: in der Praça do Commércio in Lissabon. Die portugiesische Hauptstadt wurde am 1. November 1755 von einem Erdbeben und einer Flutwelle zerstört und mußte weitgehend wiederaufgebaut werden. Sie war schließlich immer noch das Zentrum eines Reiches, das sich von Brasilien bis Macao erstreckte. Der König gab seinem Ersten Minister, dem Marques de Pombal, absolute Vollmacht für den Wiederaufbau, und dieser erteilte den Auftrag, das mittelalterliche Gassengewirr im Stadtzentrum durch ein im Rechteckschema angelegtes Straßennetz zu ersetzen. Lissabon war eine blühende Hafenstadt und verfügte bereits über einen zum Hafen hin offenen Platz. Dort, auf dem früheren Vorhof des königlichen Palasts, dem Terreiro do Paço, wurde auch der neue Platz angelegt. Das königliche Element wurde vom geschäftlichen verdrängt: Die drei mit Säulengängen versehenen mehrstöckigen Gebäude und die hübschen Eckhäuser an der Hafenfront beherbergten den Zoll, das Postamt und die Stadthalle. Mittlerweile ist der größte Teil der Gebäude von Ministerien belegt.

Das bronzene Reiterstandbild Josés I. auf der der Praça do Commércio.

Ein Gemälde aus der Entstehungszeit des Platzes läßt erkennen, daß sein Architekt Carvalho noch die Eckpavillons mit facettierten Kuppeln versehen, an der Brüstung Siegeszeichen aufstellen und einen eleganten Triumphbogen über die Rua Augusta, die wichtigste Zugangsstraße, bauen wollte. All diese Verfeinerungen wurden wahrscheinlich aus finanziellen Gründen aufgegeben; der heutige Triumphbogen wurde erst 1873 errichtet. Das Zentrum des Platzes bildet Machado de Castros bronzenes Reiterstandbild Josés I., des Königs, unter dem der Wiederaufbau Lissabons stattfand. Es wurde 1775 auf ein so hohes Podest gestellt, daß es den Blick vom Tejo aus beherrscht. Sacheverell Sitwell pries die Statue als das schönste Reiterstandbild seiner Zeit, als »einen römischen Herrscher der Hofreitschule«. Damit spielte er auf Josés Beziehungen zu den Habsburgern, seine Vorliebe fur italienische Maskenspiele und goldene Kutschen an, die einen Glanzpunkt an dessen Hof bildeten. Die Engländer nannten die Praça früher den »Black Horse Square«; inzwischen sind das Denkmal und das hohe Geländer um seinen Sockel mit Grünspan überzogen.

An einem stürmischen Tag – in Lissabon gibt es davon mehr als genug –, wenn die Wolken sich über dem Atlantik zusammenballen, Sonne und Regen sich abwechseln und ein silbernes Licht sich auf dem Tejo spiegelt, wird der Platz lebendig. Wenn man sich von der Rua Augusta her nähert, ist das Standbild vom Tri-

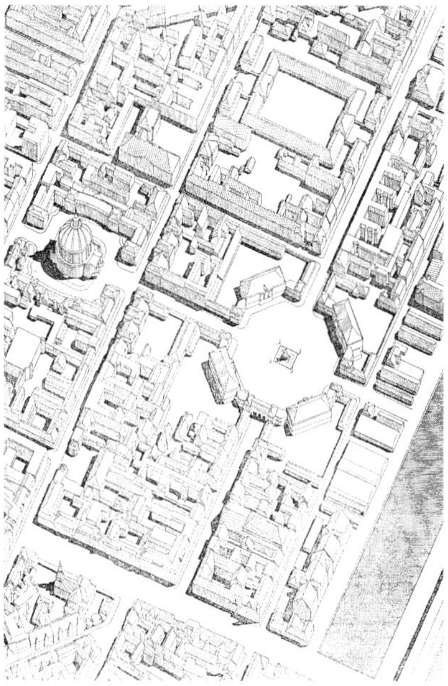

Plan des Kopenhagener Amalienborg-Platzes und seiner Umgebung.

Rechte Seite: Statue Frederiks V. und eines der vier identischen Häuser am Amalienborg-Platz, die 200 Jahre lang als königliche Paläste dienten. Der Platz wurde in den 50er Jahren des 18. Jahrhunderts im Auftrag des Königs von Niels Eigtved angelegt. Das gemusterte Pflaster und die Wachhäuschen sind typische Rokoko-Schnörkel.

umphbogen eingerahmt. Von den beschatteten Arkaden aus erscheint der weiße Stein wie kristallisierter Schaum, und wenn man auf den Kai zugeht und nach oben blickt, scheint Dom José auf den jagenden Wolken zu reiten.

Der besterhaltene Rokoko-Platz in Europa ist der Amalienborg Plads in Kopenhagen. Er wurde 1749 von Frederik V. als Kernstück des neuen Stadtviertels Frederikstadt in Auftrag gegeben und dient als Vorhof der königlichen Paläste. Der König vergab Bauplätze an vier adelige Familien mit der Bedingung, daß sie dort nach den Plänen seines Architekten Niels Eigtved identische Häuser bauten. Ähnliche Einheitlichkeit wurde auch in den Straßen der Umgebung erreicht. Der Platz ist oktagonal angelegt, ähnlich wie die Place Vendôme in Paris oder die Place Hoche in Versailles. Möglicherweise hat sich Eigtved von den französischen Vorbildern inspirieren lassen, aber die Ausführung ist deutlich anders. Die Place Vendôme ist auf eine große Fassade ausgerichtet, der Amalienborg-Platz hingegen ist von vier symmetrischen Gebäuden mit abgewinkelten, niedrigen Seitenflügeln umgeben.

Nach der Zerstörung des Christianborg-Palastes durch einen Brand wurde auf dessen ursprüngliche, von Eigtved entworfene Flügel ein zweites Stockwerk aufgesetzt. Der König kaufte die vier Paläste an dem Platz für sich und seine Familie, die immer noch zwei davon bewohnt. 1894 wurde die Marmorkirche vollendet, die die vom Inneren Hafen über den Platz führende Hauptachse abschließt. In ihrem Verlauf wird das Zentrum der Anlage von der bronzenen Reiterstatue Frederiks markiert, deren Patina so grün ist, als hätte man sie vom Meeresgrund heraufgehievt.

Das Leben ist von dem Platz verschwunden. Noch vor hundert Jahren wimmelte es dort von Straßenhändlern und von Bürgern, die der Wachablösung zuschauten. Eine Straße weiter lag ein belebter Kai. Er wurde vor zehn Jahren durch einen langgestreckten Park und eine Fußgängerpromenade ersetzt. Kantige Säulen aus Bronze bilden den Rahmen für die großartige Kuppel der Marmorkirche. Aber wenn man von vereinzelten Autos oder Radfahrern absieht, die über das Kopfsteinpflaster holpern, sieht der Amalienburg-Platz heute aus wie die *places royales* auf den Stichen des 18. Jahrhunderts.

Die Kälte des Platzes wird jedoch durch seine menschlichen Dimensionen und Elemente einer typisch dänischen Anmut gemildert. Rokoko-Ornamente beleben die nüchternen Fassaden; das Kopfsteinpflaster ist von warmer brauner Farbe und leicht gewölbt; die Gehwege sind mit einem üppigen Blumenmosaik geschmückt. Die dekorativen Soldaten, die ihre Wachwechsel mit der Präzision einer Uhr vollziehen, die Radfahrer, die um die Statue herumsausen, die Statuen und Vasen auf den Dächern – all dies hat etwas Ausgelassenes und Subversives: so als wäre der Königliche Vorhof ein versteinertes Karussell, das sich wie die im Vergnügungspark Tivoli jederzeit wieder in Bewegung setzen könnte, und das Standbild Frederiks drehte sich auf seiner Spitze.

Das wirkliche Leben findet gleich um die Ecke statt: Während man gerade den dreimastigen Clipper bewundert, der auf der anderen Seite des Hafens ankert, läuft eine muntere Segeljacht aus Boston ein, und die Autofähre aus Norwegen gleitet zu ihrem Anlegeplatz wie ein bemaltes Haus, das sich bei einem Szenenwechsel über die Bühne bewegt.

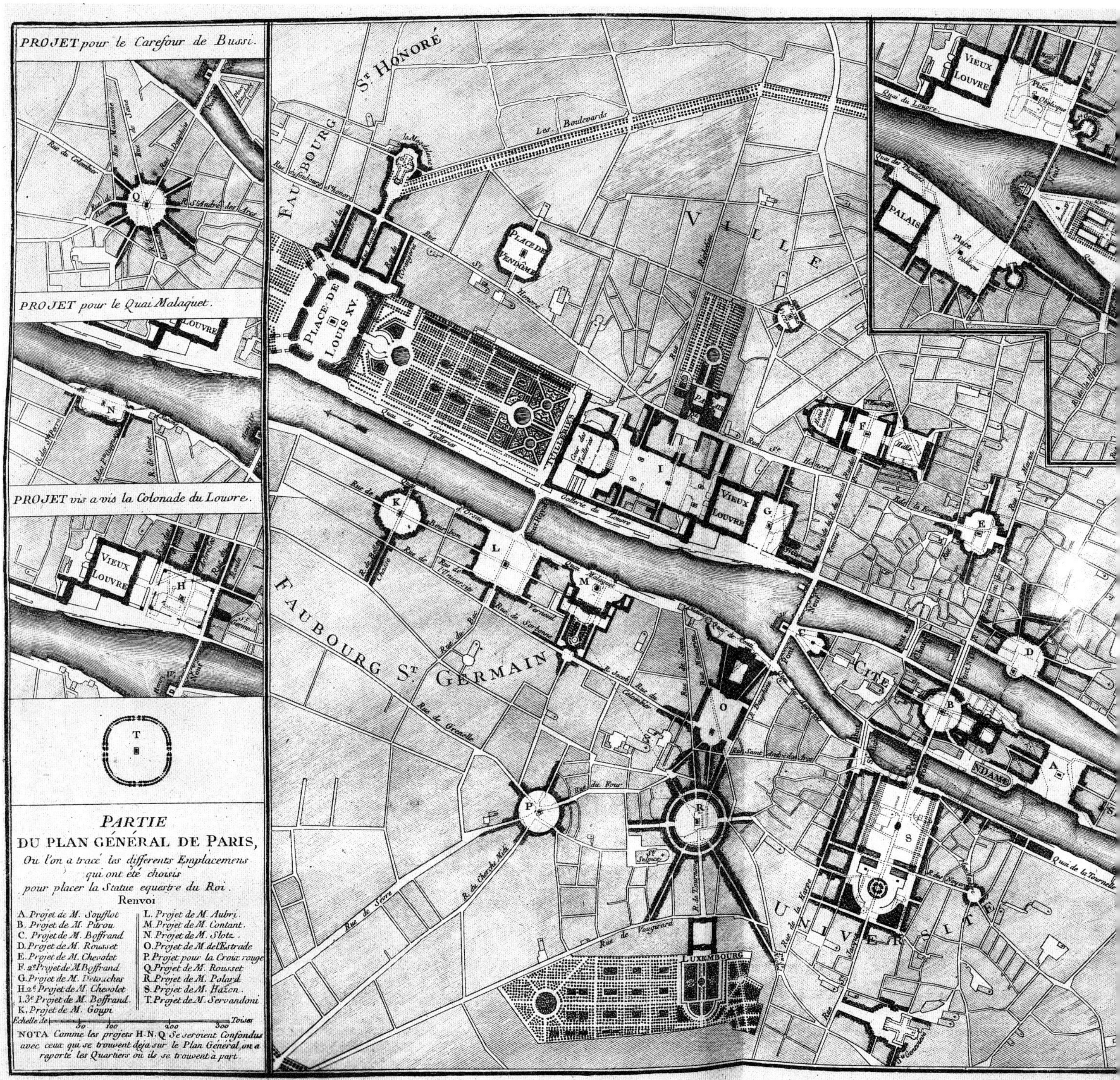

Hundert Vorschläge für neue Pariser Plätze wurden 1748 bei einem Wettbewerb zur Gestaltung eines Monuments zu Ehren Ludwigs XV. eingereicht. Einige von ihnen sind auf diesem Plan von Pierre Patté aus dem Jahre 1763 dargestellt.

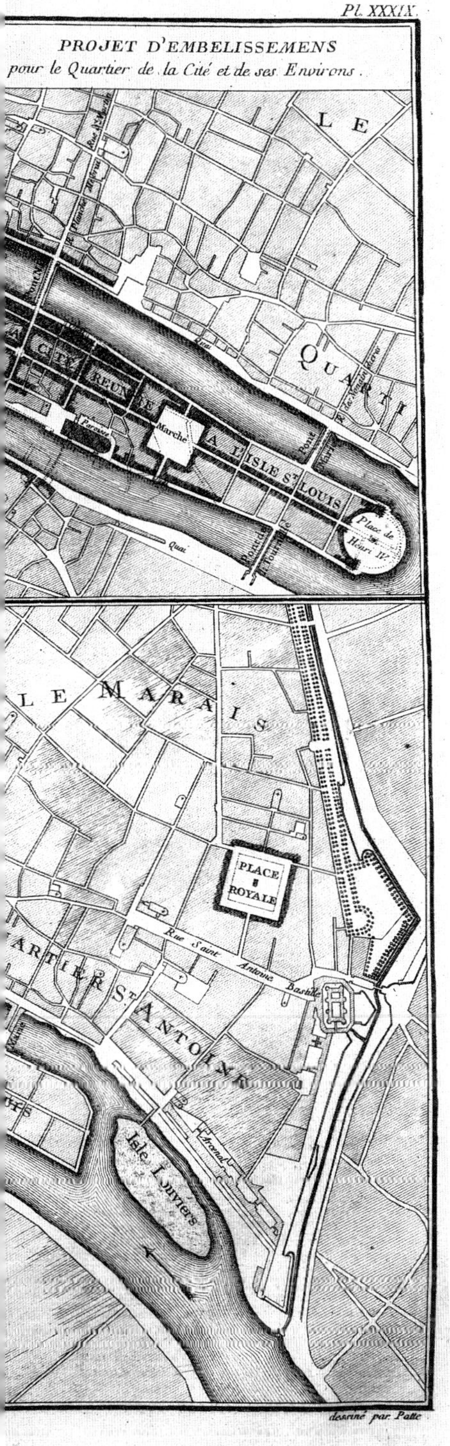

6

Grenzüberschreitungen

»Eine Bühne für dramatische und glorreiche Ereignisse – der letzte, größte und schönste königliche Platz.« So beschrieb Jacques Chirac, der Bürgermeister von Paris und frühere französische Ministerpräsident, die Place de la Concorde und traf damit genau den Punkt. Die Place de la Concorde hat alle genannten Eigenschaften und noch mehr. Sie ist mit einer Diagonalen von über 300 Metern der größte Platz Europas und eher durch ihre Perspektiven und durch den brodelnden Verkehr definiert als durch klare Abgrenzungen der Umrisse. Sie ist das Symbol und das Herz von Paris. Die Vision ihres Architekten Jacques-Ange Gabriel hat die Veränderungen zweier Jahrhunderte überdauert.

Es begann mit einem Wettbewerb. Die Kaufleute von Paris wollten Ludwig XV. mit einer Statue ehren; der König gab die Erlaubnis, und im Juni 1748 forderte der Leiter seiner Baubehörde die Architekten auf, Entwürfe für den Platz einzureichen, der den Rahmen für das Ehrenmal bilden sollte. Es gingen hundert Vorschläge ein. Neunzehn davon sind in Pierre Pattés Festschrift mit dem Titel *Monuments Erigé en France à la Gloire de Louis XV.* aus dem Jahre 1763 beschrieben. Patté war ein leidenschaftlicher Royalist, und sein Text ist von dem Geist getragen, aus dem heraus die königlichen Plätze damals in ganz Frankreich entworfen wurden. Er beginnt mit den Worten: »J'éprouve une satisfaction délicieuse … de célébrer un bon Prince, un vrai héro de l'humanité.«

Die eigentliche Bedeutung der Entwürfe ist allerdings viel interessanter als Pattés Idolatrie: Sie stellten einen mutigen Versuch dar, durch die Schaffung nützlicher Plätze und Verkehrsknotenpunkte Ordnung in die Straßen von Paris zu bringen. Vorgeschlagen wurde etwa ein Marktplatz zur Verbindung der Ile de la Cité mit der Ile St. Louis und eine von Markthallen mit Arkaden gesäumte Agora an dem Ort, wo damals Les Halles standen. Ferner ein Verkehrsknotenpunkt auf dem linken Seineufer, der die Place de l'Etoile mit ihren strahlenförmig abgehenden Straßen antizipierte, sowie ein anderer, der einen Flußübergang im Herzen der alten Stadt anschließen sollte.

Keines dieser Konzepte wurde realisiert; der König wollte die Schwierigkeiten und Kosten vermeiden, die bei Enteignungen entstanden wären. Erst ein Jahrhundert später, als Napoleon III. Baron Haussmann mit umfassenden Vollmachten ausstattete, wurde das mittelalterliche Gassengewirr zerstört. Ludwig XV. zog es vor, den Platz auf königlichem Grund und Boden zwischen dem Jardin des Tuileries und den Champs-Elysées anzulegen. Das war eine gute Wahl, denn sie stärkte die königliche Achse, die vom Louvre aus verlief, und sie stimulierte die Expansion der Stadt nach Westen wie schon die Place Vendôme ein halbes Jahrhundert zuvor.

Jacques-Ange Gabriel wurde damit beauftragt, auf dem offenen Feld zwischen den Tuilerien und den Champs-Elysées die spätere Place de la Concorde anzulegen. Gemälde von Jean Baptiste Leprince, 1775 (links).

Die Zwillingsbrunnen auf der Place de la Concorde (rechts) haben die Brunnen neben dem Obelisken auf dem Petersplatz in Rom zum Vorbild. Im Hintergrund sind die Pferde von Marly zu sehen. Sie wurden 1795 aus einem königlichen Schloß hergebracht, um den Zugang zu den Champs-Elysées zu schmücken.

Bei einem zweiten Wettbewerb mit ausgewählten Teilnehmern wurden alle 19 eingereichten Entwürfe abgelehnt, und Jacques-Ange Gabriel, der Architekt des Königs, erhielt den Auftrag, ihre besten Elemente in einem neuen Plan zusammenzuführen.

Gabriel profitierte von den Erfahrungen, die er in Bordeaux gemacht hatte, und schuf einen völlig neuen Typus eines königlichen Platzes für die Hauptstadt. Im Gegensatz zur Geschlossenheit und Abgeschiedenheit der Place Royale und der Place Vendôme sollte der neue Platz offen sein für die Natur und den Verkehr. Er kündigte das Zeitalter der Vernunft und den Niedergang des Absolutismus an; das königliche Standbild in seiner Mitte war nicht mehr der eigentliche Sinn, sondern wurde zum Mittel für die Erweiterung der Stadt und zur Schaffung einer Arena für populäre Darbietungen. Gabriel begrenzte den Platz, indem er den Jardin des Tuileries hinter einer hohen Terrasse verbarg und die nördliche Seite mit zwei eindrucksvollen, von der Ostfassade des Louvre inspirierten Gebäuden abschloß. Um die offene Fläche auf überschaubare Größe einzugrenzen und den Platz zu strukturieren, ließ Gabriel ringsum einen Graben von 18 Metern Breite und 4,5 Metern Tiefe ausheben und auf beiden Seiten mit Balustraden sichern, die gleichzeitig als Schmuck dienten. Der Graben wurde von den sich kreuzenden Achsen des Platzes sowie diagonal verlaufenden Promenaden überbrückt.

Edmé Bouchardons bronzenes Reiterstandbild Ludwigs XV. wurde 1763 enthüllt. Der Platz selbst hatte 1770 sein großes Debüt, als die Hochzeit zwischen dem künftigen König Ludwig XVI. und Marie Antoinette mit einem Fest und einem Feuerwerk gefeiert wurde.

Dabei geriet die Menge jedoch in eine Panik, die hundert Menschen das Leben kostete, meist weil sie in die Gräben stürzten. Das Ereignis war ein schlimmes Omen für die Monarchie, denn ein paar Jahre später begann die Revolution damit, daß sich die Aufständischen im königlichen Zeughaus, einem der neuen Gebäude auf der Nordseite des Platzes, Waffen beschafften. Im April 1792 fand auf der

Place de la Concorde ein Fest der Freiheit statt; im August desselben Jahres wurde die Statue des Königs gestürzt und auf der Westseite eine Guillotine aufgestellt.

Aus dem Symbol der Vernunft und des *ancien régime* war eine Hinrichtungsstätte geworden, erfüllt von Trommelwirbeln, dem Geräusch des Fallbeils und den Schreien des Mobs. Der König, die Königin und insgesamt 2 000 Adlige und Führer der Revolution wurden auf dem Platz exekutiert. Der Boden stank so schlimm nach Blut, daß man kein Vieh mehr über den Platz treiben konnte. Nach der Terrorherrschaft fanden dort Revolutionsfeiern statt. Für ein Fest im November 1801 wurden Tempel des Friedens, der Wissenschaften und des Handwerks an der Westseite des Platzes gebaut.

Unter Verwendung von Steinen der Bastille wurde in dieser Zeit der Pont de la Concorde über die Seine gebaut. Napoleon verhalf dem Palais Bourbon zu einer eindrucksvollen Säulenfassade. Sie unterstreicht seine Bedeutung als Sitz der Nationalversammlung und schließt die Nord-Süd-Achse des Platzes auf dem anderen Ufer der Seine. Die Ost-West-Achse ist am Zugang zu den Champs-Elysées durch die Pferde von Marly flankiert, die 50 Jahre zuvor von Guillaume Coustou geschaffen worden waren. Im Norden verkürzt die ganz im Stil eines griechischen Tempels gebaute Kirche La Madeleine den Blick die Rue Royale hinauf.

In den 20er Jahren des 18. Jahrhunderts machte der Platz noch einen ländlichen Eindruck. Der Abbé Laugier bezeichnete ihn als »eine ornamentale Esplanade

Die Place de la Concorde wurde zur Bühne der Französischen Revolution und aller späteren Aufstände. Jean-Jacques Champins Fête de la Liberté *von 1848 zeigt den ägyptischen Obelisken, der das Reiterstandbild Ludwigs XV. ersetzte.*

mitten in einer lächelnden Landschaft«. Im Jahre 1834 wurde Jakob Ignaz nach einem abermaligen Wettbewerb dazu ausersehen, den Platz neu zu gestalten. Er schlug vor, einen Obelisken an dem Punkt zu errichten, wo sich die Statue befunden hatte. Dieser war in der Form politisch neutral, und die Inschriften von Ramses II. waren so unverständlich, daß keine Partei an ihnen Anstoß nehmen konnte. Er stammt aus Luxor, war ein Geschenk von Mohammed Ali für Louis-Philippe und wurde 1836 aufgestellt. Nach dem Vorbild des Petersplatzes ist er von Zwillingsbrunnen flankiert. Der Rand des Platzes wurde zusätzlich mit acht monumentalen Figuren geschmückt, die französische Städte symbolisieren. Sie wurden auf die steinernen Pavillons plaziert, die Gabriel paarweise an den Ecken aufgestellt hatte, um Durchgänge für die Promenadenwege herzustellen. Im Jahre 1854 schüttete man auf Geheiß von Baron Haussmann die Gräben zu, und es blieb nur noch die innere Balustrade übrig. So entstand eine breite Straße für den Verkehr.

Die Revolutionen von 1830 und 1848 wurden zum Teil auf diesem Platz ausgefochten; 1871 baute die Commune hier ihre Barrikaden auf und wurde niedergeworfen; 1934 versuchten Demonstranten die Nationalversammlung zu stürmen und wurden mit Gewalt zurückgeschlagen. Partisanen griffen hier im Befreiungskampf gegen die Nazis das Hôtel Crillon an, in dem der deutsche Militärbefehls-

Die Place de la Concorde ist das Symbol und das Herz von Paris: »Eine Bühne für dramatische und glorreiche Ereignisse«.

Die Piazza del Popolo im Rom des späten 17. Jahrhunderts. Reisende tätigten damals dort ihre Einkäufe, und für die Bewohner Roms war sie ein mondäner Treffpunkt.

haber von Paris sein Hauptquartier hatte. Im Jahre 1968 fand eine riesige Demonstration zur Unterstützung des in Bedrängnis geratenen Präsidenten de Gaulle statt; zwölf Jahre später sprach Papst Johannes-Paul II. dort zu einer noch größeren Menge. Jedes Jahr ist der Platz gesteckt voll, wenn der Sturm auf die Bastille gefeiert wird – und ebenso beim Start zur Rallye Paris-Dakar.

Das magischste Bild des Platzes wurde vermutlich von dem Regisseur Vincente Minnelli in dem Film *Ein Amerikaner in Paris* heraufbeschworen. Am Ende des Films wird der Platz wie in einem Traum aus einer Federzeichnung ins Bild gerückt: Gene Kelly und Leslie Caron treten aus dem *corps de ballet* hervor und tanzen in den Brunnen der Place de la Concorde ein Liebesduett zur Musik von George Gershwin. Die Brunnen standen im Studio von M. G. M. in Culver City und waren aus Holz, das Wasser wurde mit Rauch imitiert. Diese Fata Morgana mit ihrem im Stil Dufys gemalten Hintergrund spiegelt tatsächlich den unnachahmlichen Stil und die Lebensfreude des Platzes wider.

Die Place de la Concorde entwickelte sich hundert Jahre lang nach einem einzigen Plan, die Piazza del Popolo in Rom hingegen wurde im Lauf der letzten drei Jahrhunderte von vielen Händen gestaltet. Seit alter Zeit und bis in unser Jahrhundert lag sie am nördlichen Einfallstor Roms. Man näherte sich der Stadt über die Via Flaminia und betrat sie durch ein Tor in der Mauer aus dem dritten Jahrhundert; dann führte der Weg über den heutigen Corso ins Herz der Stadt. Der Raum an der inneren Torseite diente als Marktplatz und Versammlungsort für Reisende, lange bevor er als Piazza neu gestaltet wurde.

Die Veränderung vollzog sich langsam. Eine Kapelle aus dem Jahre 1099 über dem angeblichen Grab Neros wurde 1227 durch die Kirche Santa Maria del Popolo ersetzt, die 1477 noch einmal erneuert wurde. Im 16. Jahrhundert wurde das verfallende mittelalterliche Tor wiederaufgebaut, und Sixtus V. ließ einen Obelisken aufstellen, aber der Platz behielt trotzdem seinen schlichten Charakter. Der entscheidende Schritt wurde erst nach 1660 gemacht. Alexander VII. beauftragte Rainaldi, die Stadt mit einem symbolischen Portal zu versehen und Zwillingskirchen an der Einmündung der drei Staßen zu bauen, die im spitzen Winkel aus der Stadt auf den Platz führen. Ihre Fassaden rahmen den Corso und stehen in schrägem Winkel zur mittleren Prachtstraße, so daß der Reisende förmlich eingeladen wird, ihr zu folgen. Rainaldi kompensierte die unterschiedlichen Breiten der Bauplätze geschickt: Die Kuppel von Santa Maria dei Miracoli ist rund, die ihrer Zwillingsschwester Santa Maria di Monte Santo ist oval.

Im Jahre 1665 beauftragte der Papst Bernini, das Stadttor neu zu dekorieren und eine Inschrift als Willkommensgruß anzubringen: »Möge Dein Eintritt glücklich und gesegnet sein.« Der Anlaß war die Ankunft der schwedischen Königin Christine, die auf ihren Thron verzichtet hatte, zum katholischen Glauben übergetreten war und sich in Rom niederlassen wollte. Kurz darauf fand ein italienischer Reisender den Anblick des Platzes »so majestätisch, daß schon die Ankunft viel verspricht, was die Wunder betrifft, die in einer so berühmten Stadt zu finden

Auf der Piazza del Popolo wird öffentlich proklamiert, daß der Papst der Römischen Republik von 1848-1849 zeitweise die Regierungsgewalt überlassen hat. Gemälde von Macchioli, 1849.

Blick von den Pincio-Gärten über die Piazza del Popolo auf die Kuppel der Peterskirche.

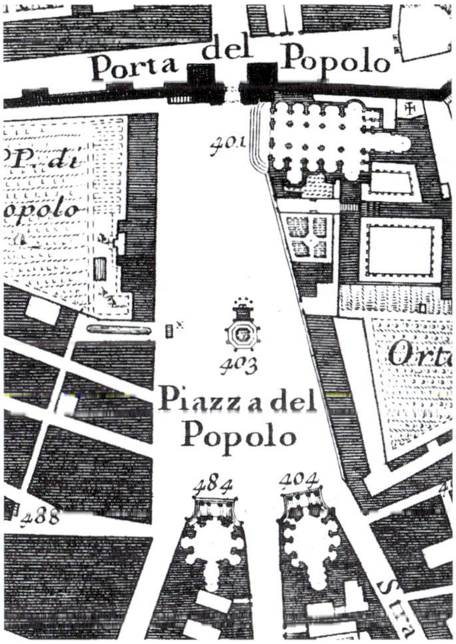

Ausschnitt aus Nollis Stadtplan von 1748. Er zeigt die Piazza del Popolo am nördlichen Haupteingang Roms

Valadier wandelte die Piazza del Popolo in den Jahren 1816-1824 in einen offenen Platz um, baute auf beiden Seiten niedrige halbkreisförmige Mauern und machte aus dem Klostergarten auf der Ostseite einen öffentlichen Park, von dem aus ein Treppenweg zu einem Aussichtspunkt in die Pincio-Gärten führte (rechts unten).

sein müssen«. Die Piazza wurde nicht nur ein Halteplatz für Reisekutschen, sondern auch ein modischer Treffpunkt bei abendlichen Ausfahrten.

Die Menschenmassen ließen lange darüber hinwegsehen, daß es dem Platz an Würde fehlte. Zwischen die Kirchen und das Tor schob sich wie ein Keil ein ungepflasterter Raum, flankiert von niedrigen Gebäuden und Gartenmauern. Im Jahre 1794 schlug Giuseppe Valadier vor, den Platz als ein weiträumiges Oval zu gestalten, das ähnlich wie die Place de la Concorde von Gebäuden und Grünanlagen umgeben sein sollte. Seine halbkreisförmigen Einfassungen glichen auf dem Plan denen des Petersplatzes, waren jedoch als niedrige Mauern gestaltet – sie sollten enthüllen und nicht verbergen, was hinter ihnen lag. Der Klostergarten im Osten wurde in einen öffentlichen Park umgewandelt. Ein Treppenweg führte einen steilen Abhang hinauf zu einem Aussichtspunkt in den Pincio-Gärten, von dem aus man den Platz und die Stadt überblicken konnte. Im Westen führte eine neue Straße zum Tiber. Als Gegengewicht zu den Zwillingskirchen entwarf Valadier Pavillons in ländlichem Stil, deren Tore beidseitig mit Kuppeln versehen waren.

Valadier hat in seiner langen Karriere als Architekt und Stadtplaner sonst nichts geschaffen, das an die Genialität dieses Plans heranreicht: Er verbindet die Stadt und ihr Umland in einer dreidimensionalen Komposition. Durch Napoleons Invasion und die Gefangennahme des Papstes verschob sich der Baubeginn auf 1816, aber bis 1824 wurde das Projekt verwirklicht. Jetzt endlich war Roms Prachteingang komplett. Der Platz ist so groß, daß er alle ihm zugedachten Funktionen übernehmen kann: Es gibt Raum für Straßencafés, für den starken Verkehr, für Touristen und Demonstranten – alles zur gleichen Zeit.

Die Päpste konnten auf dem Erbe des römischen Reiches aufbauen. In anderen Städten Europas ließen sich die absolutistischen Herrscher ab 1700 von dem Vorbild Versailles verführen. Stadt, Palast und Gärten bilden dort ein einheitliches Ideogramm der Macht: riesig, hierarchisch geordnet und abstrakt. Welcher Fürst hätte einem Entwurf widerstehen können, in dem alle Straßen auf seinen Palast zuliefen oder von ihm ausgingen wie die Strahlen der Sonne? Man hatte dieses Konzept schon früher erprobt; aber nicht in diesem Maßstab und mit diesem Machtanspruch.

Ehrgeizige Entwürfe gab es reichlich, aber wie schon in der Renaissance wurden nur wenige realisiert. Der Markgraf Karl Wilhelm wollte Karlsruhe in einem kreisförmigen Grundriß anlegen lassen (1715-1719). Wie die Speichen eines Rades sollten 32 Alleen von seinem Schloß ausgehen – als Straßen für seine neue Stadt und als Wege durch den Wald. Nur ein kleiner Teil des Plans wurde verwirklicht. In Berlin wurden drei Plätze in geometrisch regelmäßiger Form angelegt: der achteckige Leipziger Platz, der viereckige Pariser Platz und der runde Belle-Alliance-Platz, der heute Mehringplatz heißt. Sie stammen alle aus der Zeit von 1734-1737 und waren Knotenpunkte des Straßennetzes. Im Zweiten Weltkrieg wurden sie zerstört, und heute sind sie durch Mauer und Neubauten verschwunden. Bordeaux plante eine Place Louis XVI.: ein von einer halbkreisförmigen Kolonnade eingefaßter, zum Fluß hin offener Platz, auf dem dreizehn Straßen bei der Königsstatue zusammentreffen. Hier befindet sich heute die Esplanade des Quinconces, und fünf Straßen laufen am Girondistendenkmal zusammen.

Ironischerweise wurde Washington D. C. zur erfolgreichsten Reinkarnation von Versailles. Die zweitbeste gelang in Petersburg, das von einer Reihe von Herrschern angelegt wurde, die selbst Ludwig XV. noch an Skrupellosigkeit übertrafen. Es gibt jedoch einen entscheidenden Unterschied zwischen dem Modell und dieser

Petersburg, das 200 Jahre lang die russische Hauptstadt war und heute nach Lenin benannt ist, wurde Anfang des 19. Jahrhunderts umgestaltet, um einen Paradeplatz zu schaffen. Er war uber 800 Meter lang und erstreckte sich vom Schloßplatz entlang der Admiralität (rechts hinten) bis zum Senatsgebäude.

Imitation: In Versailles wie auch in Washington liegt die ganze Betonung auf den geraden Linienführungen, und die Plätze sind von sekundärer Bedeutung. Dagegen haben französische, italienische und russische Architekten in Petersburg ein Gleichgewicht zwischen Straße und Platz, zwischen Bewegung und Statik erreicht.

Im Jahre 1703 wurde das heutige Leningrad von Peter dem Großen gegründet. Die Stadt sollte das Territorium sichern, das er am Finnischen Meerbusen von Schweden erobert hatte, und Rußlands Tor zum Westen bilden. Peters Vorbild war Amsterdam: gut geplante Straßen und Kanäle, gesäumt von schmucken Backsteinhäusern. Ein französischer Architekt entwarf einen raffinierten geometrischen Plan, der sich als viel zu kostspielig erwies – in den ersten Jahren ging es im Kampf mit Klima und Krankheiten um das nackte Überleben. Trotzdem wurde ein Schlüsselelement des Plans verwirklicht: die drei großen Prachtstraßen, die nach dem Vorbild von Versailles und Rom strahlenförmig von der Admiralität ausgehen. Im Jahre 1712 wurde die Hauptstadt von Moskau nach Petersburg verlegt, und Peters Nachfolger verwirklichten seinen Traum von »Plätzen, die, umgeben von schönen Gebäuden, die Stadt schmücken und auf denen die Denkmäler großer russischer Taten stehen«.

In den ersten Jahrzehnten des 19. Jahrhunderts wurden auf grob umrissenen Freiflächen im Herzen der Stadt drei große und zwei kleinere Plätze geschaffen. Sie dienten als Bühnen für politische, militärische und religiöse Zeremonien: Ein Paradeplatz von 800 Metern Länge entsprach in seinen riesigen Ausmaßen dem Staat, den er symbolisierte. In seinem Zentrum befand sich die Admiralität. Peter

Der Petersburger Schloßplatz und ein Blick auf seine Alexandersäule und den Winterpalast durch den Triumphbogen der Roten Armee.

Der Dekabristenplatz (früher Senatsplatz) wird vom Denkmal Peters des Großen und von der Isaaks-Kathedrale beherrscht. Gemälde von Wassilij Iwanowitsch Surikow, 1870.

hatte sie als befestigte Schiffswerft begonnen, die jetzt zu einem riesigen stuckverzierten Gebäudekomplex ausgebaut wurde, der die Newa überschaut. Ihre vergoldete Turmspitze liegt im Schnittpunkt der drei Prachtstraßen. Im Westen lag der Senatsplatz; er war auf zwei Seiten durch die Senatsgebäude und die Isaaks-Kathedrale mit ihrer hohen Kuppel begrenzt. Dem Fluß zugewandt steht Falconets Statue von Peter dem Großen, die Puschkin mit seinem Gedicht »Der eherne Reiter« unsterblich gemacht hat.

Der Admiralitätsplatz, heute eine Grünanlage, verband den Senatsplatz im Westen mit dem Schloßplatz im Osten. Im Jahre 1764 war zunächst erwogen worden, um die Admiralität herum eine Gruppe von Plätzen anzulegen. Sie sollten vor allem Bartolomeo Rastrellis gerade fertiggestellten Winterpalast zur Geltung bringen. Er ragte zunächst über einer Schafweide auf und später über den Hinterhöfen der am Newskij-Prospekt neu errichteten Gebäude. Im Jahre 1819 entwickelte Carlo Rossi einen alten Vorschlag von Rastrelli weiter, der den Schloßplatz mit einer halbkreisförmigen Kolonnade hatte umgeben wollen. Rossi entwarf stattdessen das Generalstabsgebäude mit seinem konkaven Mittelteil, der von einem Triumphbogen durchbrochen ist. Seit 1834 bildet die Alexandersäule den Brennpunkt des Platzes. Sie besteht aus rotem Granit, und die Bildhauerarbeit auf dem Sockel zeigt erbeutete französische Kanonen.

Die Plätze, die der Autorität des Zaren sichtbaren Ausdruck hatten verleihen sollen, wurden bald zur Wiege der Revolution. Neben dem ehernen Reiter wurden 1825 aufständische Offiziere und Mannschaften zusammengeschossen. Ihnen zu Ehren wurde die Anlage später in Dekabristen-Platz umbenannt. Im Jahre 1905 richteten Truppen auf dem Schloßplatz unter friedlichen Demonstranten ein Massaker an. Dieser »Blutige Sonntag« zog landesweite Streiks und Protestaktionen nach sich, die unaufhaltsam zur Revolution führten. 1917 übernahmen die Bolschewiki den Winterpalast von Kerenskis provisorischer Regierung; die Verteidiger waren so demoralisiert, daß die Revolutionäre keinen Schuß abzufeuern brauchten. Zehn Jahre später wurde die Geschichte umgeschrieben: Eisensteins Film *Oktober* zeigt heroische Bolschewisten, die unter Mißachtung der feindlichen Kanonen über den Platz stürmen und die Tore des Palasts aus den Angeln reißen.

»Diese Plätze«, schrieb der Marquis de Custine 1839, »wirken immer still und traurig wegen ihrer Grandeur und vor allem wegen ihrer unerschütterlichen Regelmäßigkeit.« Das stimmt auch heute noch. Tausende und Abertausende starben beim Bau der Stadt oder ihrer dreijährigen Belagerung durch die deutschen Truppen. Und Millionen wurden ausgegeben, sie so wieder aufzubauen, als hätte es diese Schrecken nie gegeben. Die Gelassenheit des monumentalen Stadtkerns, von kalter Schönheit in dem nördlichen Licht, ist fast surreal. Die Russen legen Sträuße von Nelken und Lilien am Fuß der Reiterstatue nieder und sehen zu, wie ihre Kinder im Park vor der Admiralität am Brunnen spielen. Der Winterpalast ist heute ein Museum, und der gegenüberliegende Triumphbogen wurde zu Ehren der Roten Armee umbenannt. Aber die Säule trägt auf ihrer Spitze immer noch einen Engel mit einem Kreuz, und keine sichtbaren Denkmäler erinnern an die Ereignisse, die den Lauf der Geschichte veränderten.

Heute sorgt die Architektur für einige Farbe: senfgelb das Generalstabsgebäude, pistaziengrün und vanillefarben der Palast und zitronengelb die Admiralität. Auch himmelblau und karmesinrot gibt es nahebei. Die Menschen fügen nur Tupfer hinzu: Mütter tragen blumenbedruckte Stoffe und putzen ihre Töchter für den Sonntagsspaziergang in den wenigen kostbaren Sommermonaten mit bunten Sommerkleidchen und Haarschleifen heraus. Familien, die wegen der Sehenswürdigkeiten vom Land gekommen sind, schlendern Arm in Arm dahin im langsamen Schritt eines weniger gehetzten Zeitalters. Sie stellen sich steif in Pose, wenn sie von den professionellen Fotografen geknipst werden, die bei der Säule ihrem Broterwerb nachgehen. In der gewaltigen Pracht dieses Ortes wirken sie verloren – aber selbst eine Armee würde hier unscheinbar wirken.

Ohne Vorwarnung fegt vom Meer ein Gewitter heran. Der Himmel färbt sich schwarz, und die tiefstehende Sonne taucht den Palast in ein phosphoreszierendes Grün, so daß er wirkt wie das Schloß eines Wassermanns. Blitze zucken, einige schwere Tropfen schlagen auf das Pflaster. Spaziergänger öffnen die Regenschirme, die ihnen kurz zuvor noch als Sonnenschutz gedient haben. Man hat das Gefühl, daß ein dramatisches Ereignis bevorsteht: Die Beleuchtung ist so theatralisch, daß man fast erwartet, Kosaken mit gezogenem Säbel durch den Triumphbogen galoppieren oder eine Naturkatastrophe hereinbrechen zu sehen. Dann ist der Sturm vorbei, so schnell wie er gekommen ist, und hinterläßt das sanfte Glühen eines Sommerabends, der sich unmerklich in eine der berühmten weißen Nächte Leningrads verwandelt.

Zur gleichen Zeit, als die Petersburger Plätze Gestalt annahmen, sprengte München seine mittelalterliche Zwangsjacke. Der erste bayrische König, Max I. Joseph, gab bei seinem Hofarchitekten Leo von Klenze den Königsplatz in Auftrag. Er sollte ihn auf einem freien Feld nordwestlich der Stadt anlegen. Klenze war wie die meisten seiner Zeitgenossen vom antiken Griechenland fasziniert, und er entwickelte zwischen 1812 und 1821 den Plan einer modernen Agora, die von zwei Tempeln mit Säulenvorhallen flankiert wird. Zuerst wurde 1831 die Glyptothek errichtet, ein Museum für antike Skulpturen. Ihr Gegenstück sollte eigentlich eine Kirche werden; stattdessen wurde auf dem Platz jedoch ein Ausstellungsgebäude gebaut, das heute die Staatlichen Antikensammlungen beherbergt.

Inzwischen hatte Klenze die Gunst des Königs verloren und sich in einem neuen Projekt engagiert. Mit Unterstützung Lord Byrons und anderer Philhellenen hatte Griechenland die Unabhängigkeit von der Türkei errungen, und Otto, der Sohn Ludwigs I. von Bayern, wurde erster griechischer König. Das wirkliche Griechenland war jedoch eine große Enttäuschung für seine ausländischen Bewunderer. Klenze entschloß sich, hier einzugreifen. Als Otto 1834 lorbeergeschmückt auf seinem Thron in den Ruinen des Parthenons saß, erklärte der Architekt: »Sämtliche Spuren der Barbarei müssen von der Akropolis und von ganz Griechenland getilgt werden.« Andere setzten das Werk fort, das er begann. Sie entfernten, was in zwei Jahrtausenden hinzugebaut worden war, und brachten die blütenweißen Ruinen wieder zur Geltung, die unser Bild von der antiken Welt geprägt haben.

Wieder in München entwarf Klenze, inspiriert von den Ruinen der Akropolis, die Propyläen als Eingang zum Königsplatz. 1862 wurden sie dem Gedenken an König Otto gewidmet. Die vierte Seite des Platzes wurde mit Bäumen geschlossen. Nach einem Plan von 1883 sollten sie durch Säulengänge ersetzt werden, und 1924 wurde erwogen, dort ein Denkmal für die Toten des Weltkriegs zu errichten. Es geschah jedoch nichts, bis sich 1933 Hitlers Architekt Ludwig Troost daran machte, den Ort zu einem Paradeplatz für die Nazis umzugestalten. Der Rasen wurde mit Granitplatten überpflastert, und die Bäume und Häuser an der vierten Seite wurden durch zwei nackte, neoklassizistische Blocks ersetzt: den »Führerbau« und die Parteizentrale. Dazwischen errichtete Troost zu beiden Seiten der Ost-West-Achse des Platzes zwei sogenannte Ehrentempel, Pavillons mit offenem Dach, zur Verherrlichung der nationalsozialistischen Bewegung.

Im Jahre 1943 wurde der Platz zur Tarnung gegen die Luftangriffe der Alliierten mit *trompe-l'œil*-Häusern und Bäumen bemalt. Die Nazi-Bauten blieben von den Bomben verschont, während Klenzes Gebäude und der größte Teil des historischen Stadtkerns verwüstet wurden. Nach dem Krieg wurden 1947 die Tempel gesprengt, und Troosts andere Werke hätten dasselbe Schicksal erlitten, wenn nicht damals großer Wohnungsmangel geherrscht hätte. Heute wird in dem Gebäude Musik studiert, in dem das berüchtigte Münchener Abkommen unterzeichnet wurde, und die ehemalige Parteizentrale beherbergt die Staatliche Graphische Sammlung.

Aus dem Platz wurde zunächst ein Parkplatz, und es dauerte vierzig Jahre, bis man die ursprünglichen Rasenflächen wieder anlegte. Heute hat er den von Klenze gewollten idyllischen Charakter wiedergewonnen. Wo die Tempel gestanden hatten, sind Bäume gesprossen und bilden wieder die Begrenzung der vierten Seite des Platzes. Die Museen und die Säulenhalle sind vollständig restauriert. Der starke Autoverkehr auf der Brienner Straße fließt vorüber, und Radfahrer und Fußgänger sind zurückgekehrt wie Fische in einen einstmals vergifteten Fluß. Museumsbesucher ruhen sich auf den Treppenstufen aus, bevor sie eine weitere Hochburg der Kultur stürmen. Fotografen entdecken die architektonischen Reize des Platzes und nutzen sie als Hintergrund für Modefotografien. Der Königsplatz hat seine poli-

Der Königsplatz in München hat den idyllischen Charakter wiedergewonnen, den sein Architekt intendierte. Hier dient die Glyptothek als Hintergrund für eine Modefotografie.

Parade zur Feier des »Tags der deutschen Kunst« im Juli 1937. Die Nazis pflasterten den Platz und errichteten den »Führerbau«, zwei Ehrentempel und die Parteizentrale an seiner vierten Seite.

Der Königsplatz wurde Anfang des 18. Jahrhunderts entworfen. Er sollte eine Säulenhalle als Zugang haben und aus Bewunderung für das alte Griechenland von Museen für antike Kunst flankiert sein. Seine ursprünglichen Rasenflächen wurden erst in den 80er Jahren wieder angelegt.

Im Jahre 1943 wurde der Königsplatz zur Tarnung gegen die Luftangriffe der Alliierten mit Häusern und Bäumen bemalt.

tischen Ambitionen aufgegeben und ist wieder eine Oase der Kunst und der Künstler geworden.

Er war einer der letzten wichtigen Plätze, die auf offenem Feld angelegt wurden. Seit dem 19. Jahrhundert führte die Existenz der Eisenbahn zur Entstehung von Vorstädten für Pendler. Diese Wohngebiete waren meist Spekulationsobjekte und hatten nur die allerelementarsten Infrastruktureinrichtungen. Die Städte auf dem Kontinent folgten dem Beispiel Großbritanniens und legten als Ersatz für die freie Landschaft, die in immer größere Entfernung rückte, kleine Parks in den Wohnvierteln an. In Berlin entstand bei der Anlage neuer Quartiere eine ganze Reihe solcher Plätze. Wunderbarerweise haben sie den Krieg unzerstört überstanden und werden von den Berlinern als Überbleibsel aus der Vergangenheit geschätzt. In den stillen Gärten von Rüdesheimer Platz, Ludwigkirchplatz oder Viktoria-Luise-Platz konnte man in den Jahren des Kalten Krieges vergessen, daß man sich in einem kleinen Boot auf stürmischer See befand.

In den Stadtzentren wurden alte Plätze neu gestaltet, um die Menschenmassen aufzunehmen, die jeden Tag aus den Vorstädten hereinströmten, und um den Verkehrsfluß zu beschleunigen. Als die Nationalstaaten der modernen Welt an Größe, Reichtum und Macht gewannen, wurde der Platz zum Symbol dieser Attribute, wie er es auch schon für die Kaufleute des Mittelalters und die Fürsten der Renaissance gewesen war. Seine wichtigste Rolle spielte er jedoch jetzt nicht mehr

Der Trafalgar Square wurde Mitte des 19. Jahrhunderts als der große bürgerliche Platz Londons angelegt. Thomas Shepherds Bild aus dem Jahre 1840 zeigt seine drei wichtigsten Kennzeichen: Die neue National Gallery, Nelsons Säule und die Kirche St. Martin in the Fields.

Im Mondschein: Henry Pether malte die idealisierte Ansicht des Trafalgar Square von der Galerie im Norden aus um 1865.

als Bühne für öffentliche Feiern, als Markt- oder als Paradeplatz. Stattdessen wurde er zu einer unpersönlichen Stätte der Menschenansammlungen und des Verkehrs: ein Ort, an dem man bewundernd umhergehen konnte oder den man auf dem Weg zu einem anderen Ziel rasch überquerte. Weil er für jedermann zugänglich war, konnte der Platz ein Forum werden, das Fremde beeindrucken und den Bürgern ein Gemeinschaftsgefühl vortäuschen sollte.

William Cobbett bezeichnete in *Rural Rides* das London des frühen 19. Jahrhunderts als eine »große Geschwulst, die Metropolis des Empires«. Der Trafalgar Square wurde 1826 durch Gesetz als ein Symbol für die Stadt, die Nation und das Empire geschaffen. An der Kreuzung zwischen Charing Cross und Whitehall wurden die mittelalterlichen königlichen Marställe abgerissen, um Platz für die von William Wilkins entworfene neue National Gallery of Art zu schaffen; der offene Platz auf ihrer Südseite wurde terrassiert und gepflastert. Der Architekt, Sir Charles Barry, versuchte, die Errichtung der Nelsonsäule zu verhindern, weil er fürchtete, daß sie seinen Platz zu sehr dominieren würde. Sein Bemühen um künstlerische Integrität ist rührend angesichts dessen, was mit dem Platz seither geschehen ist.

Der Trafalgar Square wurde nie fertiggestellt, obwohl er auf Bildern aus der damaligen Zeit auf eine unechte Art einheitlich wirkt. Ein Aquarell von Thomas Shepherd aus dem Jahre 1840 konzentriert sich auf die drei wichtigsten Merkmale des Platzes: Nationalgalerie, Säule und die Kirche St. Martin in the Fields, ein Meisterwerk des Architekten James Gibbs aus dem frühen 18. Jahrhundert. Henry Pethers Bild etwa aus dem Jahr 1865 zeigt den Platz im Mondschein von der Terrasse der Galerie aus gesehen. Das planlose Durcheinander der Gebäude auf der Südseite und das vom Löwenemblem der Familie Percy gekrönte Northumberland House im Osten sind deutlich zu erkennen. Landseers Löwen wurden erst 1867 am Fuß der Säule installiert, doch Shepherd nahm sich die Freiheit, sie schon Jahre zuvor in sein Bild aufzunehmen.

Der Platz hat viele gute Elemente, aber ein grandioses Ensemble ist nicht aus ihm geworden. Der Blick die Straße Whitehall hinunter auf die Houses of Parliament mit der Säule und dem Kirchturm nebeneinander im Blickfeld kann überwältigend sein. Man hat die historischen Denkmäler abgeschrubbt und die üppigen Brunnen restauriert. Die Reiterstatue von Charles I. ist trotz ihres leprösen Steinsockels eine der schönsten Londons.

Über den Rest sollte der Mantel des Schweigens gedeckt werden. Zu viele Straßen münden auf den Platz, sie zerstören jedes Gefühl der Geschlossenheit und bewirken einen ganztägigen Verkehrsstau. Northumberland House wurde 1874 ebenso abgerissen wie das auf Shepherds Gemälde erkennbare unaufdringliche klassizistische Gebäude. Drei Seiten des Platzes werden von geschmacklosen Überbleibseln aus der Zeit des Empires eingenommen – dem Kanada-, dem Südafrika- und dem Amerikahaus – sowie von neueren Bauten schockierender Mittelmäßigkeit. Der Admirality Arch von 1911 am Zugang zu The Mall hat keine Grandeur. Daß der Platz trotzdem nicht häßlich wirkt, verdankt er seiner Vitalität: Er zog schon immer Touristen und Taubenliebhaber, Demonstranten und Nachtschwärmer an.

Mailands wichtigster Platz strahlt mehr Glanz aus, obwohl er ebenfalls unvollendet ist. Die Piazza del Duomo wurde 1860 angelegt und ist Teil eines großen

Die Piazza del Duomo in Mailand wurde angelegt, um die italienische Einigung zu feiern und die große Kathedrale besser zur Geltung zu bringen, deren Westfront erst auf Befehl Napoleons fertiggestellt wurde.

Eine schattige Säulenhalle (links) verbindet die Galleria, Mailands großartige Ladenpassage aus dem 19. Jahrhundert, mit der Piazza del Duomo (rechts).

Entwurfs von Giuseppe Mengoni aus Bologna. Er gewann einen Wettbewerb mit der Aufgabe, »einen rechteckigen, von Säulengängen umgebenen Platz mit einem freistehenden Gebäude auf der Westseite und mit einer Arkade als Verbindung zur Piazza della Scala« zu entwerfen. Die Arkade erhielt den Namen Galleria Vittorio Emanuele II. und wurde die großartigste Ladenpassage des 19. Jahrhunderts. Sie ist nach dem ersten König des vereinigten Italien benannt, dessen Statue den Platz schmückt. Mit der Galleria wurden die Entstehung einer neuen Nation und der Aufstieg des Bürgertums gefeiert. Sie ist eine Fusion von Kunst und Technik, ein weltliches Gegengewicht zu der Kathedrale, eine überdachte Version der Piazza und ein beliebter Treffpunkt für Opernliebhaber und Geschäftsleute, Kauflustige und Prostituierte. Mark Twain schwärmte: »Ich würde gern mein ganzes Leben dort verbringen.«

Durch die Galleria gewinnt der Platz an Energie. Er wäre sonst nur das, was er bis 1860 war: ein Vorhof der Kathedrale. Nichts kann sich mit deren herrlicher Verkleidung aus weißem Marmor messen, die 1386 auf Initiative von Gian-Galeazzo Visconti begonnen und 1809 auf Befehl Napoleons fertiggestellt wurde. Mengoni hatte ursprünglich die Absicht, dem Platz einen einheitlichen Rahmen von palastartigen Bauten zu geben mit Kolonnaden und Trophäen auf den Dächern – pompös und einförmig, aber wirksam als Hintergrund. Die Piazza sollte durch breite Straßen mit der Stadt verbunden werden, aber die Perspektiven wären geschlossen gewesen. In der süd-östlichen Ecke sollte sich ein untergeordneter Platz öffnen in einem schiefen Winkel zum Palazzo Reale.

Der Plan wurde nur zum Teil verwirklicht. Die kreuzförmige Galleria mit ihren erhabenen Glasgewölben und ihrem großartigen Bogen über dem Eingang galt als architektonischer Triumph. Das freistehende Gebäude auf der Westseite fiel bescheidener aus, als Mengoni beabsichtigt hatte. Die Südseite blieb Stückwerk und wurde 1937 in nacktem neoklassizistischem Stil neu erbaut. Ihre Säulengänge säumen eine Straße, die auf den Eingang der Galleria zuläuft. Wie viele Bauwerke aus der Zeit des Faschismus ist auch diese Zeile unbeliebt und wirkt mißglückt. Das geometrische Muster im Pflaster stellt eine gewisse Verbindung zwischen den

Dieser Druck von 1835 zeigt den Roten Platz nach seiner Umgestaltung zu einem offenen Paradeplatz. Von links nach rechts sieht man neue Geschäftsgebäude, die Basilius-Kathedrale und den Kreml.

disparaten Elementen des Platzes her. Die Stadt beabsichtigt inzwischen, die Symmetrie von Mengonis Plan wiederherzustellen, und gab dazu bei Ignazio Gardella eine weitere freistehende Arkade und Skulpturengalerie als Abschluß der Westseite in Auftrag.

Die Piazza del Duomo bezieht ihre Energie von der kulturell modernsten Stadt Italiens, seiner wichtigsten Industrie- und Modestadt. Der Verkehr wurde zum Schutz der Kathedrale auf die Westseite beschränkt; ansonsten ist der Platz voll von Spaziergängern und Schaulustigen. Diese sitzen auf der Treppe wie Zuschauer auf den Rängen der Scala, und die Spaziergänger bewegen sich mit dem selbstbewußten Gang von Menschen, die ihre Beachtung für selbstverständlich halten. Der ständige Betrieb vor dem unvergleichlichen Hintergrund der Kathedrale macht es leicht, der Piazza ihre Mängel zu verzeihen. Der Sinn für Raum und Proportionen, den die Italiener geerbt haben, und ihr Vergnügen an schönen Perspektiven waren vor hundert Jahren noch lebendig.

Von Mailand nach Moskau ist es ein riesiger Sprung, was die Politik, das Klima und die Kultur betrifft. Und der Rote Platz scheint sich in allem von der Piazza del Duomo zu unterscheiden. Dennoch gibt es faszinierende Ähnlichkeiten nicht zuletzt in der Art, wie der russische Platz im 19. Jahrhundert neu geplant wurde. Zar Alexander I. gab diesem Schmelztiegel der russischen Geschichte ein neues Gesicht. Aus dem unregelmäßig geformten Marktplatz am Fuß der Kremlmauer machte er einen gepflasterten, rechteckigen Platz, begrenzt von einer exotischen Kirche und einer glasüberwölbten Arkade mit Geschäften. Er sollte das Herzstück einer wachsenden Stadt werden.

Der russische Name des Roten Platzes – Krasnaja Ploschtschad – kann auch mit »schöner Platz« übersetzt werden, dabei war er während der längsten Zeit seiner Geschichte unbebaut. Ein Großteil der Fläche des heutigen Platzes von 390 mal 130 Metern war zuvor von einem breiten Graben durchzogen und später von Erdwällen zum Schutz des Kremls bedeckt, der damals noch die gesamte Ansiedlung darstellte. Die Befestigung stammte aus dem 14. Jahrhundert, als Moskau zur Hauptstadt Rußlands wurde. Im späten 15. Jahrhundert begann sich die Stadt als Bastion der Orthodoxie und Nachfolgerin Roms und Konstantinopels zu betrachten, und aus Italien wurden Architekten geholt, um den Kreml neu zu gestalten. Aus diesem Grund gleichen die schwalbenschwanzförmigen Zinnen der Kremlmauer denen norditalienischer Festungen.

Mit dem Bau der Basilius-Kathedrale wurde die Abkehr von ausländischen Stilrichtungen eingeleitet. Sie wurde im Jahre 1560 zur Feier des Sieges über die Tataren bei Kasan errichtet und war als Symbol für den Triumph des Heiligen Rußland über das Böse gedacht. Russische Architekten bauten sie nach dem Modell traditioneller Holzkirchen, bei denen sich ein Turm aus einer Gruppe niedrigerer Türme und Kuppeln erhebt wie eine hohe, alte Tanne aus einem niedrigen Wäldchen. Die Kirche und die Kremlmauern wurden im 17. Jahrhundert traditionell weiß getüncht. Inzwischen kamen jedoch die ursprünglichen roten Ziegel wieder zum Vorschein, und die Basilius-Kathedrale wurde so bunt angemalt wie eine russische Puppe.

Der offene Raum vor diesen Bauten hat seine eigene interessante Geschichte. Wie Arthur Voyce berichtet, war er einst Schauplatz von Angriffen der Tataren, von Volksaufständen und Massenexekutionen. Religiöse Prozessionen fanden ihren Höhepunkt am Palmsonntag, wenn der Patriarch zum Gedenken an Christi Einzug in Jerusalem auf einem Esel von der Mariä-Himmelfahrt-Kathedrale zur Basilius-Kathedrale ritt; das Tier wurde dabei vom Zaren in einem Prachtornat geführt. Von einer niedrigen Tribüne aus gestand Iwan der Schreckliche dem Volk seine Missetaten ein und versprach Reformen. Menschenmassen versammelten sich hier, um dem Ausrufer bei der Verlesung von Edikten zu lauschen, und sie sahen Peter dem Großen zu, wie er auf der Schädelstätte die Richtaxt schwang. Es handelt sich um eine runde, steinerne Plattform vor der Basilius-Kathedrale, die heute noch erhalten ist.

Eine Karte aus dem Jahre 1605 zeigt den Kreml flankiert von der Moskwa und ihrem Nebenfluß, der heute unterirdisch verlegten Neglinnaja, sowie von einem Graben auf der dritten Seite. Der heutige Rote Platz erscheint darauf als ein riesiger Vorhof der Festung. Er erstreckt sich zwischen den zwei Flüssen und ist zum Teil mit Kapellen und Verkaufsständen bedeckt. Er war der wichtigste Marktplatz des ganzen Landes. Beschäftigungslose Priester boten hier den Adligen ihre Dienste an; Schreiber verkauften religiöse Texte und subversive Literatur; Händler boten Piroggen und Kwaß an. Komödianten, Schauspieler und Tanzbären sorgten für Unterhaltung; Betrunkene traten schwankend aus den Tavernen; Prostituierte und Bettler gingen ihrem Gewerbe nach.

Von dieser Vitalität blieb trotz der Neugestaltung bis in unser Jahrhundert hinein viel erhalten. Maurice Baring schilderte in *What I saw in Russia* den Jahrmarkt am Palmsonntag im Jahre 1906 wie folgt: »Man kann fast alles kaufen: Vögel, Schildkröten, Goldfische, Ringelnattern, Linoleum, Teppiche, Spielzeug, Messer, Musikinstrumente, Bücher, Noten, Kuchen, Schnürsenkel, Ikonen, Ostereier, Holzschnitzereien ...« Es gab sogar einen »Amerikanischen Basar«, auf dem alles nur fünf Kopeken kostete.

Viele Gebäude am Rand des Platzes wurden im Jahre 1812 zerstört, als die Russen Moskau in Brand setzten, um die französischen Truppen zum Rückzug zu zwingen. Auch die Basilius-Kathedrale würde es nicht mehr geben, wenn es nach dem Willen Napoleons gegangen wäre. Er hielt sie für monströs und gab den Befehl, sie zu zerstören, aber seine Offiziere zogen es vor, die Stadt so schnell wie möglich zu verlassen. Zwei Jahre später gestaltete der Architekt Ossip Iwanowitsch Bowe das Areal zu einem offenen, mit breiten Boulevards und neuen Freiflächen verbundenen Paradeplatz um. Alte Gebäude und die Erdwälle vor der Kremlmauer wurden entfernt, und die Geschäftsgebäude auf der gegenüberliegenden Seite wur-

Das Lenin-Mausoleum, der Senats-Turm und das Senatsgebäude im Kreml.

den mit einer Säulenhalle und einer Kuppel versehen, um ein Gegengewicht zur Kuppel des Senatsgebäudes im Kreml zu schaffen.

In den 80er Jahren des 19. Jahrhunderts wurde von einem englischen Architekten das Historische Museum erbaut. Es basiert auf einer plumpen Nachahmung der traditionellen russischen Architektur und schließt den Platz gegenüber der Basilius-Kathedrale. Das Kaufhaus GUM mit seinem von drei übereinanderliegenden Galerien durchzogenen kathedralenartigen Schiff trat an die Stelle der alten Geschäfte. Danach kam lediglich noch das Lenin-Mausoleum hinzu, ein abgestufter Block aus poliertem rotem und grauem Stein, der zwischen 1925 und 1930 von Alexej Schtschusew gebaut wurde und als Grabkammer und Tribüne dient.

Der Rote Platz mit dem Kreml ist sichtbarer Ausdruck dafür, daß Moskau trotz der neuen Hauptstadt Peters des Großen das Herz Rußlands geblieben war.

Man kommt sich hier nicht nur wegen seiner Größe unbedeutend vor. Niemand rennt oder erhebt die Stimme auf diesem geheiligten Boden; er ist stets makellos sauber, strengen Vorschriften unterworfen und manchmal nur für geladene Gäste zugänglich.

Nur wenig passiert auf dem Platz, das nicht von höchster Stelle abgesegnet oder bis ins kleinste Detail geplant wäre. Michail Gorbatschow nahm im Jahre 1988 Reagan mit auf einen raffiniert choreographierten Rundgang über den Roten Platz mit dem Kreml als Hintergrund. Er wollte damit seinen Gast beeindrucken und der Welt zeigen, daß in den sowjetisch-amerikanischen Beziehungen Tauwetter eingesetzt hatte. Kein Platz, nicht einmal der Petersplatz in Rom, ist eine bessere Bühne und ein mächtigeres Symbol als der Rote Platz in Moskau.

Auf der Tribüne des Lenin-Mausoleums wohnen die Sowjetführer der Maiparade auf dem Roten Platz bei. Im Hintergrund ist das Historische Museum zu sehen. Es wurde in den 80er Jahren des 19. Jahrhunderts von einem englischen Architekten entworfen.

Die Freuden des Dichters, *Gemälde von Giorgio de Chirico aus dem Jahre 1913. Es nahm die surreale Leere der Piazze vorweg, die in den Reißbrett-Siedlungen des faschistischen Italien entstanden.*

7

Der Platz wird neu erfunden

Als die Pläne für das Rockefeller Center veröffentlicht wurden, bezeichnete sie Lewis Mumford als »das bedauerlichste Beispiel für mangelnde Phantasie und Intelligenz in der modernen amerikanischen Architektur«. In einer Broadway-Revue wurde gewitzelt, John D. Rockefeller jr. habe versucht, das Center seinem Vater zu schenken, um es loszuwerden. Cartoonisten und Leitartikler stimmten in den Chor der Mißbilligung ein. Einige Jahre später schrieb Ira Gershwin über diese Kritiker: »Zuerst haben sie alle über das Rockefeller Center gelacht. Jetzt kämpfen sie darum, reinzukommen.«

New York würde ohne das Rockefeller Center unfertig wirken. Sein vertieft angelegter Platz ist ein Muß auf der Besichtigungsliste jedes Besuchers, und sei es nur, weil er neben dem Prometheus-Brunnen frühstücken oder den Christbaum und die auf dem Eis herumflitzenden Schlittschuhläufer bewundern will. Viele New Yorker machen einen Umweg, um auf dem Platz umherzugehen und eine Weile zu warten, ob vielleicht ein Open-Air-Konzert stattfindet. Die Radio City Music Hall ist das großartigste Theater Amerikas, und der Rainbow Room im 65. Stock des RCA Buildings ist zum Inbegriff von Eleganz und Klasse geworden.

Das war keineswegs vorauszusehen, als John D. Rockefeller jr. 1928 von der Columbia University drei Blocks in Zentral-Manhattan pachtete. Die Metropolitan Opera sollte von ihrem südlicheren Platz am Broadway in eine vornehmere Gegend verlegt werden, und Rockefeller träumte davon, als prestigeträchtiges Herzstück eines Bürokomplexes ein neues Opernhaus und einen öffentlichen Platz zu bauen. Damals erschien das eine gute Idee. Der Architekt Raymond Hood schilderte, wie Projekte in Angriff genommen wurden in dieser »Zeit des Überflusses und der Extravaganz. Überall gab es viel Geld, und es wurde großzügig ausgegeben für Gebäude, Eigenheime, Ehefrauen, Kinder und dampfgetriebene Jachten ... Wenn es um das äußere Erscheinungsbild von Gebäuden ging, erinnerten wir den Auftraggeber daran, daß er – natürlich auf seine Kosten – auch öffentliche Verpflichtungen habe und etwas für die Silhouette von New York tun müsse.«

Der Börsenkrach von 1929 setzte der Extravaganz ein abruptes Ende. Die Verantwortlichen der Oper zogen sich aus dem Projekt zurück. Das Empire State Building und andere Bürogebäude standen leer. Rockefeller hatte Millionen ausgegeben, um Grundstücke zu pachten und zu erwerben; er sah als einzigen Ausweg, den Gebäudekomplex so attraktiv zu gestalten, daß er die wenigen Mieter anlocken würde, die trotz der Wirtschaftskrise noch genug Geld hatten. Er gewann sein Spiel: Die Radio Corporation of America (RCA) pachtete den zentralen Wolkenkratzer und zwei große Theater und verwandelte die spleenige Idee eines Millionärs in eine Bastion der Demokratie, der Wissenschaft und des Fortschritts. Ein Team von Architekten entwarf unter Leitung von Raymond Hood, Harvey Wiley Corbett und Wallace K. Harrison jene Pläne, die Mumford so scharf mißbilligte. Unter dem Titel »New Frontiers and the March of Civilization« wurde ein Kunstprogramm über eine Million Dollar gestartet.

Das Rockefeller Center in New York, wie es 1932 von John Wendrich abgebildet wurde. Das Prestigeprojekt wurde in den ersten Jahren der Wirtschaftskrise als innovativer Gebäudekomplex entworfen, der auch auf einem übersättigten Markt konkurrenzfähig sein sollte.

Im Fortgang der Planung wurde der öffentliche Platz, der eigentlich das Opernhaus hatte zur Geltung bringen sollen, tiefer gelegt, um die Aufmerksamkeit auf das schlanke, 259 Meter hohe RCA Building mit seiner glatten Fassade zu lenken. Er wurde zunächst oval, dann rund und schließlich rechteckig geplant, um seiner neuen Rolle als Zugang zu einem Netz von unterirdischen Geschäftsstraßen gerecht zu werden. John Wenrich zeichnete 1932 einen Entwurf mit abgestuften Terrassen und einem Brunnen als Blickfang. Rockefeller wollte den Komplex ebenso funktional wie dramatisch haben. Niedrige Gebäude und die Channel Gardens wurden entworfen, um Kunden von den eleganten Geschäften an der Fifth Avenue wegzulocken. Sie führten 300 Meter durch den Häuserblock, zu den Theatern und der Unterführung an der Sixth Avenue, die damals eine schmuddelige Durchgangsstraße war, gesäumt von Flüsterkneipen und überschattet von einer Hochbahn.

Die Architekten machten ihre Sache zu gut: Schon auf Straßenhöhe gab es so viel zu bewundern, daß nur wenige Leute bis zur Tiefebene des Platzes vordrangen. Die dort liegenden Luxusgeschäfte wurden bald durch Restaurants ersetzt. Ab 1939 wurde im Winter eine Schlittschuhbahn betrieben, und ein ganzjähriges Unterhaltungsprogramm zog große Menschenmassen an: Weihnachtslieder unter dem Christbaum, eine Modenschau an Ostern, Konzerte und Blumenschauen, Boxkämpfe und Bürgerversammlungen gehörten zu den frühen Attraktionen. Der Sozialhistoriker Frederick Lewis Allen schrieb 1938 in *Harper's,* der Platz gleiche an einem warmen Sommernachmittag »dem Treiben an Deck eines Schiffes – voller Leben, Sonne und Ferienstimmung«. Auf der Rockefeller Plaza überlebte der Geist der Jazz-Ära die Depressionszeit ebenso wie die Musicals mit Fred Astaire und Ginger Rogers auf der Bühne der Radio City Music Hall.

Obwohl das Center erst vor kurzem als »Nationales Baudenkmal« eingestuft wurde, wirkt es noch heute wie neu. Der Platz ist das symbolische Herz von New York. Von hier aus kann man die dramatischen Raumverhältnisse des ganzen Rokkefeller Centers erfahren: ein nach Beaux-Art-Prinzipien angeordneter Komplex, der so komprimiert und abstrakt wie eine kubistische Skulptur ist. Die Plaza müßte eigentlich erdrückend wirken, so extrem ist das Verhältnis zwischen ihrer Fläche und der Höhe der Gebäude. Aber die Architekten wußten, was sie taten: Indem sie einige Gebäude zurücksetzten und die kleineren Gebäude auf der Ostseite des Platzes errichteten, ließen sie ihn zu Mittag von der Sonne überfluten.

Er macht die geballte Energie des Centers und der ganzen Stadt fühlbar, wirkt angenehm erregend und bietet Raum zum Verweilen und Atemschöpfen, während der Betrieb auf den Avenuen kaum auszuhalten ist. In jedem Fall ist er ein Erlebnis: Dort spielt Theater – nicht Kunst, sondern lebendiges Theater von einer Qualität, die in unserem Jahrhundert noch unerreicht ist. Das Center stellt eine neue Art dar, den Raum in der Stadt zu gestalten, und seine Existenz beweist, daß der Platz auch heute noch ein gültiges Konzept ist, obwohl seine traditionellen Funktionen inzwischen fragmentiert sind.

Die vertieft angelegte Plaza im Herzen des Rockefeller Centers (rechte Seite oben). Sie entwickelte sich aus dem Traum von einem öffentlichen Platz, der ein neues Opernhaus zur Geltung bringen sollte.

Die Rockefeller Plaza an Weihnachten (rechte Seite unten). Die Schlittschuhbahn ist seit 1939 eine beliebte Attraktion im Winter.

Im Mittelalter erfüllte der Platz sämtliche Bedürfnisse einer Gemeinschaft, die keinen anderen Versammlungsort hatte. Schon damals führte jedoch wachsender Reichtum zu einer verstärkten Trennung nach Klassen und Interessen. In den folgenden Jahrhunderten verlor der Platz durch Markthallen und Einkaufszentren,

Kasernen, Theater, Sportstadien, Spielplätze und öffentliche Parks mehr und mehr seine ursprünglichen Funktionen. Heutzutage genießt die Mehrheit der Bevölkerung in vielen Ländern eine nie dagewesene Mobilität und Wahlfreiheit. Die Menschen haben die Stadt und ihre Plätze verlassen und sind in die Vorstädte gezogen.

Trotz dieser widrigen Umstände stehen heute noch viele Plätze in ununterbrochener Blüte; andere sind quasi vom Totenbett wieder auferstanden. Es werden sogar immer noch neue gebaut, selbst in Ländern ohne eigene Tradition gestalteter öffentlicher Plätze. Der Wunsch danach wurde immer wieder durch Ideale bestärkt, deren Ziele freilich sehr unterschiedlich sein können. Plätze werden angelegt oder wiederhergerichtet, um einer Stadt oder einem Wohngebiet eine Identität zu verschaffen, um ein Bindeglied zur Vergangenheit zu erhalten, um Grün in den Beton-Dschungel einer Stadt zu pflanzen, um wichtige Gebäude zur Geltung zu bringen oder um den Fußgänger davon zu überzeugen, daß er nicht zu den bedrohten Arten gehört.

Der Platz als Ort für Massenaufmärsche ist eine Idee, die auch heute noch für Diktaturen und Demokratien gleichermaßen verführerisch ist. Sie beruht auf einer Tradition, die so alt ist wie die Agora und so manipulativ wie die Barock-Architektur in Rom. Megalomanische Herrscher haben schon immer den Platz als ein Mittel betrachtet, mit dem man die Massen beeindrucken und zur Unterwerfung zwingen kann. Für Adolf Hitler, einen verhinderten Architekten, war dieses Mittel besonders attraktiv. Troosts Umgestaltung des Münchener Königsplatzes war ein gemäßigter Schritt auf dem Weg zu den Hitler-Plätzen, die für mehrere wichtige deutsche Städte geplant waren.

Hitler wollte Europa erobern und träumte davon, seinen Sieg mit einem neuen Berlin zu feiern. Es sollte zur Hauptstadt des neuen Großreichs ausgebaut werden und gigantische Ausmaße erlangen. Der Architekt Albert Speer entwickelte Pläne für eine fünf Kilometer lange Nord-Süd-Achse, die von einem riesigen Paradeplatz mit Triumphbogen zu einer Kuppelhalle hinter einem weiteren großen Platz führen sollte. Dieser sollte den Platz der Republik ersetzen, den Karl Friedrich Schinkel hundert Jahre zuvor als Königsplatz angelegt hatte. Nach Speers Vorstellungen sollte dieser Große Platz zwei Ebenen erhalten und viermal so groß wie der Rote Platz werden. Eine 290 Meter hohe Kuppel auf der Großen Halle sollte das Areal beherrschen und Führerpalast, Reichskanzlei, Parlament sowie das Oberkommando der Wehrmacht sollten es flankieren.

Nach einer neuen Untersuchung von Stephen Helmer hatte Hitler Speer beauftragt, Haussmann zu übertreffen, der Paris neu geplant hatte, und verlangt, daß die Arbeit in »amerikanischem Tempo« vor sich zu gehen habe, um bis 1950 beendet zu sein. Der Krieg machte all diese Vorhaben zunichte. Dennoch kann man sich ein Bild von ihrer entsetzlichen Banalität machen: Es sind detaillierte Pläne erhalten; außerdem existieren noch die Ruinen des Zeppelinfelds in Nürnberg, das Speer schon für die jährlichen Parteitage gebaut hatte.

Der Große Platz hätte den Geist totalitärer Regime verkörpert, wie ihn George Orwell in *1984* beschrieb: »ein Stiefel, der in ein menschliches Gesicht tritt – für immer«. Die aus der Antike entlehnten Formen atmeten nicht mehr den humanistischen Geist, der ihnen einst Bedeutung verliehen hatte: Sie standen nicht mehr für das römische Erbe, sondern für die Ablehnung der Moderne. Stalin und Mussolini teilten Hitlers kleinbürgerliche Angst vor dem Neuen und suchten Sicherheit in bombastischem Neoklassizismus oder nationalistischem Pathos. Moskau wurde als eine Stadt der alles überragenden Monumente, der großen Hauptachsen und Plätze neu geplant, aber es fehlte an Mitteln, um sie zu realisieren. Dem faschisti-

Ein megalomanisches Projekt: Albert Speers Entwurf einer Großen Halle und eines Großen Platzes für Berlin war von Hitler in Auftrag gegeben worden, der die Stadt als die Hauptstadt eines von den Nazis beherrschten Europas erneuern wollte. Abbildungen aus den Speer-Archiven.

schen Italien blieb mehr Zeit zum Bauen als dem Dritten Reich. Die surreal wirkende Leere in den Städten, die damals entworfen wurden, antizipierte Giorgio de Chirico ein Jahrzehnt vor der Machtergreifung des Duce in seinen Gemälden.

Was Hitler und Stalin nur träumten, wurde von Mao Zedong realisiert. Am 1. Oktober 1949, acht Monate nach dem Einmarsch der Kommunisten in Beijing, proklamierte er die Volksrepublik vom Balkon des Tiananmen aus, dem Tor des Himmlischen Friedens, das dem neuen zentralen Platz den Namen geben sollte. Kein Herrscher hatte jemals zu einer so großen Volksmenge gesprochen wie Mao an jenem Tag. Zum zehnten Jahrestag der Revolution wurde der Platz nochmals erweitert, und zwar nach Süden bis zum Quianmen-Tor. Er hatte jetzt eine Fläche von 94 Fußballfeldern, das ist doppelt so groß wie der von Speer geplante Große Platz. Auf der West- und der Ostseite des Platzes wurden jeweils 400 Meter lange Gebäude in einer chinesischen Abwandlung des neoklassizistischen Stils gebaut, die das Museum der Chinesischen Revolution und die Große Halle des Volkes beherbergen. Im Zentrum wurde das Monument für die Helden des Volkes errichtet.

Diese zweifelhafte Errungenschaft ist deshalb bemerkenswert, weil es in China keine Tradition öffentlicher Plätze gab. Vor der Revolution war Beijing mit seinem geradlinigen Straßennetz so angelegt, um wie Versailles die überlegene Autorität des Herrschers zu betonen. Es bestand aus drei konzentrisch angelegten, ummauerten Bereichen: dem Palastbezirk, der Inneren und der Äußeren Stadt. Ein breiter Boulevard verband den Kaiserpalast mit dem Tempel des Himmels im Süden. Vor dem Tiananmen lag ein kleiner offener Platz, auf dem in der Zeit der Republik Kundgebungen stattfanden. Er war jedoch unbedeutend im Vergleich zu den Vorhöfen des Palasts. Mao ließ den Tiananmen-Platz an der kaiserlichen Nord-Süd-Achse anlegen, um die Legitimität seiner Herrschaft symbolisch zu bekräftigen. Von Form und Funktion her war jedoch der Rote Platz in Moskau das Vorbild. Am 1. Mai paradieren drei Stunden lang fahnenschwenkende Kader und Kinder mit Luftballons an den Tribünen vorbei, die zu beiden Seiten des Tores aufgebaut sind. Sämtliche Steinplatten auf dem Platz sind numeriert, um die Organisation von Massenveranstaltungen mit bis zu einer Million Arbeitern und Bauern zu

Beijings großer Tiananmen-Platz an einem Sonntagnachmittag in den ersten Frühlingstagen. Besucher steigen die Treppe zu dem Monument im Zentrum des Areals hinauf; im Hintergrund ist das Tor des Himmlischen Friedens, das dem Platz den Namen gab, mit dem Mao-Porträt zu erkennen.

Drachensteigen vor dem Museum der Revolution auf dem Tiananmen-Platz.

Eine Million Chinesen drängten sich im Mai 1989 auf dem Tiananmen-Platz in Beijing und forderten demokratische Rechte. Die Demonstrationen wurden von der Armee mit Panzern blutig beendet.

erleichtern. In *China Diary* beschreibt Stephen Spender das Mao-Porträt über dem Tor: Es sei »600 Jahren Geschichte übergestülpt und sieht aus wie eine Briefmarke auf einem riesigen, roten Briefumschlag, der an die Zukunft adressiert ist«.

Zum neuen China paßt der Große Vorsitzende anscheinend immer weniger. Sein einbalsamierter Leichnam liegt wie der Lenins in einem gläsernen Sarg in dem riesigen Mausoleum auf der Südseite des Platzes. Die Besuchszeiten sind begrenzt, und die Chinesen, die ihre freien Sonntage auf dem Platz verbringen, wollen anscheinend lieber ihre Freizeit genießen, als sich über die Vergangenheit zu informieren. Kinder lassen Drachen steigen, stolze Eltern fotografieren ihre Babys, junge Paare sitzen Arm in Arm auf den Stufen des Heldendenkmals. Die rosa gesichtigen Wachen stoßen sie sanft weg, und sie setzen sich in Bewegung, jedoch nur, um sich wie die Tauben an einer anderen Stelle wieder niederzulassen. Der fröhliche Überschwang der Chinesen verwandelt sogar diesen riesigen und feierlichen Raum in eine Art mittelalterlichen Marktplatz – für eine Gemeinde von zehn Millionen Menschen. Für die Dauer des Kriegsrechts durften Fußgänger den Platz nicht mehr betreten. Es ist jedoch schwer vorstellbar, daß er über lange Frist leer bleiben könnte.

Gigantomanie ist anscheinend eine ansteckende Krankheit. Zu Lucio Costas inhumanem Plan für Brasilia gehört auch ein Platz der Drei Mächte. Er verursacht

Ein schematisches Modell vom Platz des Schahs und der Nation, wie er in den 70er Jahren als das Herzstück eines neuen Stadtzentrums für Teheran geplant wurde. Das an westlichen Vorbildern orientierte Projekt wurde nie realisiert.

ebenso deutlich Platzangst wie der riesige offene Platz in Chandigarh, der von Le Corbusier geplanten neuen Hauptstadt des Panjab. Französische Architekten erhielten sogar den Auftrag, für die weit im Hinterland gelegene Hauptstadt der Elfenbeinküste eine Beton-Karikatur der Peterskirche und ihrer Piazza zu entwerfen.

Eine der größten für die Dritte Welt geplanten architektonischen Torheiten wurde nie verwirklicht. Mitte der 70er Jahre gab der Schah ein neues Stadtzentrum für Teheran in Auftrag. Es sollte Schahestan Pahlewi heißen und in einem hügeligen Gebiet nördlich der verfallenen Altstadt liegen, gedacht als angemessenes Symbol für die aufgeklärte Herrschaft des Schahs und den materiellen Fortschritt des Iran. Das Architektenbüro Llewelyn-Davis International als Gewinner der Ausschreibung entwarf ein klares rechteckiges Straßennetz mit einem Platz des Schahs und der Nation im Zentrum. Er hatte den Meidan in Isfahan zum Vorbild und sollte wie dieser rund 7,5 Hektar groß werden. Rund um den Platz sollten die gleichen öffentlichen Institutionen angesiedelt werden wie hundert Jahre zuvor am Wiener Ring: Rathaus, Museen, der Amtssitz des Ministerpräsidenten, das Außenministerium, ein Theater und die Nationalbibliothek. Der Entwurf war westlich und weltlich orientiert und schien brillant. Er löste die praktischen Probleme, berücksichtigte die gegebene Topographie und nutzte die persische Bautradition einfallsreich. Eine zwölf Meter hohe, freistehende Loggia, ergänzt durch einen Wasserlauf, sollte einen schattigen Gehweg mit Geschäften und Lebensmittelkiosken schaffen, um den Rand des Platzes zu beleben. Auf dem Dach der Loggia waren eine Promenade und eine Reihe kleiner Freiluft-Plätzchen mit Brunnen und Laubengängen vorgesehen, wo Familien hätten picknicken können. Aber das für ein Land fanatischer Moslems geplante Projekt enthielt nicht eine einzige Moschee.

Sogar die Mexikaner scheinen beim Anlegen von Plätzen keine glückliche Hand mehr zu haben. Die Plaza de Armas in Guadalajara war einer der schönsten Plätze im ganzen Land und ein guter Rahmen für die in eklektischem Stil erbaute Kathedrale und den Palacio de Gobierno aus dem 17. Jahrhundert. In den letzten Jahren kam die Stadtverwaltung zu dem Schluß, daß dieser Platz und der halb so große Vorplatz der Kathedrale nicht mehr genügten. Gebäude aus der Kolonialzeit wurden abgerissen und neue Bauten errichtet, so daß eine kreuzförmige Anordnung von Plätzen entstand und die Kathedrale heute über einen von ihnen mit dem hübschen Teatro Degollado verbunden ist.

Für sich genommen bieten die Plätze eine Reihe angenehmer Perspektiven; sogar die kahle Plaza de la Liberación, unter der sich ein Parkhaus befindet, zeigt urbane Qualitäten. Die kreuzförmige Anlage hat auch einen würdigen Vorläufer in den vier Plätzen, die die Kathedrale von Santiago de Compostela in Spanien flankieren. All das ist jedoch nur ein Präludium zu der breiten Ost-West-Achse, die sich an dem Theater vorbei noch 800 Meter weit bis zu dem ansehnlichen Hospicio Cabanas erstreckt, einem Waisenhaus aus dem 19. Jahrhundert, in dem sich heute ein Kunstzentrum befindet. Diese Promenade ist von einer bedrohlichen Länge und Leere, in der die Sehenswürdigkeiten von Guadalajara eher untergehen, als – wie beabsichtigt – besser zur Geltung zu kommen. Die Geschäftshäuser rufen unglückliche Erinnerungen an Mussolinis faden Neoklassizismus wach – und ihre Läden scheinen kurz vor der Pleite zu stehen. Die sogenannte Plaza Tapatia, die eine Autostraße überbrückt, ist schlecht proportionierter Raum ohne Abschluß, der von einer abstrakten Brunnenskulptur regelrecht erschlagen wird. Die eingetopften Zwergbäume bieten keinen Schutz. Sogar die Entertainer, die unter offenem Himmel auftreten, wirken hier fehl am Platz.

Die gemeinhin als Government Center bezeichnete City Hall Plaza in Boston verkörpert die Fehler der sogenannten Stadterneuerung der 60er Jahre. Das neue Rathaus ist eine Paraphrase des späten Le Corbusier und liegt in der Mitte eines

In Guadalajara, der zweitgrößten Stadt Mexikos, wurde der ursprünglich anderthalb Häuserblocks umfassende freie Raum im Stadtzentrum um die kahle Plaza de la Liberación und einen begrünten Platz erweitert, so daß um die Kathedrale herum eine kreuzförmige Anlage entstand.

Gigantomanie scheint eine ansteckende Krankheit zu sein: Die City Hall Plaza in Boston gleicht einem Theater ohne Publikum.

Die Skizze eines National Square, wie er 1964 für Washington D. C. vorgeschlagen wurde. Eine neu angelegte Pennsylvania Avenue sollte einen respekteinflößenden Zugang zum Weißen Haus bilden. Denkmalschützer starteten eine Kampagne zur Rettung historisch wertvoller Gebäude, und der Plan wurde aufgegeben.

riesigen, windgepeitschten Platzes. Zu seiner Anlage wurden skrupellos alte Gebäude zerstört. Er war eigentlich als Vorzeigeobjekt der Regierung und Symbol der Einheit in einer ethnisch und sozial fragmentierten Stadt gedacht, ist aber heute eher ein Sinnbild für diese Probleme. Die Architekten scheinen sich zunächst Chandigarh zum Vorbild genommen zu haben, orientierten sich aber bei der großen, abfallenden, mit Ziegelsteinen gepflasterten Fläche vermutlich mehr an der Piazza del Campo in Siena. Es gibt jedoch einige entscheidende Unterschiede. Die Loggien um die City Hall sind zu ungemütlich und windig, um vor dem rauhen Klima Schutz zu bieten. Der Platz ist drei- oder viermal so groß wie die Piazza del Campo, und es gibt keine Straßencafés. An einem trüben Tag, wenn der Wind allerlei Müll über den Platz weht, erinnert er eher an den Tiananmen-Platz als an die Toskana. Nur am Silvesterabend oder wenn die Red Sox die Baseballmeisterschaft gewonnen haben, ist er halbwegs von Menschen gefüllt – und für so seltene Gelegenheiten würde auch der Boston Common genügen.

Washington D. C. entging nur knapp einem ähnlichen Schicksal. Der 1962 einberufene President's Council on Pennsylvania Avenue war wie schon frühere Planer davon besessen, großartige Perspektiven und offene Räume zu schaffen, um die Monumente der Hauptstadt besser zur Geltung zu bringen. Die Avenue war schäbig geworden, aber sie war voller hübscher, wenn auch vernachlässigter Gebäude, so z. B. dem neoromanischen Alten Postamt oder dem Willard Hotel. In einem Gutachten von 1964 empfahl der Rat den Abriß dieser Gebäude, um die Straße stilistisch zu vereinheitlichen und Raum für einen National Square zu schaffen. Die Sprache des Dokuments ist zitierenswert: »Je mehr sich die Pennsylvania Avenue dem Grundstück des Weißen Hauses nähert, umso größer werden die zeremoniellen Schwierigkeiten. Die Straße wird an dieser Stelle ihrer Rolle überhaupt nicht gerecht, den Bürger mit überzeugender Wirkung *vom* Kapitol *zum* Weißen Haus zu führen.« Die Gutachter schlugen als Abschluß der neugestalteten Straße ein Tor zum Weißen Haus vor, das »Respekt gebieten« sollte, und fuhren fort: »Damit das Tor zur Wirkung kommt, muß es weithin sichtbar sein, und das erfordert als Rahmen einen großen freien Raum – also einen Platz.«

Der Platz hätte eine Fläche von 250 mal 270 Meter gehabt – etwas weniger als die Place de la Concorde – und einen Brunnen von 50 Metern Durchmesser im Zentrum, umgeben von gemustertem Pflaster und Bäumen als Schattenspendern. Wie in Boston war er darauf angelegt, Eindruck zu schinden; praktische Zwecke wurden ihm lediglich als Vorwand für diejenigen beigemessen, die sich nicht von Beaux-Art-Prinzipien beeindrucken lassen. Glücklicherweise war er eine Totgeburt. Kritiker verspotteten das Projekt als »die größte Bratpfanne in Amerika« und als »Nixons Roter Platz«. Denkmalschützer führten eine Kampagne zur Rettung und Sanierung des Willard Hotels und des Alten Postamts; der Plan für einen National Square wurde zugunsten von kleineren Plätzen aufgegeben, die die Avenue verbreitern. Eine Stadt, in der es bereits von öffentlichen Plätzen wimmelte, hatte die Planer in ihre Schranken gewiesen, die ihr einen weiteren bescheren wollten.

Die Plaza de Mayo in Buenos Aires spielt seit 1945 eine Rolle als Barometer der argentinischen Politik. In jenem Jahr versammelte sich eine Menschenmenge von mehreren hunderttausend Menschen vor dem Präsidentenpalast, um Oberst Perón bei seiner Herausforderung der militärischen Machthaber zu unterstützen. Dreißig Jahre lang war der Platz dann ein Kundgebungsort der Peronisten. Kurz vor dem Putsch gegen Isabel Perón im Jahre 1976 wurde ein Plakat veröffentlicht, das die vergeistigten Gesichter von Juan und Eva Perón zeigt, wie sie aus dem Himmel auf eine Versammlung ihrer Anhänger herabschauen. In der folgenden Terrorherrschaft kam der einzig wirksame Protest gegen die Junta von den Müttern der »Verschwundenen« – las Madres de la Plaza de Mayo. Sie versammelten sich furchtlos auf dem Platz und forderten Auskunft über den Verbleib ihrer Angehörigen. Ihr stiller Protest wurde durch das Prestige und die große Öffentlichkeit der Plaza verstärkt. Der Platz wurde daraufhin mit Grünanlagen umgestaltet, um Massendemonstrationen zu verhindern.

Die Petersburger Plätze waren die Wiege der kommunistischen Revolution, und vielleicht wird die Explosion auf dem Tiananmen-Platz im Frühjahr 1989 einmal als das Symbol ihrer Agonie in die Geschichte eingehen. 1976 hatten dort Zehntausende gegen die plötzliche Entfernung der Kränze am Grab Zhou Enlais protestiert – ein nie dagewesener Ausbruch des Volkszorns, der das Ende der Kulturrevolution und den Niedergang der Mao-Clique beschleunigte. Im Mai 1989 drängten sich eine Million Menschen auf dem Platz, um einen Hungerstreik von Studenten zu unterstützen, die einen öffentlichen politischen Dialog forderten. Der Platz wurde zu einer Stadt in der Stadt. Sechs Wochen lang waren diese Befür-

Auf diesem Wahlplakat ist die Plaza de Mayo in Buenos Aires als ein Kundgebungsort der Peronisten dargestellt. In Zeiten der Militärdiktatur war sie ein Forum des Protests.

worter demokratischer Reformen auf der ganzen Welt in den Schlagzeilen und verursachten offene Auseinandersetzungen in der chinesischen Führungsspitze. Die blutige Vertreibung der Demonstranten durch die Armee erinnert an die Attacke der Kosaken auf dem Schloßplatz in Petersburg, eine halbe Weltreise entfernt und ein Dreivierteljahrhundert davor.

Auch in der Sowjetunion erhielten die Plätze in der Phase aufkeimender Demokratisierung unter dem Perestroika-Verfechter Gorbatschow zunehmende politische Bedeutung. In Tiflis und Eriwan, Riga und Reval versammelten sich Tausende, um ihren Beschwerden Ausdruck zu verleihen. Die *New York Times* berichtete im August 1988 über die Menschenmassen, die sich jedes Wochenende auf dem Puschkin-Platz in Moskau versammelten: »Aus dem Platz ist eine Art Volkspark geworden. Die Leute stehen dort in Gruppen um das Denkmal des Dichters herum und diskutieren offen und leidenschaftlich Probleme, die früher nur an viel diskreteren Orten besprochen wurden.«

Die politischen Umbrüche in Osteuropa führten ebenfalls auf die bedeutenden Plätze in den Hauptstädten zurück. Als die DDR am 9. November 1989 die Mauer zwischen Ost- und West-Berlin öffnete, entdeckten die West-Berliner im Ostteil der Stadt zwei lange verloren geglaubte historische Plätze wieder: den östlichen Abschnitt des Potsdamer Platzes und den Leipziger Platz. Man wird sie vielleicht eines Tages als Symbole der Einheit restaurieren. Eine Woche später konnte Prag wieder an seine alte Tradition anknüpfen. Der Wenzelsplatz ist der Dreh- und Angelpunkt des modernen Prag. Er ist ein breiter Boulevard, der an einem Ende vom Nationalmuseum abgeschlossen wird. An diesem Ort versuchten die Studenten 1968, die gegen den Prager Frühling einrollenden sowjetischen Panzer aufzuhalten, und hier verbrannte sich Jan Palach aus Protest gegen die Invasion. Auf dem Platz versammelten sich eine Woche lang täglich spontan eine Viertelmillion Menschen. Die Herrschenden, die ihre Autorität sowjetischen Panzern verdankt hatten, fielen vor der Volkserhebung zu Boden wie Marionetten, wenn der Puppenspieler die Fäden losläßt.

»Small is Beautiful« – der Originaltitel eines Buches von E. F. Schumacher war in den 70er Jahren ein populärer Slogan, und es ist sicher richtig, daß die besten Plätze der heutigen Zeit eher bescheidene Ausmaße haben und organisch auf ihren Bestimmungszweck und die Umgebung abgestimmt sind. Viele wurden als Rahmen für Kunstwerke angelegt. Das ehrgeizigste Projekt dieser Art wurde 1979 in Barcelona gestartet. Es ging auf die Initiative des sozialistischen Bürgermeisters Narcis Serra zurück und sollte die Identität einer Stadt stärken, die in der Franco-Zeit schwer dafür büßen mußte, daß sie im Bürgerkrieg für die Republik gekämpft hatte. Das Projekt wurde bis Mitte der 80er Jahre unter Serras Nachfolger Pasqual Maragall fortgeführt.

In den alten Stadtvierteln sollte damit wiederhergestellt und in den neuen geschaffen werden, was der Kritiker Robert Hughes mit den Worten beschreibt: »ein Gefühl für die Stadt als einem Gewimmel verschiedener Orte – jeder mit speziellem Charakter und eigenem Publikum – und nicht als einer monotonen Wucherung von Wohn- und Geschäftshäusern«. In der ganzen Stadt sollten unbebaute Flächen wieder zu nachbarschaftlichen Treffpunkten und Parks gestaltet werden, jeder mit einer anderen Eigenart, die den Bedürfnissen des jeweiligen Viertels entsprechen und das Gefühl für seinen besonderen Charakter stärken sollte.

Ein Team von Stadtplanern, Architekten und Historikern unter der Leitung von Oriol Bohigas und später von Josep Acebillo sorgte für die notwendigen Recherchen und Entwürfe. Einheimische und ausländische Künstler erhielten Auf-

Die Placa de la Palmera in Barcelona vor und nach ihrer Umgestaltung. Der amerikanische Künstler Richard Serra schuf zwei Beton-Bögen, die den aktiven vom ruhigen Teil des Platzes abtrennen. Die Placa liegt in einem Arbeiterviertel und ist sehr populär.

träge für neue Werke in Zusammenarbeit mit den Architekten. Als erstes wurden alte Plätze in der Innenstadt, danach auch offene Freiflächen umgestaltet. Bis heute wurden 200 neue Plätze, Parks und Projekte zur Straßenverschönerung abgeschlossen. In ihnen sind progressive und historizistische Formensprachen eklektisch zusammengeführt, wobei Skulpturen ihre Aufstellungsorte beleben oder schlicht besetzen sollen.

Kritiker und Anwohner reagierten unterschiedlich. Einigen Plätzen sieht man zu sehr an, daß sie monumental wirken sollten. Beim Parc de l'Espanya Industrial wurde der Versuch gemacht, die Längsseite, die an einer vielbefahrenen Straße liegt, durch eine Reihe stilisierter Leuchttürme und eine lange offene Tribüne abzugrenzen, die aussieht, als sei sie aus einem Stadion eingeflogen. Die Placa dels Paisos Catalans neben dem Bahnhof Sants ist von einer hohen Überdachung und einer wellenförmigen Arkade aus Stahlträgern geprägt, die nur symbolisch Schatten spenden. Holzbänke und ein Brunnen lassen den Platz zu zart wirken, als daß er sich gegenüber den vielen protzigen Geschäftshäusern in der Umgebung behaupten könnte.

Viel einladender – und stärker genutzt – sind die kleineren Plätze außerhalb des Zentrums. Für die tempelartige Einfassung des Parc del Clot wurden Eisen und Ziegel alter Bahnhofsgebäude verwendet. Sie erinnert an die frühere Bestimmung des Ortes, bringt Bryan Hunts Bronze-Plastik *The Rites of Spring* gut zur Geltung und ist ein beliebter Kinderspielplatz. Richard Serras Beitrag zur Placa de la Palmera, der Grünen Lunge eines Arbeiterviertels, ist gut in die Anlage integriert und zieht nicht den Unmut des Publikums auf sich wie sein *Tilted Arc* auf einer New Yorker Plaza. Die beiden Beton-Bögen passen gut zu den benachbarten kahlen Appartmenthäusern und grenzen geschickt ein Spielfeld von einer gepflasterten Promenade mit einem Kiosk und Sitzbänken ab. Auf der einen Seite spielen die Väter mit den Söhnen Fußball, und auf den Zuschauerbänken am Spielfeldrand unterhalten sich die Mütter miteinander, während sich ihre Kleinen im Sand vergnügen. Die andere Seite ist friedlicher Zufluchtsort für Liebespaare und ältere Menschen. Ähnlich vielfältig ist die kleine Placa de Navas nutzbar, die durch ihre erhöhte Dreiecksfläche auffällt.

Auch die Piazza d'Italia in New Orleans sollte zugleich nützliches Kunstwerk und das Zentrum seiner Nachbarschaft werden, was jedoch nur zum Teil gelang. Zunächst fehlten nämlich die Nachbarn: Als die Stadt den Platz 1975 in Auftrag gab, geschah dies zu Ehren der italienischen Gemeinde, und diese sollte auch das Publikum der Piazza stellen, doch es lebten kaum Bürger italienischer Abstammung in der Nähe. Das Viertel war noch von Lagerhäusern geprägt und zog überhaupt erst in den letzten Jahren Bewohner aus allen möglichen ethnischen Gruppen an. Da die Stadt in eine wirtschaftliche Krise geriet, wurde nichts aus seiner geplanten kommerziellen Erschließung, durch die man den Platz auch hatte finanzieren und beleben wollen. Zehn Jahre kam er immer mehr herunter. Er wurde das Opfer sinnloser Zerstörungswut und entwickelte sich zu einem Zufluchtsort für Obdachlose.

Doch als er schon aufgegeben werden sollte, startete der neue Direktor des Contemporary Arts Center eine Kampagne für seine Erhaltung und weckte bei den Investoren erneutes Interesse. Der Gefängnisdirektor eilte dem Platz in einer filmreifen Aktion mit den talentiertesten Insassen seiner Anstalt zu Hilfe und begann, die zerbrochenen Mauern und Brunnen zu restaurieren. Jemand hörte, wie der Direktor sagte: »Drei von den Kerlen waren so gut, daß ich sie nie gehenlassen werde.«

Die Piazza wurde von Charles Moore in Zusammenarbeit mit Ron Filson und dem ortsansässigen Architekturbüro von Richard Perez entworfen. Sie ist eine verspielte Ansammlung von Pavillons, Kolonnaden und Torwegen, die ein gepflastertes Rund umgeben. In der Mitte steht ein Brunnen, der über einem stilisierten Relief der italienischen Halbinsel genauso üppig sprudelt wie der Trevi-Brunnen

Barcelona hat in der ganzen Stadt Plätze neu gestaltet oder geschaffen, damit sich seine Einwohner stärker zu Hause fühlen. Diese tempelartige Einfassung im Parc del Clot mit ihrer Skulptur ist bei Kindern als Spielplatz beliebt.

Eine erhöhte dreieckige Einfassung trennt auf der Placa de Navas in Barcelona (rechts) einen Sandkasten von schattigen Bänken. Wie auch in der Placa de la Palmera werden hier Flächen mit verschiedenen Funktionen durch einen architektonischen Kunstgriff voneinander getrennt.

Zwei Ansichten der Piazza d'Italia und ihres Brunnens in New Orleans. Sie wurde 1975-1978 von Charles Moore zu Ehren der italienischen Gemeinde der Stadt angelegt und sollte in einem vom Lagerhäusern geprägten Viertel das Kernstück eines Geschäftszentrums bilden. Häftlinge restaurierten den Platz 1988 nach einer langen Zeit der Verwahrlosung.

in Rom. Seine Materialien und Motive sind in postmoderner Unbekümmertheit zusammengemischt: Kapitelle aus rostfreiem Stahl erstrahlen in Neonlicht, Marmor wurde neben Stuck gesetzt, und Wasser sprudelt aus Masken, die Moores Gesichtszüge tragen.

Als der Platz 1978 fertig war, schwankten die Kritiker zwischen höchstem Lob und schärfster Ablehnung. Paul Goldberger von der *New York Times* pries ihn als »überaus gefällig – ein vergnügtes Spiel mit der klassischen Tradition«. Ältere Italiener verabscheuten das Neonlicht; einige Liberale waren empört, weil ihnen der Platz als Diffamierung der Italiener erschien – geradeso als ob den Italienern echte korinthische Säulen heilig wären. Die Kontroverse trug dazu bei, Interesse für den Platz zu wecken. Wenn er gelegentlich von vielen Menschen belebt ist und die Brunnen in Betrieb sind, wird er Moores Vision gerecht. Seine Annahme, daß ein empfindliches Kunstwerk auch einen gelungenen öffentlichen Platz abgeben könnte, war allerdings zu optimistisch. Die Zukunft der Piazza ist noch immer ungewiß. Inzwischen drängten Investoren erneut darauf, ein vornehmes Hotel und ein Restaurant zu bauen, die bereits seit Ende der 70er Jahre im Gespräch waren.

Arata Isozaki, der führende japanische Architekt der Gegenwart, hatte mehr Glück als Moore: Das Kultur- und Geschäftszentrum, das er für Tsukuba plante, eine neue Stadt 60 Kilometer nördlich von Tokio, wurde planmäßig fertiggestellt und wird gut gepflegt. Trotzdem hat es das gleiche Problem wie die Piazza in New Orleans: zu wenig Publikum. Mit dem weiteren Aufbau der Stadt wird wohl auch hier der Publikumsverkehr wachsen. Aber die auf zwei Ebenen angelegte Piazza dürfte nur schwer angenommen werden, denn die Japaner haben keine Tradition städtischer Plätze. Märkte und andere öffentliche Aktivitäten finden auf der Straße statt.

In den japanischen Städten mit ihrer großen Bevölkerungsdichte stehen die Gebäude sehr dicht beieinander. Ein Abendländer entwickelt dort Klaustrophobie und sehnt sich nach Erholung in offenem Raum; dagegen ziehen sich die Japaner in kleine Bars oder in die Höfe ihrer Privathäuser zurück. Sogar Tokio, eine Stadt mit 14 Millionen Einwohnern, ist wie eine Folge von Dörfern strukturiert. Die Hochhäuser in der Innenstadt erheben sich direkt neben der Straße, und zu ihren Füßen befindet sich ein Labyrinth von Einkaufspassagen. Zwar liegen einige wenige Parks über die Stadt verstreut, aber der größte Teil an Freiflächen wird vom privaten Garten des Kaisers, von Heiligtümern, Tempeln und Friedhöfen eingenommen. Dafür gibt es viele Gründe: Zum einen ist Land knapp und erschreckend teuer. Zum anderen waren die Japaner lange Zeit ein Volk von Bauern, deren Mobilität und Versammlungsmöglichkeiten in der bis ins vorige Jahrhundert reichenden Feudalzeit beschränkt wurden.

Vielleicht sollte man also Isozakis Plaza mehr als Kunstwerk und Symbol von Tsukuba betrachten und weniger als einen städtischen Platz im westlichen Sinne. Ein Hotel-Hochhaus, eine Bank und eine Konzerthalle begrenzen zwei Seiten eines erhöhten Podiums, das in der Mitte der bepflanzten Hauptachse liegt. Die beiden anderen Seiten des Podiums sind offen, aber der Platz ist durch sein gitterartig gemustertes Pflaster strukturiert. Er darf nur von Fußgängern und Radfahrern benutzt werden. An einem Brunnen vorbei führt eine Treppe auf eine ovale Piazza hinunter, die den Zugang zu Geschäften und öffentlichen Gebäuden bildet. Ihre sternförmige Pflasterung ist am Campidoglio in Rom orientiert. Allerdings befindet sich im Zentrum des Platzes keine Statue, sondern ein umrandeter Abfluß für das Brunnenwasser.

Der Architekt wollte die Monotonie der Stadt – einer Reißbrett-Ansiedlung

Die Plaza von Tsukuba ist Teil eines Kultur- und Geschäftszentrums, das Arata Isozaki für diese neue japanische Akademiker-Stadt entworfen hat. Der Blick von oben (links) verdeutlicht die Anlage auf zwei Ebenen. Isozaki verband Zitate aus der westlichen Architektur (rechts), besonders des Campidoglio in Rom, mit räumlichen Konzepten der Japaner zu einem neuen Typ des Platzes.

für Wissenschaftler und Techniker – kompensieren, indem er das Zentrum dicht, vielschichtig und prismatisch gestaltete. Er sammelte Gestaltungsideen aus anderen Städten und fügte sie zu einer Collage aus grob behauenem Stein, glänzendem Mosaik und blankem Metall zusammen. Es werden andere Architekten zitiert und Bezüge zur japanischen Tradition hergestellt. Ein um die Plastik eines Baumes geschlungener goldener Schal spielt auf die griechische Sage von Daphne an, die auf der Flucht vor Apollo in einen Lorbeerbaum verwandelt wurde.

Tsukubas Zentrum ist eine Tour de Force an Esprit, Gelehrsamkeit und Erfindungsreichtum. Es ist makellos ausgeführt und paßt gut zu einer Siedlung von Intellektuellen. Außerdem verkörpert es den Geist des Japans von heute. Es läßt seine Muskeln spielen und stellt seinen Reichtum zur Schau. Dabei kommt eine charakteristische Mischung von Ost und West zustande, die in der internationalen Architektur einer der stärksten Trends werden könnte.

Für die texanische Stadt Houston hat Emilio Ambasz einen Platz entworfen, der, falls er angelegt wird, ebenso poetisch und herausfordernd ausfallen könnte wie die Beispiele Isozakis. Die Houston Center Plaza ist als geometrischer Wassergarten konzipiert. Die Anlage soll die Stadt symbolisch widerspiegeln und könnte eine Oase zwischen den Bürohochhäusern, Theatern, Galerien und Restaurants in ihrer Umgebung werden. Der Entwurf greift die Tradition islamischer Gärten von Lahore bis Granada auf, in denen durch Wasser und Begrünung wahre Paradiese geschaffen wurden, sowie die barocke Kunst der Baumskulpturen: Vorgesehen ist ein gitterartiges Netz von weinbewachsenen Lauben, die ein quadratisches Wasserspiel umgeben.

Das Abstrakte ist von Sinnlichkeit durchdrungen. Der Platz senkt sich von der Straße her ab. Die Lauben sind zum Zentrum hin höher und wie offene Gartenhäuschen mit Bänken und duftenden Blumen ausgestattet. Der scheinbare Teich ist ein in der Mitte offener Baldachin aus durchscheinendem blauen Fiberglas, der von Wasser überspült wird, das in Kaskaden in den darunterliegenden, zylindrischen Hof stürzt. Drei unregelmäßige Durchbrüche an den Rändern dieser Struktur – ein Bezug auf die noch nicht beendete Entwicklung der Stadt – führen in den Hof hinunter und zu den öffentlich zugänglichen Gebäudebereichen. Vom Hof aus wird maschinell ein Nebel von zerstäubendem Wasser erzeugt, der bei

Modell und Grundrißplan der Houston Center Plaza (linke Seite): Sie soll eine kühle Oase zwischen Hochhäusern werden und ist von islamischen Wassergärten und der gitternetzartigen Anlage der Stadt inspiriert.

Schnitt durch den Entwurf für eine radikale Neugestaltung der Plaza Mayor in Salamanca (rechte Seite oben): Die jetzt ebene Fläche würde in Stufen zu ihrem Zentrum hin abgesenkt und das Pflaster durch Bäume ersetzt.

Der kahle Theaterplatz in Rotterdam entstand im Zuge des Wiederaufbaus nach dem Kriege (rechte Seite unten).

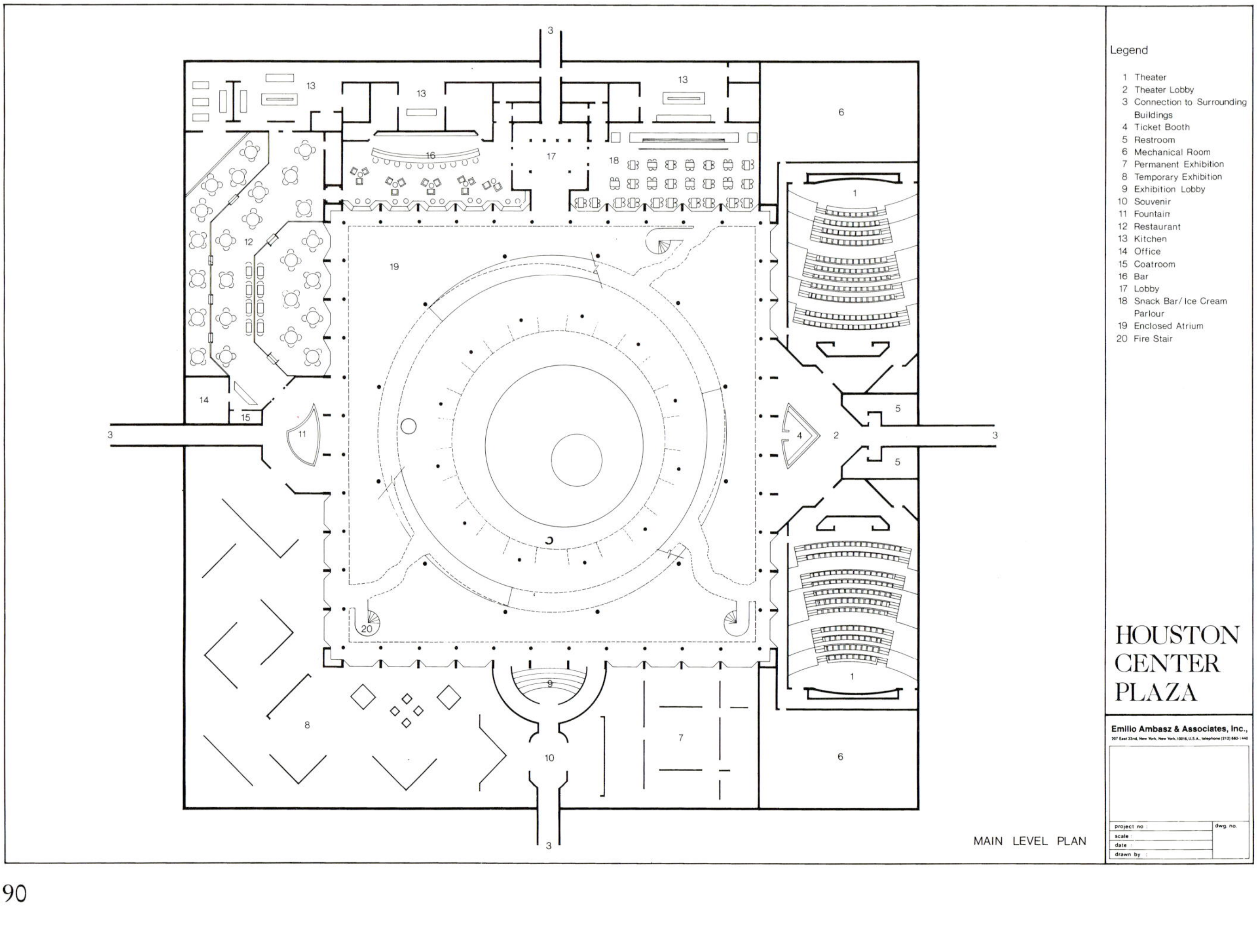

Sonnenlicht Regenbögen entstehen läßt und nachts das Licht von farbigen Laserstrahlen bricht. Auch auf den Lauben sind Zerstäuber montiert, die mit einem angenehmen Zischen einen kühlen Wassernebel freigeben, der sich mit dem Duft von Jasmin und Jakaranda vermischt.

Das alles klingt im Zusammenhang mit Houston so teuer und unglaublich, wie Versailles erschienen sein muß, bevor es gebaut wurde. Aber ohne Dichter und Visionäre gäbe es keinen zivilisatorischen Fortschritt. Bevor Houston in eine wirtschaftliche Krise geriet, wollte es sich von seiner relativen Randlage in ein kulturelles Zentrum verwandeln. Die besten Architekten wurden engagiert, um repräsentative Kulturpaläste zu schaffen. Freilich fällt die Vorstellung schwer, daß gestiefelte Unternehmer und elegante texanische Ladys ihre klimatisierten Häuser verlassen würden, um sich in neblige Lauben zu setzen. Aber vielleicht könnte die Plaza als Kurstätte angepriesen werden, die zu einer frischen Gesichtsfarbe verhilft und garantiert die Muskeln stärkt. Dann würden die Leute Schlange stehen.

Ambasz sieht die Sache philosophisch: »Es gibt zwei Monate im Frühling und im Herbst, in denen das Klima in Houston angenehm ist; der Rest des Jahres ist fürchterlich. Auf den Platz kann man sich jedoch in der Vorstellung das ganze Jahr über versetzen. Und er schafft eine graphische Struktur, auf die man von den vier 60stöckigen Bürotürmen hinunterschauen kann.« Die meisten Vorplätze der Hochhäuser werden von den Gebäuden selbst erdrückt. Ambasz ist der Ansicht, daß »Format eine Frage der geistigen Dimension ist, nicht der physischen Größe«. Mit seiner Plaza hat er eine entsprechende Dimension erreicht.

Einen anderen Entwurf fertigte Ambasz zur Umgestaltung eines klassischen europäischen Platzes: der Plaza Mayor von Salamanca. Der Stadtrat befand, daß der Platz in der Sommerhitze Schatten nötig habe und besser vor der Winterkälte geschützt werden müsse, und er gab Ambasz den Auftrag, ihn neu zu planen. Dieser schlägt einen abgesenkten Garten mit Dornkronenbäumen vor, der stufenweise zu einem zentralen Platz hinunterführt. Darunter möchte er ein Sozial- und Kulturzentrum einrichten. Die Bäume sollen umso höher sein, je weiter unten sie stehen, und in den Worten des Architekten »eine metaphorische Bodenbegrünung aus Blätterwolken« bilden, die sich ungefähr auf der Höhe des derzeitigen Pflasters befindet. Im Zentrum des Platzes soll das Licht einer unterirdischen Tanzhalle durch eine Gitterkonstruktion emporleuchten.

Ambasz ist der Ansicht, daß sein Platz im Sommer kühl sein und im Winter die Wärme speichern wird – und daß dies zusammen mit dem dort vorgesehenen Kino, dem Kindergarten und den Versammlungsräumen die Menschen die Treppen hinunterlocken würde. Aber es ist schwer vorauszusagen, wie sich eine derart innovative Gestaltung bewähren würde. Salamancas Straßen sind immerhin das ganze Jahr über von pulsierendem Leben erfüllt. Arkaden spenden Schatten, und Cafés bieten Schutz und Wärme. Die Ökologie der spanischen Plaza ist ein kostbares Relikt der Vergangenheit; der architektonische Gesamteindruck Salamancas hat dem Zusammenspiel von Kopfsteinpflaster und zart modellierten Fassaden viel zu verdanken. Die befestigte, freiliegende spanische Plaza ist vielleicht nicht ideal, aber sie ist außerordentlich einladend, demokratisch und flexibel. Sie funktioniert.

Ambasz hat eine magische Ader, wie er mit seinen vertieft angelegten Plätzen im Botanischen Garten von San Antonio in Texas bewiesen hat. Sein Plan für Salamanca wirkt verführerisch – auf dem Papier. Wenn jedoch ein Architekt ein Projekt abgeschlossen hat, dann müssen andere es am Leben erhalten. Die Plaza in Houston dürfte im Fall ihrer Realisierung von den privaten Auftraggebern intensiv gewartet und gepflegt werden. Die Verwahrlosung von Les Halles in Paris oder der Piazza d'Italia und von so vielen anderen neuen städtischen Plätzen in der ganzen Welt läßt dagegen vermuten, daß Stadtverwaltungen nicht über die Finanzmittel, das Geschick oder den Willen verfügen, unkonventionelle Plätze gut zu betreuen. Außerdem bleiben die meisten Leute, wie man etwa an der Rockefeller Plaza oder in Tsukuba sieht, lieber am Rande eines solchen Platzes stehen, als auf ihn hinunter zu gehen.

Einfach nur kahl ist der Theaterplatz in Rotterdam mit seiner Fläche von 85 mal 150 Metern, der im Zuge des Wiederaufbaus nach dem Krieg entstand. Das nackte Dach eines unterirdischen Parkhauses liegt hier zwischen einem Theater, einer Konzerthalle und niedrigen Wohnhäusern. Die Menschen hasten nur über den Platz. Einen Anreiz für eine verschönernde Umgestaltung bot der 650. Geburtstag von Rotterdam im Jahr 1990, und die Stadt gab bei Benjamin Thompson & Associates in Cambridge, Massachusetts, einen Entwurf zur Belebung des Platzes in Auftrag. Es war eine gute Wahl. Benjamin und Jane Thompson hatten bereits die »festlichen Marktplätze« für die Rouse Company entworfen, die viel zur Neubelebung der Stadtkerne von Boston und Baltimore beitrugen und Riesenerfolge wurden. In einem Wettlauf mit der Zeit schlugen die Architekten für Rotterdam einen »Stadtgarten« vor, der Kunst und Unterhaltung, Einkaufsbummel und Essen, Sitzen und Spielen kombinieren sollte, und zwar in einer Umgebung, die so farbig und üppig wie auf einer Weltausstellung werden sollte. Das wichtigste gestaltende Element ist eine glasüberdachte Promenade mit offenen Seiten, die diagonal über den Platz verläuft in der bereits heute von den meisten Fußgängern beschrittenen Linie. Dieser Laufweg sollte von Kiosken und modernen Kunstwerken flankiert werden und sich in der Mitte so verbreitern, daß ein geschützter Raum für künstlerische Darbietungen entstünde. Auf den beiden dreieckigen Plätzen links und rechts der Promenade waren Cafés und Restaurants beziehungsweise ein Marktplatz vorgesehen. Eine angemessene Beleuchtung und segelartige Überdachungen sollten sicherstellen, daß der Platz auch bei Nacht oder schlechtem Wetter genutzt werden könnte.

Dieser exotische Cocktail erscheint als ebenso radikaler Bruch mit der europäischen Tradition wie mit dem Konzept der dekorativen Revitalisierung bei den für Rouse gestalteten Marktplätzen. Von beiden Grundideen profitiert das Projekt dennoch bei dem Bestreben, einen aufregenden, gutbesuchten, urbanen Vielzweckraum zu schaffen. Und es sollte einen Ort aufwerten, der sich bisher durch sterile Leere auszeichnet und keinerlei Anreiz für spontane Nutzungen bietet. Um den Platz schließlich vor einer zu trägen Stadtverwaltung zu schützen, sollten private Eigentümer und Pächter für seine Erhaltung verantwortlich sein. Doch als die Verwirklichung des Projekts bereits gesichert schien, wurde es das Opfer lokalpolitischer Querelen.

»Washington ist kein Platz für phantasievolle Projekte«, sagte Alexander Graham Bell. Dieser Satz ist einer von 39, die auf der Freedom Plaza, früher Western Plaza, der amerikanischen Hauptstadt in Stein gehauen sind. Sie liegt schräg an der Pennsylvania Avenue und wurde von dem Büro Venturi, Rauch und Scott Brown entworfen. Die Architekten merkten schnell, wie wahr Bells Worte auch heute noch sind: Ihr kühner Plan, einen Rahmen für den Blick in beide Richtungen der Pennsylvania Avenue zu schaffen und L'Enfants alte Vision einer Verbindung zwischen Kapitol und Weißem Haus aufzugreifen, wurde der entscheidenden vertikalen Elemente beraubt. Sie hatten erwartet, daß ihr Plan nach künstlerischen Gesichtspunkten bewertet würde, und nicht berücksichtigt, daß in Washington

Die Western Plaza in Washington D. C. mit einer Attrappe des echten Capitols, das sich am Ende der Pennsylvania Avenue befindet. Die Gutachter-Kommissionen strichen die vertikalen Elemente aus diesem phantasievollen Entwurf von Venturi, Rauch und Scott Brown aus dem Jahre 1978.

nur die Politik zählt. Und sie hatten verdrängt, daß schon L'Enfant wegen zu hoher Ansprüche entlassen worden war.

Der Entwurf wurde 1978 veröffentlicht, und 1980 wurde der Platz eingeweiht. Das ursprüngliche Konzept sah einen begehbaren Stadtplan des umliegenden Viertels vor, wie L'Enfant es geplant hatte. Der Platz sollte mit »Straßen« aus weißem Marmor von bald einem Meter Breite und mit »Häuserblocks« aus schwarzem Granit gepflastert werden. Zwei 26 Meter hohe Pylone aus Marmor hätten einen Rahmen für den Blick die Avenue hinunter auf das Finanzministerium und den Park im Süden des Weißen Hauses gebildet. Die Architekten fanden diese Vorstellung pittoresk: »eine romantische Szenerie mit einem klassischen Portikus in einer ländlichen Umgebung ... Und sie ist vielleicht ein Symbol für den amerikanischen Pragmatismus – die Grundidee basiert auf einem barocken Plan, aber der Platz verdankt seine Entstehung nicht der Autorität eines Fürsten, sondern den Launen der Institutionen in der demokratischen Entscheidung.« An beiden Enden des Platzes sollte je ein Modell stehen: ein sechs Meter hohes Capitol und ein zwei Meter hohes Weißes Haus. Sie hätten die Achse wieder sichtbar gemacht, die jetzt vom Gebäude des Finanzministeriums unterbrochen wird.

Im Gegensatz zur autoritären Rigidität des Entwurfs für einen National Square war dies ein maßvoller und verspielter Plan. Aber auf heiligem Boden spielt man nicht. Für Bürgermeisterin Marion Barry symbolisierten die Pylone die Autorität der Bundesregierung, und sie standen unverschämt nahe beim Rathaus. Sie verlangte deshalb deren Eliminierung. Die Fine Arts Commission fühlte sich durch die Modelle an Disneyland erinnert und strich sie ebenfalls. Was übrig blieb, bietet keinen Blickfang mehr für Autofahrer oder Fußgänger in größerer Entfernung von der Avenue aus. Zudem wird der Platz von dem schrulligen Pershing Park und einem randvollen Teich im Westen sowie von den Pflanzenkübeln um die Pulaski-Statue im Osten eingeschnürt. Er ist tatsächlich ein allzu deutliches Symbol für das demokratische Kräftespiel geworden.

Eine radikale und phantasievolle Neugestaltung gelang bei dem Campo von Santa Severina, einer alten, auf einem Berg gelegenen Stadt in Kalabrien an der Spitze des italienischen Stiefels. Der Platz ist unregelmäßig geformt und befindet sich auf dem Kamm des Hügels zwischen der Kathedrale und der Burg. Die Stadt beschloß, dem Platz einen neuen, künstlerisch anspruchsvollen Belag zu geben, und beauftragte den ortsansässigen Architekten Giuseppe Patane, das Projekt zusammen mit Alessandro Anselmi aus Rom zu verwirklichen. Die beiden ließen den Platz mit einem Muster von weißem Travertin auf dunklem Porphyr pflastern,

Campo der süditalienischen Bergstadt Santa Severina. Das neue Pflaster wurde von Giuseppe Patane und Alessandro Anselmi entworfen, um den unregelmäßig geformten Platz zu ordnen und optisch zu vergrößern.

Die polnische Hauptstadt Warschau wurde 1944 von deutschen Truppen aus Rache für den Oktoberaufstand systematisch zerstört. Vom Altstadtmarkt blieben nur noch Schutt und Mauerreste übrig (links). Bei seinem Wiederaufbau wurden die Fassaden nach Drucken aus dem 18. Jahrhundert gestaltet (rechts).

das den Raum optisch vergrößert. Die Hauptachse der Piazza wird durch ein längliches Oval markiert, dessen Zentrum als Windrose ausgestaltet ist, die die an diesem exponierten Ort wehenden Winde anzeigt. Von dem Zentrum breiten sich Linien wie kleine Wellen auf ruhigem Wasser aus; dasselbe Thema wird in den wellenförmig gehaltenen Mauern eines kleinen Gartens an einer Seite des Platzes wiederaufgenommen.

Die meisten italienischen Städte haben ihre Plätze unverändert erhalten. Dagegen wurden nördlich der Alpen riesige Summen aufgewendet, um Plätze wieder so zu restaurieren, wie sie waren, bevor sie durch Vernachlässigung verfielen oder durch den Krieg zerstört wurden. Der Wiederaufbau Warschaus begann mit dem Altstadtmarkt, einem Symbol für die Überlebensfähigkeit der Stadt und ein starkes Bindeglied an ihre geschichtlichen Traditionen. Die Aufgabe grenzte an die Auferweckung eines Toten. Es waren nur noch Schutt und vereinzelte Mauerreste übrig. Deutsche Truppen hatten die ganze Stadt als Vergeltung für den Massenaufstand vom Oktober 1944 mit Sprengstoff und Flammenwerfern zerstört. Keine Stadt, nicht einmal Berlin, wurde so systematisch vernichtet; und es gab keine amerikanische Hilfe, weil Polen ein Satellit der Sowjetunion geworden war. Die Polen arbeiteten ganz auf sich gestellt und bauten den Altstadtmarkt Stein für Stein so wieder auf, wie er auf Drucken des 18. Jahrhunderts aussieht.

Der Platz heißt auf Polnisch *rynek*, also Ring, weil in seiner Mitte früher eine Gruppe von Gebäuden stand wie in Krakau und Posen. Er bildete den Kern der Altstadt, die im 14. Jahrhundert gegründet und später mehrfach durch Brände verwüstet worden war, so daß die meisten 1944 zerstörten Gebäude aus dem 16. Jahrhundert stammten. Allerdings hatten viele inzwischen jüngere Fassaden, und alle waren sehr heruntergekommen. Man beschloß, die aus dem 19. Jahrhundert stammenden äußeren Ergänzungen nicht wiederherzustellen und die Innenstruktur der Gebäude zu modernisieren. Die Arbeit an dem Platz war 1953 beendet; 1988 wurde er renoviert.

Der Anblick ist zu perfekt, um ganz überzeugend zu wirken. Wenn man die in leuchtenden Farben gestrichenen, reich ornamentierten Fassaden mit ihren Girlanden und Masken, ihren Sgraffiti und *trompe-l'œil*-Facetten im Renaissance-Stil betrachtet, hat man das Gefühl, es handele sich um eine zweidimensionale Täuschung wie bei den Kulissen für einen Film. Daß der Platz Substanz hat, entdeckt man in den gotischen Weinkellern und stuckverzierten Salons, in den Platten- und Posterläden und den gemütlichen Restaurants, die trotz der wirtschaftlichen Krise immer noch gut gehen. Gemälde werden an einem Zaun aufgehängt zum Verkauf angeboten; in der Obstsaison verkaufen alte Frauen körbeweise reife Kirschen; es gibt Straßencafés, und man kann Pferdekutschen mieten.

Auch in der näheren Umgebung des Rynek wurde die Altstadt vollständig wieder aufgebaut. Enge Straßen und schmale Durchgänge in den Ecken machen das Betreten des Platzes zu einem dramatischen Erlebnis. Er gehört allen Polen und ist ein Ort, wo man von besseren Zeiten träumen und sich von der abstoßenden Häßlichkeit der neuen Stadt erholen kann. Jene Visionäre, die während des grausamen Winters im Jahre 1945 den Wiederaufbau planten, hatten verstanden, wie wichtig diese Altstadt für ein Volk sein würde, das alles verloren hatte außer seinem Stolz.

Als die Deutschen ihre Städte aus den Trümmern wieder aufbauten, gingen sie pragmatischer vor: Einzelne Meisterwerke wurden wieder aufgebaut oder restauriert, aber Neubauten füllten die Zwischenräume. Dresden war die große Ausnahme. Die DDR beschloß, aus der Altstadt ein kulturelles Repräsentationsobjekt zu

Der Zwinger und der Theaterplatz in Dresden, wie sie vor dem fürchterlichen Bombenangriff im Februar 1945 aussahen. Die Fragmente wurden geschickt wieder zusammengetragen und restauriert, aber der Platz hat seinen südländischen Überschwang verloren.

machen. Außerdem wollte sie mit dem Wiederaufbau politisch Punkte sammeln, nachdem die Stadt am Ende des Krieges durch einen englisch-amerikanischen Bombenangriff sinnlos zerstört worden war. Der Theaterplatz wurde als ein großartiges Bühnenbild restauriert, flankiert von Gottfried Sempers am Baustil der italienischen Hochrenaissance orientierten Oper, der Gemäldegalerie, die den Vorhof des barocken Zwingers schließt, der Kathedrale und dem königlichen Schloß.

Als der Platz Mitte des 19. Jahrhunderts angelegt wurde, schlug Semper vor, den Zwinger zur Elbe hin zu verlängern, um den unregelmäßig geformten Raum zu begrenzen und einen Rahmen für die Oper zu schaffen. Stattdessen stehen die zwei Plätze in scharfem Kontrast zueinander: Der Vorhof ist edel, symmetrisch und geschlossen, der Theaterplatz ist wuchtig und offen. Die Stimmung auf dem Platz ist düster, und er wirkt wie losgelöst vom Leben der Stadt. Alle Gebäude stehen für sich - ein Kunstschatz, der wieder zusammengetragen wurde wie die Fragmente einer alten Skulptur in einem Museum. Sie sind inzwischen schwarz geworden und wirken dadurch, als würden sie trauern. Wenn man um die Ecke geht, weiß man, warum: Die neuen Bauten jenseits des monumentalen Zentrums erscheinen genauso trist und klotzig wie die in Warschau.

Ost-Berlin hat sich besser erholt. Niemand tut so, als wäre die Stadt vor dem Krieg ein historisches Kleinod gewesen, und deshalb ist der Kontrast zwischen alt

Der Gendarmenmarkt in Berlin, wie er vor 1944 aussah. Er ist heute restauriert und heißt Platz der Akademie. Zwei Kathedralen und Schinkels klassizistisches Schauspielhaus stehen an einem Rechteck, das die Fläche von zwei Häuserblocks einnimmt – so akkurat wie Soldaten auf dem Exerzierplatz.

Ein improvisierter Platz in West-Berlin: Sommerliches Straßentheater auf dem Breitscheidplatz.

und neu weniger deprimierend. Bei der Restauration barocker und klassizistischer Marksteine wurden wahre Wunder vollbracht. Ihr vielleicht größter Erfolg ist der Platz der Akademie, der wegen seiner Polizeiwache aus dem 18. Jahrhundert früher Gendarmenmarkt hieß. Wie in Dresden handelt es sich um eine von älteren Gebäuden umschlossene Fläche, die im 19. Jahrhundert mit dem Bau eines Theaters zu einem Platz wurde. Die Wirkung ist jedoch ganz anders als in Dresden. Die sächsische Hauptstadt legte früher südländischen Überschwang an den Tag, der in scharfem Kontrast zur heutigen Depression steht. Berlin war preußisch und ist es im Osten bis heute – energisch, ordnungsbewußt, streng.

Drei eindrucksvolle Gebäude stehen beim Platz der Akademie wie Gruppen von Soldaten auf einem Exerzierplatz am Rand eines riesigen gepflasterten Rechtecks; man kann sich fast vorstellen, wie ihnen ein Offizier befiehlt, wegzutreten. Der Französische und der Deutsche Dom wurden Anfang des 17. Jahrhunderts nach ähnlichen Entwürfen gebaut und betonen das vertikale Element. Dazwischen steht Schinkels Schauspielhaus von 1818-21, das heute Konzertsäle birgt: ein prächtiger klassizistischer Tempel mit einer von Löwen bewachten massiven Freitreppe und einer ionischen Säulenvorhalle. Jenseits der Straße gegenüber dem Platz, dessen Rahmen die drei Gebäude bilden, steht die schlichte Fassade der Akademie, die dem Platz den Namen gibt. Gleichermaßen bildet der Platz einen Rahmen für die Gebäude. Seine Peripherie ist auf einfühlsame Art mit Bäumen, Sitzbänken und Lampen gestaltet.

West-Berlin hat nichts Vergleichbares. Bis ins frühe 19. Jahrhundert gab es jenseits des Brandenburger Tors nur ländliche Siedlungen und das Schloß Charlottenburg. Die meisten älteren Plätze sind heute Erholungsorte für die Anwohner oder Verkehrsknotenpunkte. Der beliebteste, der Breitscheidplatz, ist aus dem Raum um den übel zugerichteten Turm der Kaiser-Wilhelm-Gedächtniskirche neu improvisiert worden. Er ist wenig mehr als eine Insel, eingeklemmt zwischen dem Kurfürstendamm und der Budapester Straße. Man könnte ihn als eine angemessene Metapher für die belagerte Stadt sehen. Die Fassaden der umstehenden Geschäftshäuser sind banal. Die Leute richten jedoch den Blick auf das Platzinnere, nicht nach außen: auf den terrassierten Eingang der U-Bahn, auf einen wunderbaren Brunnen und ein Straßencafé. Der Platz hat sich zu einem Forum für Freiluft-Kunstausstellungen und Theateraufführungen entwickelt: Er ist ein Treffpunkt für junge, rebellische Leute – dort wo sich vor dem Krieg Berlins berühmte Literatencafés befanden.

Erste Fußgängerzonen gab es nach Darstellung von Suzanne und Henry Lennard vor allem in deutschen Städten schon vor dem Krieg; Kopenhagen und Amsterdam zogen nach, und heute hat jede wichtige Stadt in Europa mindestens eine Fußgängerzone. In den Straßen der Städte hat sich das als zweifelhafter Fortschritt erwiesen. Zwar macht es Spaß, wenn man sich ohne Benzingestank frei bewegen kann. Aber zu viele Fußgängerpassagen gleichen ausgetrockneten Flußbetten, die

Blick vom Dach des Centre Pompidou über die Place Igor Stravinsky auf die Skyline von Paris. Der Platz schafft eine Verbindung zwischen sehr unterschiedlichen Gebäuden und ist mit einem geistreichen Brunnen von Niki de Saint-Phalle und Jean Tinguely versehen.

Das Beaubourg Forum, eine von alten Häusern und der farbenprächtigen Konstruktion des Centre Pompidou begrenzte, gepflasterte Fläche, hat sich zum beliebtesten Platz von Paris entwickelt, einem wahren Mekka der Jugend.

mit Müll übersät sind: Eine monotone Ansammlung von kitschigen Kleidern, Schnellimbiß-Gaststätten und in Geschenkpapier verpacktem Plunder, begleitet von dröhnender Popmusik aus Lautsprechern kann nostalgische Gefühle für die schlechte alte Zeit wecken. Verkehrsfreie Plätze haben dagegen größere Vielfalt hervorgebracht.

Paris verfügt über eine ganze Reihe belebter Fußgängerzonen. Die lebendigste ist das Beaubourg Forum, ein großes gepflastertes Rechteck, das sich zum Fuß des Centre Pompidou hin absenkt. Wie in Berlin verdankt der beliebteste Platz der Stadt seine Popularität der Lage und den umliegenden Attraktionen. Während der Louvre vorrangig von Ausländern besucht wird, ist das Centre Pompidou ein Museum, eine Bücherei und ein Kulturzentrum vor allem für Pariser, zugleich der Publikumsmagnet für das Forum. Dieses gleicht in seiner derben Vitalität einem mittelalterlichen Marktplatz. Der von traditionellen und avantgardistischen Gebäuden umgebene Raum ist ein wahres Geschenk – eine offene Bühne für Straßenkunst. Feuerschlucker und Pantomimen, Jazzmusiker und Poeten, Akrobaten und Gaukler finden hier ein dankbares Publikum.

An der süd östlichen Ecke des Forums beginnt die Place Igor Stravinsky, der offizielle Vorhof des Centre Pompidou. Im Zentrum steht ein Brunnen von Niki de Saint-Phalle und Jean Tinguely. Er stellt mit seinen Primärfarben und klappernden Mechanismen eine liebevolle Karikatur der konstruktivistischen Monumentalität des Centre dar. Der plätschernde Brunnen übt eine unwiderstehliche Anziehungskraft auf Kinder aller Altersstufen aus, und er verbindet eine seltsame Ansammlung von Gebäuden: das Centre Pompidou, die im Stil der Flammengotik erbaute Kirche St. Merri und einen älteren Bau mit einem Straßencafé, dessen Tische unter dem Blätterdach von Bäumen aufgestellt sind. Die vierte Seite ist von der kahlen Wand des IRCAM, eines unterirdischen Zentrums für zeitgenössische Musik, abgeschlossen.

Die anhaltende Attraktivität von Plätzen zeigt sich darin, daß an ihnen in ganz

Das sonntägliche Publikum im Londoner Covent Garden läßt sich von einem Kasperltheater unterhalten. Die Markthallen haben einen neuen Verwendungszweck erhalten, und der Raum in ihrer Umgebung hat etwas von seiner alten Lebendigkeit zurückgewonnen.

Europa nach einem ähnlichen Muster das Alte aufbereitet und mit Neuem experimentiert wird. In London wurde der Covent Garden spektakulär umgestaltet, nachdem der Blumen- und der Gemüsemarkt 1974 an einen anderen Ort verlegt worden war. Die großen Markthallen aus dem 19. Jahrhundert blieben glücklicherweise erhalten. Heute stehen scharlachrote Busse und U-Bahn-Züge aus dem Verkehrsmuseum auf dem früheren Blumenmarkt, und wo man einst Blumenkohl und Kartoffeln kaufen konnte, florieren heute Boutiquen und Weinstuben. Am Wochenende warten auf das zahlreiche Publikum so verschiedene Attraktionen wie ein Kasperltheater, eine Reggae-Band oder das Violinsolo einer Musikstudentin, die sich so ihre Miete verdient.

Der Neon-Künstler Stephen Antonakos lebt in New York, kehrt aber jedes Jahr in das Haus seiner Familie in Südgriechenland zurück, um das soziale Leben auf der *plateia* zu genießen, dessen Dreh- und Angelpunkt sie in den Gemeinden ist. In der Regel grenzen die Kirche, das Rathaus, das Postamt, ein Lebensmittelgeschäft und Cafés an den Platz, und ein alter Baum beschattet Sitzbänke. In Bergdörfern und auf den Inseln hat man von der *plateia* oft eine großartige Aussicht. Das mit dem Tourismus verdiente Geld wird eingesetzt, um diese Plätze zu pflastern und zu verschönern und das Gefühl der Zusammengehörigkeit zu stärken – auch an Orten mit abnehmender Bevölkerungszahl. Der Platz ist wichtiger als die Gebäude. Solche *plateies* sind ohne ausgefeilte Planung entstanden und geben ein Beispiel für das, was Bernard Rudofsky »Architektur ohne Architekten« nennt.

In Italien wird die beste Architektur aus vielen Jahrhunderten restauriert, und man sperrt die Plätze für den Verkehr, damit sie für Anwohner und Besucher attraktiver werden. Im Alltag spielen sie zwar keine zentrale Rolle mehr, aber in der Sprache ist ihre frühere Bedeutung immer noch lebendig: *far la piazza* heißt eine Versammlung im Freien; wenn man eine Affäre an die Öffentlichkeit bringt, sagt man *mettre una cosa in piazza,* und *sfidare la piazza* bedeutet, Verachtung für einfache Leute auszudrücken. Auch historische Schauspiele, wie anachronistisch sie auch sein mögen, halten die Erinnerung an eine gemeinsame Vergangenheit wach.

In den ländlichen Gebieten des Schweizer Kantons Appenzell spielt der Platz sogar noch eine Rolle für die förmliche Kommunalpolitik. Einmal im Jahr, im April, treten dort die erwachsenen Männer auf den Marktplätzen zusammen, um lokale Richter und politische Vertreter zu wählen und Beschlüsse zu fassen. Auch heute noch nehmen sie stundenlange Fußmärsche auf sich, um an der feierlichen Zeremonie teilzunehmen. Dabei tragen sie traditionelle rot-weiße Kostüme und sind mit Dolchen und Schwertern aus dem Familienerbe ausgestattet. Eine Menge von 12 000 Mann – Frauen sind nicht zugelassen – versammelt sich auf dem Kirchplatz in Herisau. Sieben Räte nehmen auf einer Plattform Platz, die Kirchenglocken werden geläutet, und alle leisten einen gemeinsamen Eid. Die Abstimmungen finden per Handzeichen statt, und es kommt nur selten vor, daß ein Repräsentant nicht gewählt oder ein Beschlußvorschlag abgelehnt wird. Natürlich folgt auf dieses mittelalterliche demokratische Verfahren ein geselliges Beisammensein in den Gasthäusern des Ortes.

Die europäischen Einwanderer brachten solche Traditionen mit nach Amerika, und in einigen ländlichen Gemeinden Neuenglands finden – in geschlossenen Räumen – auch heute noch ähnliche Kommunalversammlungen statt. Unter freiem Himmel wäre das kaum denkbar: »Die offene Piazza«, schrieb Robert Venturi im

Auf dem Kirchplatz von Herisau in der Schweiz werden politische Repräsentanten und örtliche Richter noch heute von Männerversammlungen unter freiem Himmel gewählt.

Jahre 1965, »paßt heutzutage nur selten in eine amerikanische Stadt. Die Piazza ist einfach ›unamerikanisch‹. Die Amerikaner fühlen sich unwohl, wenn sie auf einem Platz herumsitzen: Sie sollten im Büro arbeiten oder daheim mit der Familie vor dem Fernseher sitzen oder vielleicht auch Bowling spielen.« Das ist eine ironische Anspielung auf puritanische Vorstellungen, daß Untätigkeit sündhaft und Faulenzer asozial seien und daß man seine Freizeit produktiv oder aktiv verbringen solle. Zwar vertreten die Seelenhirten von heute solche Ansichten nicht mehr vor ihrer Herde, aber die Einstellung ist immer noch lebendig.

In der Geschichte der Vereinigten Staaten hatte der Platz wenig Chancen. Stadtplanung konnte sich gegen die Bodenspekulation immer nur geringe Wirksamkeit verschaffen: Land gilt als Ware, die genutzt werden muß, und eine Fläche, die nur der Dekoration dient, bringt keinen handfesten Erlös. In den Jahren der Expansion war das lückenlose Gitternetz der städtischen Straßen eine Metapher für und ein Mittel zum schnellen Wachstum – die Straße führte zum Horizont, und dort lagen eine neue Mine, weiteres Farmland oder zusätzliche Baugrundstükke. Plätze waren etwas, das die Immigranten hinter sich ließen, wenn sie sich in den amerikanischen Schmelztiegel stürzten, und selbst wenn sie sich nach ihnen gesehnt hätten, wäre zwischen den überfüllten Mietskasernen der Innenstädte kein Platz dafür gewesen. Also mußte die Straße die Rolle des Platzes, der Piazza und des Ploschtschad übernehmen: Das war der »American way of life«. Für die Freizeit gab es den Park, den *saloon* oder den Biergarten. Familien und Freunde trafen sich auf der Veranda vor dem Haus, ähnlich wie sich die New Yorker auf der »Riesenveranda« vor dem Metropolitan Museum of Art an der Fifth Avenue aufhalten.

Heute herrscht eine Stimmung vor, die vor Gegenwart und Zukunft fliehen will und sich nach einer imaginären Vergangenheit sehnt. In Disneyland und ähnlichen Vergnügungsparks gibt es eine Plaza mit einem Limonadenausschank, einem Drugstore, einem kleinen Theater, einem Hutmacher und dem Bahnhof, mit einer von Pferden gezogenen Straßenbahn und einer Band, die Märsche von Sousa spielt. Hat es je einen amerikanischen Platz gegeben, der so hübsch und nützlich wäre? Das ist unwahrscheinlich: So sind wir nicht gewesen, aber wir wären gern so gewesen!

»Die wundervolle Plaza direkt vor Ihrer Haustür wird Sie an Orte wie Venedig oder Paris erinnern«, versprach kürzlich die Werbung für ein Wohnungsbauprojekt in Manhattan. Das klingt nicht sehr plausibel – wo wären da die Gondeln? Aber bezeichnend ist, daß Bauinvestoren jetzt eine Lebensweise für den Massenkonsum verpacken, die bisher als Privileg einer urlaubsreisenden Elite vorbehalten war. Architekten verkündeten nach einem Studienjahr in Italien aufgeregt, sie hätten die Vergangenheit gesehen, und die funktioniere. Sie träumten davon, Plätze nach Vorbildern zu schaffen, die sie im Ausland bewundert hatten. Im vergangenen Jahrzehnt besuchten Millionen von Amerikanern Europa, und manche teilen jetzt den Traum der Architekten. In dem Maße, wie die Straßen in der Stadt für Autos und Fußgänger gleichermaßen unpassierbar werden, gewinnt der Platz an Attraktivität.

Wie sich in Savannah gezeigt hat, ist die Restauration von alten Plätzen ein gangbarer Weg. Im Jahre 1958 plante die Stadt New Haven, den Wooster Square aus dem 19. Jahrhundert zu planieren und darauf einen Busbahnhof einzurichten. Die italienischen Anwohner bildeten eine Bürgerinitiative und gewannen die Unterstützung ihres reichen Nachbarn, der Yale University. Die Stadt ließ sich schließlich umstimmen und offerierte den Hauseigentümern Zuschüsse und fach-

Nostalgische Gefühle für eine eingebildete Vergangenheit: die städtische Plaza in Disneyland in Süd-Kalifornien.

liche Beratung unter der Bedingung, daß sie das frühere Erscheinungsbild des Platzes wiederherstellten. Auch Baltimore renovierte den Union Square, an dem der Kulturkritiker Henry L. Mencken so lange gewohnt hatte.

New York und andere Großstädte haben eigene Entwicklungszonen ausgewiesen, in denen die Voraussetzungen für das Geschäftsleben durch Gemeinschaftsbaumaßnahmen attraktiver gestaltet werden sollen. Die Finanzierung erfolgt durch zusätzliche Infrastrukturabgaben, die von den dortigen Grundstückseigentümern und den Mietern erhoben werden. Die Sanierung wird extra gegründeten Non-Profit-Unternehmen übertragen, die von gewählten Aufsichtsräten kontrolliert werden. Große Firmen, die in diesen Vierteln bereits investiert hatten, gaben freiwillig Zuschüsse und ermunterten ihre Angestellten, sich ebenfalls zu beteiligen. In Manhattan wurde so der Union Square verbessert, und die Versicherungsgesellschaften Metropolitan und New York Life erklärten sich bereit, die Restauration des verwahrlosten Madison Square zu unterstützen. Auch die Grand Army Plaza wird auf diese Weise mit privaten Finanzmitteln erneuert.

Es gibt drei Arten von neuen Plätzen: Einkaufszentren, sogenannte Malls, sowie firmeneigene Plätze und Gärten – wobei die Malls allerdings nur selten echte Plätze sind. Die Amerikaner haben das Einkaufen zu ihrer Nationalreligion erhoben, und die Mall ist entsprechend der interkonfessionelle Gottesdienst. Genau wie sich die katholische Kirche in der Gegenreformation das prächtige Dekor, die dramatische Beleuchtung und die illusionistischen Effekte des Theaters borgten, um religiöse Begeisterung zu wecken, profitieren die Malls von Disneyland, das darauf programmiert ist, Menschen durch einen Irrgarten zu schleusen und ihnen dabei kleine aufregende Erlebnisse zu verschaffen. Im klimatisierten Labyrinth der Mall ist von den Graphiken, den Farben und der Plazierung der Rolltreppen bis zu der Berieselung mit leichter Musik alles darauf abgestimmt, beim Publikum einen Konsumrausch auszulösen.

Die bislang jüngste Generation von »Freiluft«-Einkaufszentren stellt eine Kreuzung zwischen Mall und Platz dar. Die Rouse Company beschritt diesen Weg als erste, als sie 1976 in Boston den ersten ihrer »festlichen Marktplätze«, den Faneuil Hall Marketplace, einweihte. Bei diesem Konzept werden historische Gebäude auf phantasievolle Weise einer neuen Verwendung zugeführt, und es können tatsächlich attraktive Plätze entstehen, die zur Wiederbelebung alter Innenstadtviertel beitragen. Die Kombination von augenfälliger Architektur und einer Mischung dekorativer Boutiquen wurde jedoch bald zum Klischee.

Das Original bietet jedoch noch immer einen erfreulichen Anblick und ist bis heute das erfolgreichste Projekt dieser Art geblieben, weil es eine solide Grundlage hatte. Wie der Covent Garden in London war auch Faneuil über ein Jahrhundert lang der wichtigste Marktplatz der Stadt. Benjamin Thompson & Associates bauten die drei Markthallen aus Backstein und Granit um und fügten einige geschmackvolle Ergänzungen hinzu. Die mächtigen Gebäude aus dem 19. Jahrhundert verankern den umgebenden Raum. Sie verleihen den gepflasterten Plazas Würde und vermitteln ein Gefühl der Geschlossenheit. Hier ist tatsächlich eine glückliche Verbindung von Alt und Neu, von kommerziellem und öffentlichem Platz entstanden. Sonntagmorgens um neun Uhr wirkt Bostons teure City Hall Plaza verwahrlost. Der Marktplatz einen Häuserblock weiter hingegen ist von einem erwartungsvollen Summen erfüllt. Gleich werden die Geschäfte und Cafés ihre Tore öffnen, und die ersten Pilger werden der Göttin des Ewigen Überflusses huldigen.

Heute gibt es in Jackson, Wyoming, in Lake Forest, Illinois, und an vielen anderen Orten in den USA florierende Plätze dieser Art. Bei der Horton Plaza im Zentrum von San Diego sind die Geschäfte in mehreren Ebenen von außen an einer im Bogen verlaufenden Straße zugänglich, die sich zu einer Reihe offener Plätze verbreitert, auf denen Straßenkünstler auftreten. Die Architekten schufen ein raffiniertes Bühnenbild, das an eine mediterrane Bergstadt erinnert. Im Vergleich zu einem echten Marktplatz im Mittelmeerraum oder zum Viktualienmarkt in München wirken sie zwar eher zahm, aber gegenüber den Plastik-Kokons der Vorstadt-Malls stellen sie einen gewaltigen Fortschritt dar.

Die Kluft zwischen Reichtum und Armut ist in den Städten schon immer besonders scharf hervorgetreten. Heutzutage scheint jedoch der Abstand zwischen privater Geldmacht und öffentlicher Verwahrlosung in den USA wieder die Extreme des 18. Jahrhunderts zu erreichen. Die meisten neuen »öffentlichen« Plätze in den Städten sind Privateigentum und werden privat unterhalten. Dabei sind die von Firmen angelegten Plätze und Atrien weniger Geschenke aufgeklärter Millionäre in der Tradition von Rockefeller und Carnegie als vielmehr die Folge der Genehmigung höherer Gebäude, sofern der Investor auf dem eigenen Grundstück auch einen Platz anlegt. Mit solchen Planungsstrategien wollten die Städte einer weiteren Verengung des Raums entgegenwirken, denn die Geschäftsviertel in den Zentren waren ähnlich dicht bebaut wie einstmals die von Mauern umschlossenen Städte des Mittelalters.

Der Faneuil Hall Marketplace in Boston 1978. Solide alte Gebäude umschließen den ersten und erfolgreichsten der »festlichen Marktplätze« der Rouse Company und verleihen ihm Würde.

Die meisten Bauherren reagierten darauf freilich zynisch oder verfehlt. Manhattan hat heute so viele Firmenplätze wie ein Emmentaler Löcher, und in der Mehrzahl wirken sie tatsächlich nur wie Lücken in der städtischen Bausubstanz. Auf einem verkrampft und langweilig wirkenden Platz an der 51. Straße ist eine Tafel mit folgender Aufschrift angebracht: »Diese städtische Plaza enthält vier Bäume, Sitzgelegenheiten mit einer Gesamtlänge von 52 Metern und weitere Einrichtungen, die den Mindestanforderungen der Stadt New York entsprechen oder über sie hinausgehen.« Viele Plätze sind unzugänglich und ungastlich: Sie unterbrechen nur die Straßenführung und ermöglichen gerade die übermäßige Bebauung, die die Verstopfung dieser Straßen noch verschlimmert.

Einige wenige solcher Plätze sind jedoch tatsächlich exzellent: Das von Edward

Die Liberty Plaza gehört zu einer Kette firmeneigener Plätze in Lower Manhattan. Sie entstand in den 60er und 70er Jahren aufgrund von Anreizen der Stadt, die es Bauherren erlauben, höher zu bauen, wenn sie erholsame öffentliche Plätze anlegen.

Larrabee Barnes entworfene Atrium des IBM Buildings an der Madison Avenue ist eine heitere Oase, ein glasüberdachter Hain aus Bambuspflanzen, der einen guten Ausblick auf die Straße bietet. Die Besucher können sich Kaffee und einen Krapfen bestellen und sich auf frei beweglichen Stühlen in kleinen Gruppen zusammensetzen. Ähnlich gelungen ist der Wintergarten in der Battery Park City: eine prächtige marmorne Säulenhalle mit Blick auf den Hudson.

Das Seagram Building wurde 1958 von Mies van der Rohe und Philip Johnson gebaut und hat zur Park Avenue hin eine breite Plaza. Die Architekten hätten sich nie träumen lassen, daß dort jemand sitzen könnte, aber bei schönem Wetter wimmelt es auf den Brüstungen der spiegelnden Bassins von Büroangestellten, die hier ihren Lunch verzehren. William Whyte filmte sie für sein Street-Life-Projekt und kam dabei zu dem Schluß, daß die Seagram's Plaza die Leute anzieht, weil sie flache Stufen und breite Absätze in verschiedenen Höhen hat und weil es dort Wasser und Schatten gibt. Auch das Gefühl der Geschlossenheit und ein hübscher Ausblick mögen sie attraktiv machen: Auf der anderen Straßenseite gegenüber dem Hochhaus liegt der im Stil der florentinischen Renaissance erbaute Harvard Club, und die Seiten der Plaza sind mit Bäumen bepflanzt.

Im Finanzviertel von Lower Manhattan gibt es eine ganze Folge eindrucksvoller firmeneigener Plätze. Sie erstreckt sich von der erhöhten Chase Manhattan Plaza, geschmückt mit einem Bogen von Jean Dubuffet, bis zum World Trade Center. Dazwischen liegt der mit Travertin gepflasterte Platz vor dem eleganten schwarzen Hochhaus der Marine Midland Bank mit Blick auf den Broadway. Das Herzstück des Platzes ist ein gekippter roter Würfel von Isamu Noguchi. Auf der anderen Straßenseite befindet sich der schönste dieser Plätze – die Liberty Plaza. Sie ist durch massive Poller und Stufen an beiden Enden abgeschlossen. Zierliche Platanen bilden einen Kontrast zu den Sitzbänken aus dickem schwarzem Stahl. Eine Treppe führt hinauf zu der zwei Hektar großen Plaza des World Trade Centers, einer gnadenlos öden Steinfläche. Die pompöse Skulptur eines Brunnens, übermächtige Arkaden und die maßlosen 110stöckigen Wolkenkratzer wirken erdrückend.

Im Zentrum von Chicago ist eine Folge von Plätzen entlang der Dearborn Street jeweils mit einem erstklassigen Kunstwerk ausgestattet: eine Konstruktion von Picasso auf der Daley Plaza; ein Alexander Calder vor dem Federal Building; eine Mauer mit einer Keramik von Marc Chagall auf der Plaza der First National Bank. Diese erstreckt sich über zwei Ebenen und ist zur Mittagszeit Schauplatz wechselnder Unterhaltungsprogramme. Diese einfachen Plätze müßten eigentlich vor Neid erblassen angesichts des Einfallsreichtums in dem zweieinhalb Hektar großen Gelände, das Dan Kiley für den Allied Bank Tower in Dallas gestaltete. Der Garten wurde in der Zeitschrift *Places* als »eine Welt, so fremdartig wie die Bilder von Magritte« beschrieben: »eine Phantasie von Wasserfallen, einzelnen Bäumen und blubbernden Geysiren«. Er dient als eine unüberdachte Vorhalle zu dem eleganten spitzen Turm mit facettiertem Glas, der vom 60. Stockwerk gesehen aus dem Wasser emporzuwachsen scheint, das 70 Prozent der Platzfläche bedeckt. Die Anlage ist ein Beispiel für den Trend, bei der Gestaltung von städtischen Plätzen die natürliche Welt frei zu interpretieren.

Die Wells Fargo Plaza, der dekorative, aber wenig genutzte Vorplatz einer Bank, an der Flower Street in der Innenstadt von Los Angeles.

Der Landschaftsarchitekt Lawrence Halprin begann schon 1960 in Portland, Oregon, ein ähnliches Projekt. Seine Entwürfe für die Lovejoy und Ira Keller Fountains sind von den Wasserfällen im südlichen Teil der kalifornischen Sierra Nevada inspiriert. Beide sollten zugleich Bühnen für Skulpturenausstellungen, Konzerte und Tanzvorführungen werden. Halprin verwandelte den Lovejoy-Brunnen in einen überbordenden Wasserfall, der sich – selbst mehr Schauspiel als Bühne – über Terassen aus Beton ergießt. Der Ira Keller Fountain hat sich als vielseitiger erwiesen. Tänzer können als Kontrapunkt zum fallenden Wasser von einer Plattform auf die andere springen. Der Brunnen füllt den Auditorium Square aus und lenkt ab von den zweitklassigen Gebäuden, die den Platz umgeben.

In der Innenstadt von Los Angeles schuf Halprin eine Platzfolge, die sich anderthalb Kilometer vom Wells-Fargo-Atrium bis zum South-Hope-Park erstreckt. Sie beginnt mit den Bunker Hill Steps, einem breiten Treppenaufgang zu dem 310 Meter hohen First Interstate World Center, der durch einen Wasserlauf zweigeteilt und von breiten Absätzen unterbrochen ist. Die Reihe der Plätze soll mit einer Gartenanlage im Westen der restaurierten Central Library über die begrünte South Hope Street fortgesetzt werden, also das Alte mit dem Neuen verbinden.

Halprins größtes Verdienst ist, daß es ihm gelingt, die verschiedenen Elemente

Der Ira Keller Fountain nimmt die Fläche des Auditorium Square in Portland, Oregon, ein. Lawrence Halprin ließ sich bei dem Brunnen von seinem Eindruck natürlicher Wasserfälle in der High Sierra inspirieren. Er ist als Bühne für Tanzaufführungen angelegt.

Halprin entwarf die Levi's Plaza in seiner Heimatstadt San Francisco. Der Platz und der angrenzende Park bilden eine breite, von niedrigen Gebäuden gesäumte Achse, die eine visuelle Verbindung zwischen der Bucht und dem Telegraph Hill herstellt. Wasser sprudelt über einen roh behauenen Block aus Karneol, und auf den Terrassen und Bänken verbringen viele Leute ihre Mittagspause.

einer Stadt miteinander zu verbinden. Die bis heute reizvollste Collage dieser Art ist Levi's Plaza and Park in San Francisco, der neuen Heimatstadt des aus Brooklyn stammenden Architekten. Der 0,8 Hektar große Platz und der 1,2 Hektar große Park sind durch eine Straße voneinander getrennt, aber eine durchgehende Pflasterung betont die visuelle Achse zwischen dem steilen Hügel und dem weithin sichtbaren Coit Tower. Halprin bezeichnete die Plaza als »einen großen Teppich«: eine relativ ungeschützte, kahle Fläche, die durch eine netzartige Granitpflasterung in Dreiecke von zehn Quadratmetern gegliedert ist. Der Raum ist von einem mit Gras und Bäumen bepflanzten Bankett begrenzt; auf der Nordseite sprudelt Wasser über einen riesigen, roh behauenen Block aus Karneol. Auf den Bänken und Terrassen verbringen viele Leute ihre Mittagspause. Jenseits des Brunnens schieben sich die Tische eines Straßencafés auf den Platz. Der Park liegt geschützter und ist unregelmäßiger geformt. Ein Bach schlängelt sich hindurch und schafft zusammen mit Felsblöcken und Bäumen ein typisch nordkalifornisches Ambiente.

In den Vereinigten Staaten wurde sehr viel mehr Geld dafür ausgegeben, neue Plätze zu schaffen, als alte zu pflegen. Im Herzen des wirtschaftlich florierenden Los Angeles ist der Unterschied zwischen der Initiative von Privatunternehmen und der Untätigkeit der Kommunen, zwischen privatem Reichtum und öffentlicher Armut unübersehbar. Der Pershing Square nimmt auf der Grenze zwischen dem neuen Gebiet von Büro-Hochhäusern und der verfallenden, aber architektonisch wertvollen Innenstadt im Osten die Fläche eines Häuserblocks ein. Er könnte eine Brücke bilden, wirkt aber trennend: eine unansehnliche, von Kriminellen heimge-

SITE Projects aus New York gewannen einen Wettbewerb zur Umgestaltung des Pershing Square in der Innenstadt von Los Angeles mit dem Vorschlag, ihn als ein gewelltes Gitternetz landschaftlich zu gestalten.

suchte Fläche mit struppigen Bäumen und einem zertrampelten Rasen, die sogar von Obdachlosen gemieden wird. Er wurde im Jahre 1866 geschaffen und war ein blühender Stadtpark. Doch 1951 wurde er aufgerissen. Unter ihm wurden ein Atombunker und ein Parkhaus angelegt. Danach scheiterten kosmetische Verbesserungen, und engagierte Bürger gründeten schließlich eine Organisation, die leisten sollte, wozu die Stadtverwaltung nicht imstande gewesen war. Sie ermittelten den Bedarf, berieten sich mit den Nutzern des Platzes und schrieben 1986 einen offenen Wettbewerb zu seiner Neugestaltung aus.

Er wurde von SITE Projects in New York gewonnen mit einem Plan, der vielseitige Nutzungsmöglichkeiten und Romantik in sich vereint. Der Entwurf ist durch eine Luftaufnahme von Los Angeles inspiriert – einem flachen Gitternetz von Straßen, das sich verzieht, wenn es auf die Hügel im Osten und Norden der Stadt stößt. SITE schlug einen »magischen Teppich« vor, einen Mikrokosmos der Stadt. Er sollte ein Raumgefühl schaffen, wo nur freie Fläche war, und wie ein Magnet eine Vielzahl unterschiedlicher Besucher anziehen. Unter Hügeln sollten Gewölbe verkleidet werden, die die Zufahrtsrampen zu dem unterirdischen Parkhaus überspannen und den Graben abdecken würden, der die Menschen bis dahin abgehalten hatte, den Platz zu nutzen. Auch sollten sie Dienstleistungsbetriebe, überdachte Restaurants und einen Platz für Aufführungen beherbergen und den Besuchern das Vergnügen bieten, auf Abhängen herumzuklettern – wie in SITEs populärem Highway 66 auf der Vancouver Exhibition von 1986. Auf dem gepflasterten Platz sollten Kioske, Bäume, Gartenanlagen und Sitzgelegenheiten wie aus einem Baukasten aneinandergereiht werden.

Der Plan wurde begeistert aufgenommen, und die Community Redevelopment Agency der Stadt versprach, sich mit sechs Millionen Dollar an den Baukosten zu beteiligen. Aber der Bürgerinitiative gelang es nicht, die erforderliche Unterstützung zu organisieren und die notwendigen Eigenmittel aufzubringen. Drei Jahre später wurde von lokalen Grundstückseignern eine neue Gesellschaft gegründet, die den privaten Anteil der Kosten übernehmen wollte, vorausgesetzt, ein anderes Architekturbüro würde mit einem neuen Entwurf beauftragt. Ihre Mitglieder waren mehrheitlich der Ansicht, daß die Verwirklichung des Entwurfs von SITE zu teuer und die Folgekosten zu hoch seien – obwohl die Architekten nie die Gelegenheit bekommen hatten, sich mit ihren Kritikern direkt auseinanderzusetzen oder ihren Vorschlag ausführlich zu erläutern. Nun ernannte sich eine Gruppe von Geschäftsleuten zu Bauherren eines öffentlichen Platz, weil die städtischen Behörden nicht bereit waren, die Verantwortung zu übernehmen.

Es gibt noch ein weiteres Problem, das heftig diskutiert wird: Wieviel »Design« ist für einen städtischen Platz mit großem Publikumsverkehr überhaupt notwendig? Ist der Plan von SITE zu raffiniert: mehr eine Touristenattraktion als ein integraler Bestandteil städtischen Lebens? James Wines, der Chef des Büros, vertritt die Ansicht, die Gebäude in der Umgebung des Pershing Square seien inkohärent. Ein mutiger Entwurf sei nötig, um die jahrzehntelange Vernachlässigung auszugleichen.

Boston hat, wie es seinem Ruf entspricht, einen eher konservativen Weg eingeschlagen. Zwischen 1966 und 1970 wurde dort der Copley Square als vertieft angelegter Platz mit festem Belag neu gestaltet. Die Stadtverwaltung verzögerte die Fertigstellung, kürzte das Budget, und der eigentlich gute Entwurf wurde so vielen Kompromissen unterworfen, daß zuletzt das Ergebnis nichts mehr taugte. Die Stadt sah ihren Fehler ein und gab bei Dean Abbot von Clarke und Rapuano einen traditionell orientierten Plan in Auftrag: backstein-gepflasterte Wege auf Straßen-

Der Post Office Square in Boston soll auf diesem 1,6 Hektar großen Areal zwischen den Hochhäusern des Bürozentrums als ein kleiner »gemütlicher« Park angelegt werden, unter dem ein Parkhaus geplant ist.

niveau, Rasenflächen und Blumen, ein größerer Brunnen und mehr Bänke und bewegliche Stühle. Bäume sollen Schatten spenden und ein Gefühl der Geschlossenheit erzeugen, jedoch den Blick auf die öffentliche Bücherei und die Trinity Church freilassen – den beiden schönsten Gebäuden, die den Platz flankieren.

Im Herzen von Bostons Geschäftsviertel baut ein Privatunternehmen einen Post Office Square und ein riesiges unterirdisches Parkhaus auf einem Gelände, das bisher von einem häßlichen Parkplatz verschandelt wird. Der Platz liegt an einer wichtigen Kreuzung, der Museum Wharf. Faneuil Hall Marketplace, die City

Hall und renommierte Geschäfte sind nur ein paar Häuserblocks entfernt. Die 1,6 Hektar große Fläche ist von einer Vielfalt interessanter Hochhäuser dicht umschlossen: das Gebäude der Post- und Telephongesellschaft aus den 30er Jahren im damals jungen Stil der Moderne, ein klassizistisches Hotelhochhaus und ein Bankgebäude von dramatischem Zuschnitt aus rotem Granit. Die Auftraggeber wünschten einen »gemütlichen öffentlichen Raum mit einem Rasen und Bäumen«, also einen ordentlichen, konservativen Bostoner Platz. In einem Entwurf sind die Zufahrten des unterirdischen Parkhauses hinter Bäumen verborgen, und Brunnen sollen den Verkehrslärm übertönen. Niedrige Mauern trennen den Garten von den stark befahrenen Straßen, aber es gibt zahlreiche Eingänge, die Fußgänger über den Platz locken können. Unklar bleibt jedoch, wie die Leute mit dem starken Verkehr fertig werden.

Zwei der besten kleinen Plätze im Zentrum von Manhattan sind nach einer ähnlichen Strategie angelegt: Der Paley Park und der Greenacre Park sind wahre Dekompressionskammern, die ihre Wirkung mit den einfachsten Mitteln erzielen. Beide wurden der Stadt in den späten 60er Jahren gestiftet – der erste von William Paley von der CBS und der zweite von Jean Mauzé, der Tochter von John D. Rokkefeller jr. Beide sind auf drei Seiten von Gebäuden umschlossen und haben ein Tor, das auf den Gehweg hinausführt. Der Raum ist durch Bäume, einen Brunnen und die Pflasterung strukturiert. Im Paley Park tragen die Leute ihre Stühle neben den Wasserfall, der die Rückwand herabstürzt, und versenken sich in sein beruhigendes Rauschen. Im Gegensatz zu den Besuchern der Seagram Plaza, die das gesellige Leben auf der Straße genießen, neigen sie dazu, mit jener Selbstversunkenheit zu essen oder Zeitung zu lesen, die den New Yorker wie eine Rüstung umgibt.

»Es ist wirklich harte Arbeit, einen schlechten Platz anzulegen«, sagte William Whyte. Er hat durch seine Analyse mittels Zeitraffer-Filmen, die auf Plätzen in Manhattan aufgenommen wurden, eine Menge Mythen ausgeräumt, nach denen Architekten und Stadtplaner gemeinhin leben. Er beobachtete, daß die Zugäng-

Der Paley Park: eine Dekompressionskammer im Zentrum von Manhattan, gestiftet vom Direktor der CBS im Jahre 1967. Das beruhigende Rauschen des Wasserfalls übertönt den Verkehrslärm.

lichkeit und die Plazierung von Sitzgruppen für die Popularität eines Platzes wichtiger sind als die Form, die Größe oder das Design. Er stellte fest, daß die Menschen die eigentliche Attraktion auf einem Platz sind und daß sie sich so nahe wie möglich dort zusammenfinden, wo am meisten los ist. Whyte kam zu dem Schluß, daß »der beste Weg, mit unerwünschtem Publikum umzugehen, darin besteht, den Platz für alle anderen Nutzer möglichst attraktiv zu machen«, anstatt ihn einzuzäunen.

Eine praktische Konsequenz von Whytes Forschungen war das Project for Public Spaces (PPS), eine 1975 gegründete gemeinnützige Gesellschaft. Die Mitarbeiter der PPS erhielten schon bald den Spitznamen »Platz-Ärzte« und haben seither als Berater und Planer überall in den Vereinigten Staaten bei der Umgestaltung öffentlicher Plätze mitgewirkt. Sie betonen die Notwendigkeit, das Publikum für seine Plätze zu interessieren und eine Verbindung zwischen den Plazas und ihrer Umgebung zu schaffen, ferner die Wichtigkeit von Sicherheit, vorbeugender Pflege und einer guten Mischung der Nutzungen. PPS-Direktor Fred I. Kent stellte fest: »Eine Gruppe von Kindern kann einen leeren betonierten Hof in einen lebendigen Spielplatz verwandeln; Erwachsene brauchen Hilfe.«

In Phoenix half das PPS, die Civic Plaza, die von Kent als »der leerste Platz der Welt« bezeichnete wurde, in die Arizona Solar Oasis zu verwandeln. Das Konzept eines Schulungszentrums für das Leben in der Wüste, wo Solartechnologien und Techniken zur Einsparung von Rohstoffen demonstriert werden, stammt vom Environmental Research Laboratory der Universität von Arizona. Der Architekt Richard Larry Medlin wurde mit der Umsetzung beauftragt und das PPS hinzugezogen, um ein detailliertes Programm für Design und Nutzung zu entwickeln. Drei Künstler arbeiteten an Medlins Entwurf mit, um einen Brunnen und natürliche Lichteffekte zu schaffen.

Bei dem Projekt wird das Betondach eines Parkhauses als eine Wüstenlandschaft mit einem geschützten Wasserbecken gestaltet, das von Wasser und Sonnenenergie gekühlt werden soll. Im Sommer ist Phoenix einer der heißesten Orte auf der Erde. Medlin hat sich zum Ziel gesetzt, Außentemperaturen von 49 Grad ohne Hilfe zusätzlicher elektrischer Energie auf unter 32 Grad zu senken. Wenn die Oase in den 90er Jahren fertiggestellt ist, soll sie in einer zersplitterten Stadt ein Gefühl von Zusammengehörigkeit und Gemeinschaft erzeugen und außerdem als Bildungseinrichtung, Attraktion für Besucher und als ein Bindeglied zwischen Kultur- und Kongreßzentren dienen.

Die jüngste Generation der amerikanischen Plazas ist sorgfältig auf die Geschichte, die Kultur, Geländebeschaffenheit und Klima sowie auf die Bedürfnisse ihrer Nutzer, mit einem Wort: auf ihre soziale Relevanz abgestimmt. Noch in den 60er Jahren wollten die Stadtplaner »in jeden Blumentopf einen Platz« setzen. Wie Jane Jacobs damals bemerkte, »werden offene Plätze mit der gleichen Inbrunst verehrt, mit der Wilde magische Fetische verehren«. Sie wies darauf hin, daß Plätze kein Allheilmittel gegen den Verfall von Städten sind, sondern daß ihr Charakter von ihrer Umgebung abhängig ist – außerdem zögen sie diese Umgebung in Mitleidenschaft, wenn man sie vernachlässige. Dank ihrer Kritik und dank der »Platz-Ärzte« des PPS haben Städte und Firmen anscheinend aus den Fehlern der Vergangenheit zu lernen begonnen.

Auftraggeber können sich heute auf die Ideen von Künstlern, Architekten und auf einen wachsenden Ertrag von soliden Forschungsergebnissen stützen. Toni Sachs-Pfeiffer in Frankfurt am Main fand heraus, daß Menschen ein tiefes Bedürfnis nach Plätzen haben, auf denen sie herumstehen oder -sitzen können, ohne einander im Weg zu sein. Adolfo Nodal sieht im Abwechslungsreichtum eine

zentrale Bedingung dafür, daß ein Platz ein lebhaftes Publikum anzieht. Nach Ansicht von Emilio Ambasz sollte der Platz ein Zusammengehörigkeitsgefühl erzeugen und ein gewisses Maß an Abgeschlossenheit vermitteln. Lawrence Halprin vertritt die Ansicht, daß städtische Plätze sowohl aufregende Unterhaltung als auch Ruhe bieten sollten, beides jedoch räumlich voneinander getrennt – sie sollten also die Wahl zwischen einem Times Square und einem Paley Park bieten.

»Eine Stadt muß so angelegt sein, daß sie ihren Menschen sowohl Sicherheit als auch Glück bietet«, forderte Aristoteles vor mehr als 2 300 Jahren. Plätze können einen Beitrag zu beiden Zielen leisten. Sie sind so vielfältig wie die Menschen, die sie anlegen und benutzen, und so verschieden wie die Orte, an denen sie sich befinden. Jede Gesellschaft und jede Epoche hat ihre eigene Art, eine Balance zwischen Form und Funktion zu suchen, wodurch sich dieses Zusammenspiel weiterentwickelt.

Modell der Arizona Solar Oasis, die auf der heutigen Civic Plaza in Phoenix geplant ist. Der Architekt Richard Larry Medlin arbeitete mit Künstlern und Forschern zusammen, um ein modellhaftes Schulungszentrum für das Leben in der Wüste zu schaffen, wo sich bisher eine kahle Betonfläche befand.

Literatur

GRUNDLEGENDE WERKE

Abendländische Stadtbaukunst. Herrschaftsform und Baugestalt, Wolfgang Braunfels, Köln, 1976.
Cities, Lawrence Halprin, Cambridge, MA., 1972
Europäische Stadt-Plätze: Genius und Geschichte, Heinz Coubier, Köln, 1985.
Histoire de l'Urbanisme, Pierre Lavedan, Paris, 1926-1952.
History of Architecture, Spiro Kostof, Oxford/New York, 1985.
International History of City Development, E. A. Gutkind, (achtbändige Übersicht über europäische Städte), New York/London, 1964-1972.
Le Piazze, hg.v. Franco Borsi und Geno Pampaloni (Text in italienischer Sprache), Novara, 1975.
Les Places de l'Europe, Paris, 1984.
Plazas: a Bibliography, Mary Vance, Monticello, IL., 1981.
Plazas of Southern Europe, Tokio, 1980.
Raum, Zeit, Architektur. Die Entstehung einer neuen Tradition, Sigfried Giedion, München, 4. Aufl. 1989.
Die Stadt. Menschen, Häuser, Plätze. Eine Kulturgeschichte, Mark Girouard, Frankfurt, 1987.
Die Stadt. Geschichte und Ausblick, Lewis Mumford, München, 1979.
Die Stadt als Schicksal. Geschichte der urbanen Welt, Sibyl Moholy-Nagy, München, 1970.
Stadtplanung. Von Athen bis Brasilien, Edmund N. Bacon, Zürich, 1968.
Der Städtebau nach seinen künstlerischen Grundsätzen, Camillo Sitte, Wiesbaden, 1983 (Reprint der 4. Auflage von 1909, Ersterscheinung Wien, 1889).
Towns and Buildings, Steen Eiler Rasmussen, Cambridge, MA., 1951.
Town and Square: from the Agora to the Village Green, Paul Zucker, New York, 1959.
Urban Open Spaces, New York, 1979.
Urban Space, Jere Stuart French, Dubuque, IA., 1983.

1. THEMA MIT VARIATIONEN

Isfahan: *Maidan: Problem and Remedy,* London, *Architectural Review,* Mai 1976.
Jerusalem: *Western Wall,* Mailand, *Architettura,* Juni 1978.
Griechische Agora: *Forum et Agora: Ancêtres de la Plaza Mayor?,* Roland Martin, (*Forum et Plaza Mayor dans le Monde Hispanique,* Symposion in der Casa de Velásquez, Madrid; französische Übersetzung), Paris, 1978.
Römisches Forum: *The Roman Forum and Roman Memory,* Diane Favro, Cambridge, MA., *Places,* Bd. 5, Nr. 1.
Prag: *Architektura CSR,* Mai 1988.

2. MÄRKTE IM MITTELALTER

Cento Città, Paul Hofmann, New York, 1988.
Medieval Cities, Howard Salman, New York, 1968.
Siena: *La Terra in Piazza,* Alan Dundes und Alessandro Falassi, Los Angeles, 1975 (Schilderung des Palio in englischer Sprache. Vgl. auch: *Palio,* Alessandro Falassi, Giuliano Catoni, Mailand, 1983).
Teltsch: *Pamet Mest: Mestske Pamatkove Rezervace v Ceskych Zemich,* Prag, 1975. (Illustrierte Darstellung mit Plänen und englischer Zusammenfassung von 35 historischen Städten der Tschechoslowakei).
Bastides: *La Place dans les Bastides Mediévales,* Charles Higounet (*Plazas et Sociabilité en Europe et Amérique Latine,* Symposion in der Casa de Velásquez, Madrid), Paris, 1982.
Venedig: *Venetian Life,* William Dean Howells, Boston, 1878.
Livable Cities, Suzanne Crowhurst Lennard und Henry Lennard, New York, 1987.

3. KLASSISCHE IDEALE

Grundlagen der Architektur im Zeitalter des Humanismus, Rudolf Wittkower, München, 1983.
Renaissance City, Giulio C. Argan, New York, 1969.
Zehn Bücher über die Baukunst, Leone Battista Alberti, Reprogr. Nachdruck, Darmstadt, 1988. (Erstveröffentlichung unter dem Titel *De re aedificatoria* im Jahre 1452.)
Pienza: *Pienza: the Reward of Patience,* Murray Kempton, *House & Garden,* Dezember 1987.

Vigevano: *Studies in Italian Renaissance Architecture,* Wolfgang Lotz, Cambridge, MA., 1977.

Spanien: *La Plaza Mayor dans l'Urbanisme Hispanique,* Bruno Vayssiere und Jean-Paul Le Flem; *Le Concept de la Plaza Mayor en Espagne depuis le 16e siècle,* Antonio Bonet Correa, (*Forum et Plaza Mayor dans le Monde Hispanique* Symposion in der Casa Velásquez), Paris, 1979. Vgl. auch *España: Republica de Trabajadores,* Ilja Ehrenburg, Madrid, 1932.

Spanische Niederlande: *Les Places comme Décor de la Vie Urbaine dans les Pays-Bas Méridionaux à l'Epoque Espagnole,* Pierre Deyon, (*Plazas et Sociabilité en Europe et Amérique Latine,* s. o.) Paris, 1982.

Paris: *French Architecture,* Pierre Lavedan, London, 1979.

La Place Vendôme, F. de Saint-Simon, Paris, 1982.

London: *The History of the Squares of London,* E. Beresford Chancellor, London, 1907.

Town Planning in London, Donald J. Olsen, New Haven 1964/1982.

Survey of London, University of London, Bd. 20 Trafalgar Square, 1940; Bd. 29 St. James's Square, 1960; Bd. 36 Covent Garden, 1970.

Londoners, Celina Fox, London/ New York, 1987.

London: the Unique City, Steen Eiler Rasmussen, Cambridge, MA., 1934/1982.

Bath: *Heavenly Mansions,* John Summerson, New York, 1963.

4. DIE NEUE WELT

America by Design, Spiro Kostof, New York, 1987.

Central Courthouse Square in the American County Seat, Edward T. Price, New York, *Geographical Review,* Januar 1968.

Landscapes, J. B. Jackson, Amherst, MA., 1970.

The Making of Urban America, J. W. Reps, Princeton, 1965.

Mexican Architecture of the 16th Century, George Kubler, Westport, CT., 1972.

Mexico City, Robert Payne, New York, 1968.

On Common Ground, Ronald Lee Fleming & Lauri A. Halderman, Cambridge, MA., 1982.

La Plaza Mayor en Amérique Espagnole, François Chevalier, (*Forum et Plaza Mayor dans le Monde Hispanique,*) s. o.

The Public Faces of Architecture: Civic Culture and Public Space, hg. v. Nathan Glazer und Mark Lilla, New York, 1987.

Spanish City Planning in North America, Dora P. Couch, Daniel J. Garr, Axel I. Mundingo, Cambridge, MA., 1982. Enthält eine neue Übersetzung der Gesetze für die Westindischen Inseln.

Town Planning in Frontier America, J. W. Reps, Princeton, 1969.

Savannah: *Historic Savannah,* Historic Savannah Foundation, 1968.

Savannah Revisited, Mills Lane, Savannah, 1973.

5. DIE STADT ALS BÜHNE

Architektur-Erlebnis, Steen Eiler Rasmussen, Stuttgart, 1980.

Salzburg: *Salzburg in alten Ansichten,* Salzburg, 1963. Historische Drucke der Stadt.

Rom: *Companion Guide to Rome,* Georgina Masson London, 1965.

Il Campidoglio di Michelangelo, Mailand, 1965.

Rome 1748: facsimile of great plan by Giambattista Nolli, Highmount, New York ,1984.

The Trevi Fountain, John A. Pinto, New Haven, 1986.

Lissabon: *Portugal and Madeira,* Sacheverell Sitwell, London, 1954.

Kopenhagen: *Fyrste & Hest: Rytterstatuen på Amalienborg,* Kopenhagen, 1976.

6. GRENZÜBER-SCHREITUNGEN

Die Stadt als Kunstwerk. London, Paris, Wien, Donald J. Olsen, Frankfurt/New York, 1988.

Paris: *Monuments Erigés en France à la Gloire de Louis XV,* Pierre Patté, Paris, 1763.

De la Place Louis XV à la Place de la Concorde, Paris, 1982.

Rom: *La Piazza del Popolo,* Giorgio Ciucci, Rom, 1974.

Leningrad: *The Architectural Planning of St. Petersburg,* I. A. Egerov, Columbus, 1969.

München: *Der Königsplatz, 1812-1988, München, 1988.*

Moskau: *Moscow Kremlin,* Arthur Voyce, Berkeley, 1954.

7. DER PLATZ WIRD NEU ERFUNDEN

Discovering the Vernacular Landscape, J. B. Jackson, New Haven, 1984.

Emilio Ambasz, New York: Museum of Modern Art, 1989. Illustrierter Ausstellungskatalog

Experiencing Places, Tony Hiss, *New Yorker,* 22. & 29. Juni 1987.

Das Bild der Stadt, Kevin Lynch, Wiesbaden, 1989.

Lawrence Halprin: Changing Places, San Francisco Museum of Modern Art, 1986. Illustrierter Ausstellungskatalog, mit Essays von Charles Moore und anderen über Halprins Projekte und seine Philosophie.

Tod und Leben großer amerikanischer Städte, Jane Jacobs, Berlin/Frankfurt/ Wien, 1963.

Wolkenkratzer: Das Hochhaus in Geschichte und Gegenwart, Paul Goldberger, Stuttgart, 1984.

Politics of Park Design, Galen Cranze, Cambridge, MA, 1982.

The Return of Public Space, James Sanders, New York: *Architectural Record*, April 1985.

Social Life of Small Urban Spaces, William Whyte Washington D. C.: The Conservation Foundation, 1980.

Rockefeller Center: *The Center: History and Guide to Rockefeller Center,* Walter Karp, New York, 1982.

New York 1930, Robert Stern, Gregory Gilmartin, Thomas Mellins, New York, 1987.

Berlin: *Hitler's Berlin,* Stephen Helmer, Ann Arbor, 1985.

Albert Speer: Architecture 1932-42, Leon Krier, Brüssel, 1985.

Teheran: *Shahestan Pahlavi,* London, 1976.

Boston: *City Hall Boston,* James Marston Fitch, London: *Architectural Review,* Juni 1970.

Copley Square, New York: *Architectural Forum*, Oktober 1970.

Washington D. C.: *Report of the President's Council on Pennsylvania Avenue*, Washington D. C.: US Government Printing Office 1964. Siehe auch: *Report of Pennsylvania Avenue Development Corporation,* 1974.

Venturi, Rauch and Scott Brown: Buildings and Projects, Stanislaus von Moose, New York, 1987.

Western Plaza, New York: *Progressive Architecture,* Mai 1979 und Oktober 1981.

Barcelona: *Barcelona: Spaces and Sculptures (1982-86)*, Ajuntament de Barcelona & Joan Miró Foundation, 1987.

New Orleans: *Piazza d'Italia*, Cambridge, MA, *Places* Bd. Nr. 2, 1984.

Tsukuba: *Arata Isozaki, 1976-84*, Tokio, 1985.

Cordoba: *Reverting to Plazas and Streets,* Mailand: *Lotus* Nummer 39, 1983.

Santa Severina: *Sulla Piazza di Santa Severina*, Mailand: *Abitare,* Oktober 1987.

Warschau: *Poland,* Marc E. Heine, New York, 1987.

Griechenland: *Agoras and Plateias,* Margaret Tallet, London: *Architectural Review*, September 1968.

New Haven: *Wooster Square Design*, Mary Hommann, New Haven Redevelopment Agency, 1985.

Bildnachweise

Die Seitenangaben der farbigen Abbildungen sind *kursiv*

Peter Aaron 211 u.; Aer Foto, Mailand 48; Alinari 23 o.l., 52 u., 69, 134 u.; Emilio Ambasz and Associates, New York, *190 o., 191 o.;* mit frdl. Genehmigung von Archaeological Institute of America 31 o.l.; © J. H. Aronson 1972, Highmouth, NY 53, 132 o.r.; Associated Press 179; Österreichwerbung 130 u.; Ajuntament de Barcelona 185 o.l., 185 o.r., *186 u.;* Belgian National Tourist Office, New York (Wagner International Photos Inc.) 83 u.; Besançon: Musée des Beaux-Arts et Archéologie/Foto Charles Choffet *150 o.l.;* APT, Bologna 52 o.; Brüssel: Musées Communaux 82; Budapest: Museum der bildenden Künste *71 u.;* © Norman F. Carver 61; Ville de Charleville-Mézières 86; Frances Clarke *77;* mit frdl. Genehmigung von Cooper, Robertson and Partners, New York/Foto Tim Street-Porter 180; Dresden: Sächsische Landesbibliothek, Abt. Deutsche Fotothek 197, 198; Florenz: Museo dell'Angelico/Foto Scala *71 o.;* Mäddel Fuchs 203; mit frdl. Genehmigung von Fundacion Universo 21/Foto Michael Calderwood 181; Studio Gavirati, Gubbio *14 o.r.;* Deutsche Zentrale für Tourismus 21; Glasgow Art Gallery and Museum 75; Archiv der Kur- und Fremdenverkehrsgesellschaft, Goslar-Hahnenklee 42; Grassi, Siena 32; © Arthur Griffin, Winchester, Mass. 123 o.; mit frdl. Genehmigung von Lawrence Halprin Associates, San Francisco 210, 211 u.; Hannover: Niedersächsisches Landesmuseum 137 r.; Historic Urban Plans, Ithaca, New York 74, 100 o.l., 120; KLM Aerocarto 41; Koblenz: Bundesarchiv 177 o.l., 177 o.r.; Landslides © 1982, Boston 123 u., 214; Leningrad: Russisches Museum *159;* London: British Library 144; British Museum 93 o.l., 93 o.r., Museum of London *94,* 164, 165; Los Angeles County Museum of Art/Foto Peter Brenner *26;* APT, Mantua/Toni Lodigiani *51 u.;* Bildarchiv Foto Marburg 163 u.; Arxiu Mas 79 o.; Mas 79 u.; Richard Larry Medlin 217; mit frdl. Genehmigung des Präsidenten von Mexiko 101; Piotr Mikucki, Warschau 196 r., State Historical Society of Missouri, Columbia 119 u.; mit frdl. Genehmigung von Charles W. Moore, Austin, Texas 187 u., National Trust, Petworth House Collection/Foto A. C. Cooper *131;* © New Orleans Historic Collection, Museum/Research Center 115 o.; New York Historical Society, NY 121; New York: The Metropolitan Museum of Art, The Elisha Whittelsey Collection 31 o.r.; mit frdl. Genehmigung vom Verkehrsverein Nürnberg *15;* Oxford: Ashmolean Museum 76 o.; Paris: Bibliothèque Nationale 43 o., Bibliothèque Nationale/Foto Giraudon 8, Musée Carnavalet/Foto Bulloz 88, Musée Carnavalet/Foto Giraudon *151,* Musée Carnavalet/© Spadem 1987 89; Sorbonne, ms.1501,pl.22/Foto Jean-Loup Charmet 87; Guiseppe Patane, Santa Severina 195; mit frdl. Genehmigung von Pennsylvania Avenue Development Corporation, Washington, DC 182 r.; Prag: Narodni Galerie/Foto Milan Posselt *18; Privatsammlung Mexico City/Foto Mirek Switalski 98; Archivo e Studio Folco Quilici 35 o.r., 50, 55, 66 o., 135, 155 u.r., 166;* Rennes: Musée de Bretagne (Collections photographiques Musée de Bretagne) 90 u.; mit frdl. Genehmigung von Rockefeller Group *174, 175 o.l., 175 o.r., 175 u.;* Rom: Biblioteca Vaticana 134 u., Museo dell'Arte Moderna 76 u., Museo di Roma/Foto Oscar Savio 136, 153, Museo di Roma/Foto Scala *154;* mit frdl. Genehmigung von Essex Institute, Salem, Mass./Foto Mark Sexton 119 o.; Stadtverkehrsbüro, Salzburg 128; Scala *34 u.r., 51 o.,* 76 u.; Emil Schulthess, Zürich 171; © Ronald Sheridan 27 o.; © H. Silvester/Rapho 110; mit frdl. Genehmigung von SITE projects, New York 212; mit frdl. Genehmigung von S.O.M. 214; © Saul Steinberg/Foto Pace Gallery, New York 2-3; Süddeutscher Verlag, München 162 u.; TAF, Barcelona 80; Benjamin Thompson and Associates, Cambridge, Mass./Foto Tom Bernard 191 u.; Unichrome (Bath) Ltd. 97 u.l.; Venturi, Rauch and Scott Brown, Philadelphia/Foto Tom Bernard 194; Provincia di Vicenza-Assessorato al Turismo, Vicenza 12; Villeneuve-Rapho 152; H. Roger Viollet 43 u.; Kamil Wartha, Prag 17; Stadtarchiv Warschau 196 l.; Washington, DC: Library of Congress 124, 126, 127; © Whittelsey Foundation Inc. *30;* Baron Wolman, Mill Valley, Calif. *27 u.;* Sammlung von Mr. und Mrs. Leonard C. Yaseen 172

R. Ackermann, *The Repository of Arts,* 1812 *91;* P. X. Coste, *Monuments modernes de la Perse,* 1867 25; C. Heath, *Picturesque Annual;* 1836 168; Giambattista Noli, *Rome 1748,* Faksimile des Great Plan, Highmount, NY, 1984 137 l., 141, 155 l.; Pierre Patte, *Monuments érigés en France à la gloire de Louis XV,* 1765 148; G. B. Piranesi, *Vedute di Roma,* c. 1748-1778 140; S. E. Rasmussen, *Towns and Buildings,* University Press of Liverpool, 1951 146; A. Ricard de Montferrand, *Plans et détails de monuments consacré à la memoire de l'Empereur Alexandre,* Paris 1836 157; G. Zocchi, *Scelta di XXV Vedute,* 1754 73 r.; G. Zocchi, *Scelta di XXV Vedute,* 1756 73 l.

Die Pläne wurden gezeichnet von John Kaine 38, 39, 58, 64, 70, 142.

Die übrigen Illustrationen wurden vom Autor fotografiert und gesammelt.

Register

1. Verzeichnis der Plätze nach Ländern und Städten (kursive Seitenzahlen geben nur Abbildungen an)

2. Namens-, Orts- und Begriffsregister

180,- R